JN149600

国立大学職員の人事システム

管理職への昇進と能力開発

渡辺恵子

東信堂

はしがき

　「平成」が終わろうとしている。平成の30年間の日本社会の変化を、「昭和」の終わりに誰が想像できたであろうか。平成が始まった頃、日本ではいわゆるバブル経済が崩壊し、初めての非自民連立政権が発足した。国際的には、平成の初めの年にベルリンの壁崩壊、東西冷戦終結と続き、その後、国際情勢はより複雑になっている。

　国家公務員の世界も大きく変わった。いわゆるNPM改革により、行政活動の実施部門を担う組織が法人化・民営化され、公務員の身分を有さずに公務に従事する職員が増加した。また、平成に入り、それまで社会のエリートと目されていた霞が関のキャリア官僚の不祥事が相次いだことが国家公務員への信頼低下を招き、その後の公務員制度改革の議論を呼び起こした。その結果、再就職の規制、人事評価の導入、内閣人事局による幹部職員人事の一元管理などが行われた。

　国立大学も変化を余儀なくされてきた。平成の初めに大学設置基準の大綱化と併せて自己点検・評価が努力義務化されて以降、第三者評価の実施、認証評価の制度化と、外部の評価を受けることが常態となった。ガバナンスの改革も併せて進められ、国立大学法人法により法人格を付与されて教職員は国家公務員から法人職員となった。主たる役割である教育研究に加えて、直接的な社会貢献もより一層求められるようになり、教育面ではいわゆる3つのポリシー（アドミッション・ポリシー、カリキュラム・ポリシー、ディプロマ・ポリシー）の策定による教育のプログラム化、研究面では産学連携、受入れ留学生の増加や国際共同研究の実施などによる教育研究の国際化も求められるようになった。求められる役割が深化するとともに多様化したと言える。

　本書が描き出すのは、このような変化の影響を受けてきた国立大学で働く事務職員の昇進構造と能力開発である。

　国家公務員としての国立大学事務職員の管理職への昇進構造は、文部（科学）省での勤務経験を経るルートと他大学での勤務経験を経るルートの2

つのルートが昭和30年代から形作られ、平成の初めに完成していた。文部（科学）省での勤務経験を経るルートが定着していくことにより、国立大学事務職員として採用された者が同省の職員の中核を担うようにもなった。国立大学法人化後もこの2つのルートはおおむね健在であるが、同一大学での勤務経験を中心とする職員が管理職に占める割合を増やすという変容も見せている。

　国立大学事務局の管理職の能力としては、国立大学全体を鳥瞰して見られるような幅広い視野や文部（科学）省や他機関との調整能力などが文部（科学）省勤務経験で培われており、経営幹部候補を比較的若いうちに組織全体の活動に関わる本社へ配属する企業労働者と同様の育成が図られていた。一方、法人化後に増加している同一大学での勤務経験を中心とする職員の管理職登用に向けた能力育成の方法は、いまだ確立されていないように見える。

　本書では、関係者へのインタビュー、資料調査、職歴分析を基に、国立大学事務職員の法人化前の昇進構造と能力開発の在り方を明らかにした上で、法人化後の変容を描き出している。

　このような試みを公表することには、大きく二つの意義があると思われる。

　第一は、学術的な意義である。特に、日本の国家公務員では「遅い昇進」の仕組みが採られていると見られてきたが、採用試験による区分ではない形で、「ファスト・トラック（幹部候補生の早期選抜と育成）」の仕組みを活用している領域があったことを明らかにしたことと、これまで行政実務でも行政学研究においても捉えることが難しいと考えられてきた公務員個人の能力について、企業労働者の能力とその開発に関する研究を援用することにより、その一端を具体的に明らかにしたことである。

　第二は、国立大学事務職員のキャリアパスと能力開発の実際を描き出していることである。国立大学事務局の管理職が、どのようなキャリアパスを経た者で構成されているのかということについては、国立大学事務職員の間では一定程度の情報が共有されていた。研究としても、特に高等教育研究の分野で関心を集め、本文で引用した論文以外にも、修士論文や学会報告などで繰り返し取り上げられている。しかしながら、そのような構成を形作ってき

た制度や慣行が、いつから、どのように行われてきたのかや、それぞれのキャリアパスと能力開発との関係を明らかにするといったことはこれまで行われてこなかった。実務において、法人化後の国立大学事務職員の育成に未だはっきりとした方針や方法が確立していないように見える中、本書で描き出したキャリアパスと能力開発との関係は、各国立大学が事務職員をどう育成するかについての人事戦略を立てる上でも、示唆的であると考える。

このように、本書は、行政学の研究書として学術的貢献をなすことを第一の目的とするものであるが、同時に、今後益々多様な役割を求められる国立大学において、これまで以上の活躍を求められる事務職員の能力開発の在り方を検討する上でも、一つの手がかりとなれば、望外の幸せである。

本書は、平成29年度日本学術振興会科学研究費補助金研究成果公開促進費（学術図書）（課題番号17HP5151）の交付を受けて刊行される。また、本書は筆者が行った研究の成果をまとめたものであり、所属機関の見解を表すものではないことを念のため申し添える。

目次／国立大学職員の人事システム

はしがき……………………………………………………………………………… i

序　章　問題関心と本書の構成　　3

　第一節　公務員制度改革は何のために行われるのか……………………………3
　第二節　公務員研究のこれまでの対象の偏り……………………………………10
　第三節　公務労働を対象とした人的資源管理論へ………………………………12
　第四節　本書の構成…………………………………………………………………15
　第五節　研究の方法…………………………………………………………………17

第一章　国立大学と文部省の組織　　23

　第一節　国立大学の組織……………………………………………………………23
　第二節　文部省の組織………………………………………………………………30

第二章　国立大学事務局幹部職員の昇進構造　　35

　第一節　企業労働者や公務員の昇進構造に関する先行研究……………………35
　　第一項　企業労働者の昇進構造…………………………………………………36
　　第二項　公務員の昇進構造………………………………………………………49
　第二節　大学職員の昇進構造に関する先行研究…………………………………55
　第三節　国立大学事務局幹部職員の昇進構造の生成過程………………………59
　　第一項　国立大学職員から文部省職員へ
　　　　　　―国立大学職員のキャリアとしての文部省勤務―………………59

第二項　課長登用
　　　　　　—文部省勤務を経ずに幹部職員となる登竜門— 71
　　　第三項　幹部職員人事 75
　　　第四項　国立大学事務局採用職員のキャリア・パターン 80
　　　第五項　昇進構造生成の背景 81
　第四節　国立大学事務局幹部職員の昇進構造の実態 85
　　　第一項　初職と文部省勤務の有無による分類 86
　　　第二項　1967(昭和42)年 90
　　　第三項　1975(昭和50)年 97
　　　第四項　1985(昭和60)年 105
　　　第五項　1995(平成7)年 113
　　　第六項　2003(平成15)年 121
　第五節　小　括　—明示的なファスト・トラック— 127
　　　第一項　明示的なファスト・トラックの存在 128
　　　第二項　三つのキャリア・パターンと職員のインセンティブ 129
　　　第三項　経年によるキャリア・パターンの変化 131
　　　第四項　昇進の管理 134

第三章　国立大学事務局幹部職員の職務遂行能力とその開発　143

　第一節　企業労働者や公務員の能力とその開発に関する先行研究 144
　　　第一項　企業労働者の能力とその開発 144
　　　第二項　公務員の能力とその開発 155
　第二節　大学職員の能力とその開発に関する先行研究 167
　第三節　国立大学事務局幹部職員に求められる職務遂行能力と
　　　　　その開発 180
　　　第一項　部課長の職務遂行能力とその開発 181
　　　第二項　事務局長の職務遂行能力とその開発 188
　　　第三項　経験による職務遂行能力の違い 196

第四節　能力開発に資するキャリアパスとしての文部省勤務の実態 …… 202
　第一項　1971（昭和46）年 …… 205
　第二項　1975（昭和50）年 …… 209
　第三項　1985（昭和60）年 …… 213
　第四項　1995（平成7）年 …… 216
　第五項　2003（平成15）年 …… 219
第五節　小括　―ファスト・トラックにより開発された能力― …… 222
　第一項　国立大学事務局幹部職員の能力とその開発 …… 222
　第二項　国立大学事務局採用職員の文部省勤務 …… 230

第四章　国立大学事務局幹部職員の昇進構造と能力開発の法人化による変容　241

第一節　高等教育研究における法人化後の変化を論ずる先行研究 …… 241
第二節　公務員の出向人事研究 …… 248
　第一項　行政学における出向人事研究 …… 248
　第二項　文部省職員の地方自治体への出向人事研究 …… 252
第三節　法人化後の国立大学事務局幹部職員人事の制度と慣行 …… 255
　第一項　国立大学法人職員から文部科学省職員へ …… 255
　第二項　ブロック登用 …… 256
　第三項　法人化後の幹部職員人事 …… 256
　第四項　人事交流の土台となる制度 …… 261
第四節　法人化後の国立大学事務局幹部職員の昇進構造の実態 …… 262
　第一項　初職と文部省勤務の有無による分類 …… 263
　第二項　事務局長人事 …… 265
　第三項　部長人事 …… 268
　第四項　課長人事 …… 272

第五節　法人化後の国立大学事務局幹部職員の職務遂行能力と
　　　　　その開発 ………………………………………………………………… 278
　　　　第一項　法人化後に求められる職務遂行能力とその開発 ……………… 278
　　　　第二項　能力開発に資するキャリアパスとしての文部省勤務の実態…… 280
　　第六節　小括　－法人化による変化は何か－ ………………………………… 287
　　　　第一項　国立大学事務局幹部職員の昇進構造の変化 …………………… 287
　　　　第二項　国立大学事務局幹部職員の能力開発の変化 …………………… 293

終　章　結論と含意　　299

　　第一節　本研究の知見と政策的含意 …………………………………………… 299
　　　　第一項　ファスト・トラックによる幹部職員育成 ……………………… 299
　　　　第二項　三つのキャリア・パターンと人的資源の最大化 ……………… 302
　　　　第三項　法人化後の国立大学事務職員の能力開発 ……………………… 304
　　　　第四項　法人化後の文部科学省の人材確保と組織力向上 ……………… 308
　　　　第五項　慣行の生成と衰退 ………………………………………………… 309
　　第二節　本研究の限界と今後の課題 …………………………………………… 310

参考文献一覧 ………………………………………………………………………… 313
あとがき ……………………………………………………………………………… 325

【巻末参考資料①】歴代任用班主査への質問項目 ……………………………… 330
【巻末参考資料②】国立大学事務局長経験者への質問項目 …………………… 331

国立大学職員の人事システム／図表目次

序　章

図 序-1　本書の課題 ………………………………………………………………… 15

第　一　章

表 1-1　法人化前の国立大学の教職員の種類 …………………………………… 24
図 1-1　千葉大学の事務局幹部職員の構成 2003(平成 15)年度 ……………… 25
図 1-2　小樽商科大学の事務局幹部職員の構成 2003(平成 15)年度 ………… 25
表 1-2　本省と国立大学の職の俸給表上の格付け 2003(平成 15)年度 ……… 27
表 1-3　国立大学の大学数、教職員総数、教員数、事務職員数と文部省内部部局
　　　　定員数の推移 …………………………………………………………… 29
図 1-3　国立大学教職員数と文部科学省定員の推移 …………………………… 29
表 1-4　文部省組織の変遷 ………………………………………………………… 31

第　二　章

表 2-1　国立大学教職員数の推移(非常勤職員を含む) ………………………… 38
図 2-1　国立大学教職員数の推移(非常勤職員を含む) ………………………… 38
図 2-2　国立大学等の課長転出後の標準的なキャリアパス(本省転任者) …… 66
表 2-2　文部(科学)本省採用者数と転任者数一覧 …………………………… 68〜69
図 2-3　国立大学等の課長転出後の標準的なキャリアパス(課長登用者) …… 75
図 2-4　文部省内における、国立大学幹部職員の人事異動が発令されるまでの流れ …… 80
図 2-5　国立大学採用事務職員のキャリア・パターン ………………………… 81
図 2-6　国立大学事務局幹部職員数の推移(大学本部事務局に限定) ………… 84
表 2-3　初職と文部省勤務の有無による分類(国立大学法人化以前) ………… 89
表 2-4　1967(昭和 42)年度国立大学事務局長 ………………………………… 90
表 2-5　1967(昭和 42)年度国立大学部長 ……………………………………… 91
表 2-6　1967(昭和 42)年度国立大学課長 ……………………………………… 91

図 2-7	1967(昭和42)年度国立大学事務局長文部省勤務の経験の有無	91
図 2-8	1967(昭和42)年度国立大学部長文部省勤務の経験の有無	91
図 2-9	1967(昭和42)年度国立大学課長文部省勤務の経験の有無	92
図 2-10	国立大学事務局長の初職(1967)	92
図 2-11	国立大学部長の初職(1967)	93
図 2-12	国立大学課長の初職(1967)	93
図 2-13	国立大学事務局長の初職―文部省勤務経験の有無別(1967)	94
図 2-14	国立大学部長の初職―文部省勤務経験の有無別(1967)	95
図 2-15	国立大学課長の初職―文部省勤務経験の有無別(1967)	95
表 2-7	1975(昭和50)年度国立大学事務局長	98
表 2-8	1975(昭和50)年度国立大学部長	98
表 2-9	1975(昭和50)年度国立大学課長	98
図 2-16	1975(昭和50)年度国立大学事務局長文部省勤務の経験の有無	99
図 2-17	1975(昭和50)年度国立大学部長文部省勤務の経験の有無	99
図 2-18	1975(昭和50)年度国立大学課長文部省勤務の経験の有無	99
図 2-19	国立大学事務局長の初職(1975)	100
図 2-20	国立大学部長の初職(1975)	100
図 2-21	国立大学課長の初職(1975)	101
図 2-22	国立大学事務局長の初職―文部省勤務経験の有無別(1975)	102
図 2-23	国立大学部長の初職―文部省勤務経験の有無別(1975)	103
図 2-24	国立大学課長の初職―文部省勤務経験の有無別(1975)	103
表 2-10	1985(昭和60)年度国立大学事務局長	105
表 2-11	1985(昭和60)年度国立大学部長	105
表 2-12	1985(昭和60)年度国立大学課長	106
図 2-25	1985(昭和60)年度国立大学事務局長文部省勤務の経験の有無	106
図 2-26	1985(昭和60)年度国立大学部長文部省勤務の経験の有無	106
図 2-27	1985(昭和60)年度国立大学課長文部省勤務の経験の有無	107
図 2-28	国立大学事務局長の初職(1985)	107
図 2-29	国立大学部長の初職(1985)	108
図 2-30	国立大学課長の初職(1985)	108
図 2-31	国立大学事務局長の初職―文部省勤務経験の有無別(1985)	110
図 2-32	国立大学部長の初職―文部省勤務経験の有無別(1985)	110
図 2-33	国立大学課長の初職―文部省勤務経験の有無別(1985)	111
表 2-13	1995(平成7)年度国立大学事務局長	113
表 2-14	1995(平成7)年度国立大学部長	113
表 2-15	1995(平成7)年度国立大学課長	114
図 2-34	1995(平成7)年度国立大学事務局長文部省勤務の経験の有無	114
図 2-35	1995(平成7)年度国立大学部長文部省勤務の経験の有無	114
図 2-36	1995(平成7)年度国立大学課長文部省勤務の経験の有無	115

図2-37	国立大学事務局長の初職(1995)	115
図2-38	国立大学部長の初職(1995)	116
図2-39	国立大学課長の初職(1995)	116
図2-40	国立大学事務局長の初職―文部省勤務経験の有無別(1995)	118
図2-41	国立大学部長の初職―文部省勤務経験の有無別(1995)	118
図2-42	国立大学課長の初職―文部省勤務経験の有無別(1995)	119
表2-16	2003(平成15)年度国立大学事務局長	121
表2-17	2003(平成15)年度国立大学部長	122
表2-18	2003(平成15)年度国立大学課長	122
図2-43	2003(平成15)年度国立大学部長文部省勤務の経験の有無	122
図2-44	2003(平成15)年度国立大学課長文部省勤務の経験の有無	122
図2-45	国立大学事務局長の初職(2003)	123
図2-46	国立大学部長の初職(2003)	123
図2-47	国立大学課長の初職(2003)	124
図2-48	国立大学部長の初職―文部省勤務経験の有無別(2003)	126
図2-49	国立大学課長の初職―文部省勤務経験の有無別(2003)	126
表2-19	事務局長職における文部省勤務経験者の占める割合の推移	132
表2-20	課長における文部省勤務経験の有無の推移	133

第三章

図3-1	管理職の経験類型	152
図3-2	管理職の能力類型	152
図3-3	経験と能力の主な対応関係と解釈	153
図3-4	大学職員問題を考える視点	169
表3-1	国立大学の部課長職の職務遂行能力	182
図3-5	国立大学の部課長職の職務遂行能力とその構造	185
表3-2	国立大学の部課長職の職務遂行能力の開発につながった経験	186〜187
表3-3	国立大学の部課長職の職務遂行能力の開発につながった経験(経験した時期等と職務遂行能力の内容で区分)	189
表3-4	国立大学の事務局長職の職務遂行能力	190〜191
図3-6	国立大学の事務局長職の職務遂行能力とその構造	192
表3-5	国立大学の事務局長職の職務遂行能力の開発につながった経験	194〜195
表3-6	国立大学の事務局長職の職務遂行能力の開発につながった経験(経験した場と職務遂行能力の内容で区分)	196
表3-7	課長登用者や学内登用者と本省勤務経験者との役割や能力の違い	198〜199
表3-8	国立大学事務局幹部職員のキャリア・パターンと職務遂行能力	200
表3-9	1971(昭和46)年度文部省課長相当職	206

図3-7	文部省課長相当職の初職(1971)	206
表3-10	1971(昭和46)年度文部省課長補佐相当職	206
図3-8	文部省課長補佐相当職の初職(1971)	206
表3-11	1971(昭和46)年度文部省係長相当職	207
図3-9	文部省係長相当職の初職(1971)	207
表3-12	1975(昭和50)年度文部省課長相当職	210
図3-10	文部省課長相当職の初職(1975)	210
表3-13	1975(昭和50)年度文部省課長補佐相当職	210
図3-11	文部省課長補佐相当職の初職(1975)	210
表3-14	1975(昭和50)年度文部省係長相当職	211
図3-12	文部省係長相当職の初職(1975)	211
表3-15	1985(昭和60)年度文部省課長相当職	214
図3-13	文部省課長相当職の初職(1985)	214
表3-16	1985(昭和60)年度文部省課長補佐相当職	215
図3-14	文部省課長補佐相当職の初職(1985)	215
表3-17	1985(昭和60)年度文部省係長相当職	215
図3-15	文部省係長相当職の初職(1985)	215
表3-18	1995(平成7)年度文部省課長相当職	217
図3-16	文部省課長相当職の初職(1995)	217
表3-19	1995(平成7)年度文部省課長補佐相当職	218
図3-17	文部省課長補佐相当職の初職(1995)	218
表3-20	1995(平成7)年度文部省係長相当職	218
図3-18	文部省係長相当職の初職(1995)	218
表3-21	2003(平成15)年度文部科学省課長相当職	220
図3-19	文部科学省課長相当職の初職(2003)	220
表3-22	2003(平成15)年度文部科学省課長補佐相当職	221
図3-20	文部科学省課長補佐相当職の初職(2003)	221
表3-23	2003(平成15)年度文部科学省係長相当職	221
図3-21	文部科学省係長相当職の初職(2003)	221

第四章

表4-1	初職と文部省勤務の有無による分類(国立大学法人化以後)	264
表4-2	2009(平成21)年度国立大学事務局長相当職	266
図4-1	国立大学事務局長相当職の初職(2009)	266
表4-3	2015(平成27)年度国立大学事務局長相当職	267
図4-2	国立大学事務局長相当職の初職(2015)	267
表4-4	2009(平成21)年度国立大学部長相当職	268

図4-3	2009(平成21)年度国立大学部長相当職文部省勤務の経験の有無	268
図4-4	国立大学部長相当職の初職(2009)	269
図4-5	国立大学部長相当職の初職―文部省勤務経験の有無別(2009)	269
表4-5	2015(平成27)年度国立大学部長相当職	270
図4-6	2015(平成27)年度国立大学部長相当職文部省勤務の経験の有無	270
図4-7	国立大学部長相当職の初職(2015)	271
図4-8	国立大学部長相当職の初職―文部省勤務経験の有無別(2015)	271
表4-6	2009(平成21)年度国立大学課長相当職	273
図4-9	2009(平成21)年度国立大学課長相当職文部省勤務の経験の有無	273
図4-10	国立大学課長相当職の初職(2009)	274
図4-11	国立大学課長相当職の初職―文部省勤務経験の有無別(2009)	274
表4-7	2015(平成27)年度国立大学課長相当職	275
図4-12	2015(平成27)年度国立大学課長相当職文部省勤務の経験の有無	275
図4-13	国立大学課長相当職の初職(2015)	276
図4-14	国立大学課長相当職の初職―文部省勤務経験の有無別(2015)	276
表4-8	国立大学法人化前後の職務遂行能力の変化	279
表4-9	2009(平成21)年度文部科学省課長相当職	282
表4-10	2015(平成27)年度文部科学省課長相当職	282
図4-15	文部科学省課長相当職の初職(2009)	282
図4-16	文部科学省課長相当職の初職(2015)	283
表4-11	2009(平成21)年度文部科学省課長補佐相当職	283
表4-12	2015(平成27)年度文部科学省課長補佐相当職	283
図4-17	文部科学省課長補佐相当職の初職(2009)	284
図4-18	文部科学省課長補佐相当職の初職(2015)	284
表4-13	2009(平成21)年度文部科学省係長相当職	284
表4-14	2015(平成27)年度文部科学省係長相当職	285
図4-19	文部科学省係長相当職の初職(2009)	285
図4-20	文部科学省係長相当職の初職(2015)	285
表4-15	幹部職員として登用する場合のメリットとデメリット	291

終　章

表 終-1	国立大学事務職員の三つのキャリア・パターンと処遇の関係	303
表 終-2	慣行の生成と衰退	310

国立大学職員の人事システム
──管理職への昇進と能力開発──

序　章　問題関心と本書の構成

第一節　公務員制度改革は何のために行われるのか

　1996（平成8）年に発覚した厚生省事務次官の汚職事件やいわゆる天下りへの批判をきっかけに、1997（平成9）年5月に公務員制度調査会が国家公務員制度及びその運用の在り方についての全般的な見直しについて審議を開始して以降、具体的な議論の方向性や提案された改革案は紆余曲折したものの、公務員制度改革は長らく政策課題であり続けた。

　これまでの改革議論を振り返ってみると、2001（平成13）年12月に閣議決定された「公務員制度改革大綱」が打ち出した能力等級制[1]という「抜本的改革」は挫折したものの（金井2006）、総人件費改革の一環としての給与構造改革や、人事評価の導入、再就職規制などの改革は2009（平成21）年までに実行に移された。

　2008（平成20）年に設置された国家公務員制度改革推進本部では、公務員に労働基本権を付与するかどうかの議論に注目が集まり、2009（平成21）年から2012（平成24）年までの民主党政権下では、団体交渉の対象となる事項の拡大や労働協約の締結を可能とする法案が作成された。これが実現すれば能力等級制とは違う意味での「抜本的改革」になったと思われるが、廃案となり実現しなかった。その後、国家公務員制度改革推進本部で審議されたその他の改革案である①内閣人事局の設置による人事管理に関する制度の企画立案、方針決定、運用の一体的な実施、②幹部職員人事の一元管理などが2014（平成26）年に実現した[2]。

この他にも、2012（平成24）年から採用試験の仕組みが変わり、Ⅰ～Ⅲ種試験と国税専門官など個別の専門職の試験という区分だった採用試験が、総合職試験（院卒者試験、大卒者試験等）、一般職試験（大卒程度試験、高卒者試験等）、専門職試験、経験者採用試験という区分に変更されている[3]。

このように公務員制度改革が行われてきた理由を、公務員制度調査会が1999（平成11）年にまとめた公務員制度改革の基本方向に関する答申[4]から探してみると、内外の環境が大きく変化する中で、「行政を支える公務員制度についても、新たな行政システム（内閣機能の強化や中央省庁の再編、情報公開等を通じた国民に透明で分かりやすい行政、規制緩和等を通じたいわゆる事前規制型行政から事後監視型行政への転換など：引用者補足）の下で<u>内外の多様な課題に対し積極的かつ機動的にその役割と責任を果たしていくことができる</u>ものとしていくとともに、<u>行政と公務員に対する国民の信頼の再構築を図る</u>（下線：引用者）」ことが課題として認識されていることが分かる。

また、2001（平成13）年の公務員制度改革大綱（閣議決定）では、「行政の組織・運営を支える公務員をめぐっては、<u>政策立案能力に対する信頼の低下、前例踏襲主義、コスト意識・サービス意識の欠如</u>など、様々な厳しい指摘がなされている。（中略）公務員制度の見直しに当たっては、公務に求められる専門性、中立性、能率性、継続・安定性の確保に留意しつつ、<u>政府のパフォーマンスを飛躍的に高める</u>ことを目指し、行政ニーズに即応した人材を確保し、公務員が互いに競い合う中で持てる力を国民のために最大限に発揮し得る環境を整備するとともに、その時々で最適な組織編成（ママ）を機動的・弾力的に行うことができるようにすることが必要である。また、行政を支える公務員が、<u>国民の信頼を確保</u>しつつ、主体的に能力向上に取り組み、多様なキャリアパスを自ら選択することなどにより、<u>高い使命感と働きがいを持って職務を遂行</u>できるようにすることが重要である（下線：引用者）」とされている。

これらから、これまで約20年間論じられてきた公務員制度改革では、以下のような公務員が求められていることが読み取れる。

① 社会環境の変化や行政ニーズの多様化に対応して職務を遂行できる公務員
② 国民の信頼を得られる公務員

後者については、例えば、前例踏襲主義からの脱却、コスト意識やサービス意識の向上、不祥事を起こさない、といったことが含意されている。

　公務員制度改革は、日本だけではなく欧米をはじめとした世界各地で行われている。ヨーロッパでは、行政のNPM改革と並行した公務員制度改革が主流であり、例えば、Bach and Kessler（2012）は、イギリスの1997年から2010年の労働党政権（New Labour）における公務の現代化（Modernisation of the Public Services）政策とその下での公務職員の在り方についての関係を考察し、幹部公務員（Civil Service）、ナショナル・ヘルス・サービス、地方自治体や公務部門における専門職（教師、看護師・助産師、医師、ソーシャルワーカー）を対象に、成果主義と給与、雇用の柔軟性と平等取扱い、雇用者の職場への参画意識、パートナーシップと労働組合などの変化を論じている。同書は、ネットワーク・ガバナンスやNPMなどの政策変化（Upstream）を論じるだけではなく、それらの政策変化を受け止めて実際に政策実施の担当者となる公務職員の在り方（Downstream）も併せて論じる必要性を指摘する。また、Farnham and Horton（2000）も、ヨーロッパにおけるNPM改革の一環としての公務労働の柔軟性（職員数、勤務時間、必要とされるコンピテンシーの拡大、契約方法の変更、給与体系の変更など）を高める制度改革について、10カ国（ベルギー、フィンランド、フランス、イタリア、ドイツ、スペイン、スウェーデン、オランダ、イギリス、アメリカ）の導入状況や実施の程度を概観して分析を行っている。この他に、Raadschelders et al.（2007）は西・中央・東ヨーロッパ、アジア、アフリカにおける公務員制度改革を紹介するとともに、公務員制度の正統性・有効性・応答性を論じている。Sistare et al.（2009）ではアメリカ連邦政府で2000年代に行われた公務員制度改革（特にGAOとNASAにおけるもの）の実際を紹介するとともに、それが人的資源管理の観点からどう評価できるかなどについて論じている。

このように、公務員制度改革は日本だけの課題ではない。公務員を社会環境の変化や行政ニーズの多様化に対応してより効果的に働かせ、適切に職務を遂行させようという動きと、前例踏襲主義やコスト意識、サービス意識のない働きぶり、いわば bureaucracy（官僚的形式主義、お役所仕事）を打破して公務員をより能率的に働かせようということは、特に先進国における共通の課題であることは疑いようがない。

これらの海外の動向からは、金井（2008）が日本の地方自治体について指摘する状況が先進国の中央政府にも共通に見られることが想定される。金井は、政府の有する「3ゲン（権限、財源、人的資源）」のうち、規制緩和や分権が進む中で政府の権限が拡充される見込みは乏しく、財政状況が大幅に好転する可能性が見込めない中で、必然、人的資源に対する期待が反射的に高まっていることを指摘する。

ここで改めて、日本で具体化した公務員制度改革の施策が何を実現することを目指したかを整理してみたい。

前述のように、二つの抜本的な改革は挫折しており、実際に実現した主な施策は、(1)総人件費改革の一環としての給与構造改革、(2)人事評価の導入、(3)再就職規制、(4)内閣人事局の設置による人事管理に関する制度の企画立案、方針決定、運用の一体的な実施、(5)幹部職員人事の一元管理、である。(1)の給与構造改革は、(2)の人事評価の導入と相まって、能力や実績に応じた処遇を実現しようとするものであり、公務員制度改革が目指した①社会環境の変化や行政ニーズの多様化に対応して職務を遂行できる公務員、②国民の信頼を得られる公務員という方向性に合致しており、また、ヨーロッパで見られる行政のNPM改革と並行した公務員制度改革の一つである成果主義と給与という施策とも軌を一にするものである。他方、(3)〜(5)は、一般に「国益よりも省益」と揶揄される日本の省庁の縦割り主義を排し、天下りによる口利きなどの元凶と目された省庁ごとに存在する密接な業界団体・企業との関係（政策共同体）を薄め、不祥事をなくすとともに、「省益よりも国益」を考えた行動を幹部職員とその輩出源であるキャリア官僚全体に求めようとするものである。その意味では、前述の公務員制度改革

が目指した二つの方向性には合致しているが、ヨーロッパで見られる行政のNPM改革と並行した公務員制度改革とは異なるものであり、かつ、仕組みとしては公務員全体を対象にはしているが実際にはキャリア官僚が影響を大きく受ける施策である。これは、研究者も、例えば八代尚宏（1992）などが、各省庁のセクショナリズムを防ぐために公務員制度改革が必要と捉えていたことなども反映されていると思われる。

(1) 総人件費改革の一環としての給与構造改革
(2) 人事評価の導入
　　　　　能力や実績に応じた処遇の実現
　　　　　運用上も国家公務員全体が対象

(3) 再就職規制
(4) 内閣人事局の設置による人事管理に関する制度の企画立案、方針決定、運用の一体的な実施
(5) 幹部職員人事の一元管理
　　　　　省庁のセクショナリズム排除
　　　　　実際にはキャリア官僚が受ける影響が大

このことからも分かるように、日本の公務員制度改革を論じるときにマスコミを含めた論者が想定してきたのは、公務員としては一部にすぎない霞が関で働くいわゆるキャリア官僚であった[5]。厚生省のキャリア官僚トップである事務次官による汚職事件、銀行のいわゆるMOF担による大蔵省キャリア官僚への派手な接待、短い期間の勤務で退職手当を含む高額の報酬を得る天下りへの批判が公務員制度改革に世論の賛同を集めた求心力であったことや、一般にキャリア官僚が政策立案を行うなど政策決定により深くかかわり、ノンキャリア公務員は決められた政策の執行を担当するというイメージがあるため、キャリア官僚に注目が集まるのは自然なことかもしれない。しかしながら、国家公務員全体の中でキャリア官僚が占める割合はそれほど大きくない。2012（平成24）年度に在職する一般行政を担う国家公務員[6]137,476人のうち、I種試験等により採用されたキャリア官僚は11,941人で、約9％である[7]。公務員制度調査会が国家公務員制度及びその運用の在り方につい

ての全般的な見直しについて審議を開始した1997（平成9）年度は、一般行政を担う国家公務員の196,230人のうち、Ⅰ種試験等により採用されたキャリア官僚は11,344人で、約6％である[8]。2012（平成24）年度の状況を1997（平成9）年度と比較すると、キャリア官僚の数がやや増えた一方で、一般行政を担う国家公務員全体の数が約7割に減少しているため、キャリア官僚比率が高くなっている。これは、独立行政法人制度の創設（1999（平成11）年）や郵政民営化（2007（平成19）年）などにより、各府省の行政活動の実施部門を担う組織が法人化・民営化され、それらの組織で働いていた、主としてノンキャリア公務員である国家公務員がその身分を失ったことが影響していると考えられる。法人化・民営化により、国家公務員の中でのキャリア官僚比率が高くなったとはいえ、依然、国家公務員の大多数がノンキャリア公務員であることは見過ごせない事実である。

　ここまで特に定義せずに「キャリア官僚」「ノンキャリア公務員」と書いてきたが、本書においては、通例どおり、戦後すぐの六級職試験から、上級試験、上級試験（甲種）、Ⅰ種試験、総合職試験と変遷してきた試験を経て国家公務員として採用された者をキャリア官僚と位置付け、五級職試験から、中級試験、Ⅱ種試験、一般職試験（大卒程度試験）と変遷してきた試験と、四級職試験から、初級試験、Ⅲ種試験、一般職試験（高卒者試験）と変遷してきた試験を経て国家公務員として採用された者を主にノンキャリア公務員と位置付けている。給与については、いずれも、一般職の職員の給与に関する法律に定める行政職俸給表（一）の適用を受けるが、初任給の格付けや昇格といった運用面での差異があるとされる[9]。

　さらに、国家公務員ではないが公務を担う職員も、無視できない数になっている。まず、2015（平成27）年4月現在、独立行政法人は98法人あり、このうち7法人は役職員が国家公務員の身分を有する行政執行法人であるが、それ以外の法人の職員は国家公務員の身分を有していない。独立行政法人制度は、「各府省の行政活動から政策の実施部門のうち一定の事務・事業を分離し、これを担当する機関に独立の法人格を与えて、業務の質の向上や活性化、効率性の向上、自律的な運営、透明性の向上を図ることを目的とする制

度[10]」であり、法人職員は行政活動の実施部門の一部を担っているという点で、公務を担う職員と言えよう。前田（2014）では、内閣府経済社会総合研究所が「公共セクターとして分類される組織の職員数をできるだけ幅広くとらえる」ことを目的として野村総合研究所に委託して行われた2005（平成17）年の調査結果が示されており、その調査結果によれば、「政府系企業」とカテゴリーされた非特定独立行政法人[11]、国立大学法人、特殊法人の職員数は309,000人である。これらの職員は、仕事の結果が所属組織を媒介して市場によって評価され、高い評価を得た場合に所属組織が利益を得て、その配分としての給与収入を得るという民間企業の労働者と同列に論ずることはできない。給与の全部または一部が公財政によって支出され、市場による評価と給与収入がリンクしないという点で、むしろ公務員と同様にその能率等が求められよう。本書では、公務員に加えて、このような公務員という身分を有さない公務を担う職員を含め、広い意味で公務を担う職員全体を公務職員と呼ぶこととしたい。

　イギリスの1997年から2010年の労働党政権下での公務の現代化政策とその下での公務職員の在り方の関係を論じた前述のBach and Kessler（2012）でも、その議論の対象には、公務員だけでなく政府系企業（public corporations）の職員も含まれている（同書p.4）。また、同書の関心はより広がりを見せており、公財政に支えられた行政活動を実際に行う職員の多くが、民間企業や第三のセクター（third sector）[12]により雇用されている事実に注目し、政府系企業職員を含んだ公務職員の数の減少を行政活動の効率化を示す指標として単純に扱ってはならないとも指摘している[13]。

　行政におけるNPM改革が多くの国で進められ、エージェンシー化や民営化が行われた現在、公務員だけを対象にしていては公務労働の全体像を捉えられない、という認識を持つことが必要と思われる。

　このようなことから、公務員制度改革の目指すものが、①社会環境の変化や行政ニーズの多様化に対応して職務を遂行できる公務員であり、かつ②国民の信頼を得られる公務員であるとすれば、キャリア官僚に大きく影響を及ぼす施策を中心に論じるだけではなく、より裾野を広げ、ノンキャリア公

務員も含めた公務員全体を見据えた議論が必要と思われる。さらには、日本においても独立行政法人の制度化等により、公務員の身分を有さない公務職員の数が増えている現状を踏まえ、それらの者も含めた公務職員全体に広げて論じていくことが、公務全体の質の向上のために重要となってくると考える。

そこで次に、公務員制度研究がこれまでノンキャリア公務員を含めた公務員全体や公務労働全体をどう論じてきたかを検討することとしたい。

第二節　公務員研究のこれまでの対象の偏り

資本主義の発達した近代国家における組織の合法的な支配の在り方を官僚制として論じたのがマックス・ウェーバー（1987、2012）の官僚制論であり、官僚制は国家、教会、大規模な私経営、政党、軍隊のうちにも存在するとされている（例えば、ウェーバー 2012：p.35）。一方、行政学がその根源的な研究対象としてきたのは、国家における官僚制である。政策形成における官僚の役割や機能、政治家との関係などを対象とした研究は村松（1981）、牧原（2003）ほか枚挙にいとまがなく、また、途切れることがない（曽我 2016）。官僚制そのものの仕組みや公務員制度の構造、人事行政、人事管理への政治的統制等を対象にした研究に限っても、Downs（1967=1975）、辻（1969、1991）、稲継（1996）、曽我（2008）、真渕（2010）などがある[14]。また、それらについて多国間比較を行う研究もある（Silberman 1993=1999、野中 2005、村松編 2008、武藤・申編 2013）。

公務員制度やその運用等に関する個別のテーマを取り上げた研究としては、公務員の給与制度やその決定方法に着目した研究（西村 1999、金井 2003b、稲継 2005）や、国家公務員の地方自治体への出向とその機能に着目した研究（片岡 1994、広本 1996、猪木 1999、稲継 2000、秋月 2000、金井 2003a、稲垣 2004、喜多見 2010）、公務員の専門性に着目した研究（廣瀬 1989、新藤 2002、藤田 2008、久米編 2009、日本都市センター編 2011、内山・伊藤・岡山編 2012、林奈生子 2013）が代表的なものであろう。民主党政権の実現により政治主導の在

り方が注目されたり、官邸主導を強調する安倍政権の手法が注目を集めたりする近年の動向と関連した研究としては、日本における政治任用の制度と運用の変遷をたどった出雲（2014）を挙げることができる。

　これらの研究は、行政学の研究関心を反映して、国家公務員のキャリア官僚を対象にするか、地方自治体の職員を対象にしたものがほとんどである。国家公務員の地方自治体への出向とその機能に着目した研究も実質的にはキャリア官僚が観察の対象となっている。国家公務員の給与制度やその決定方法に着目した研究については、制度や決定方法がキャリア官僚とノンキャリア公務員で共通であるため両者を包含した研究になっているが、キャリア官僚以外の国家公務員の昇進管理の詳細まで明らかにした研究は稲継（1996：p.32）が指摘するようにきわめて乏しく、最近になるまで、行政の実務を中島（1984）が明らかにしたり、労働問題研究の立場から早川（1997：pp.59-118）が人事院や職員団体の調査が示す全体像を示した上で、3人の昇進事例を示したに留まっていた。

　このように、いわゆるノンキャリア公務員が組織において果たしている役割や機能、昇進構造に関する研究がきわめて乏しい状況では、公務員制度改革議論の中に国家公務員全体の9割以上を占めるノンキャリア公務員の実態を踏まえた議論が出てこないことも頷ける。新藤（2002）が端的に示しているように、「ノンキャリア職員は業務の遂行を担う『規則保守派』で、先例の踏襲や既存の法令解釈を重視する」というイメージが一般には受容されていると思われるが、第一線職員論（ストリートレベルの官僚制論）においては第一線職員の裁量や自律性を前提とした議論が行われていることと比して[15]、第一線職員を含むものの、それよりさらに広い職域を含むノンキャリア公務員の実態がこれまで明らかにされてきたとは言い難い。また、独立行政法人、国立大学法人、特殊法人といったいわゆる政府関係法人の職員の人事制度やその運用等について論じた文献は管見の限り見当たらなかった。

　このような研究状況を踏まえ、本研究は、国立大学の事務職員に着目し、その昇進構造と能力開発を明らかにすることにより、公務員研究における空白をいくばくか埋め、公務員研究を公務職員研究へと発展させる可能性を探

ることを目指す。

　国立大学事務職員は、2004（平成16）年に国立大学が法人化される前は国家公務員であった。主にⅡ種、Ⅲ種試験等により採用されるノンキャリア公務員であり、その数は約 24,000 人[16]。法人化後は国家公務員の身分を有さない国立大学法人職員となった。本研究では、国立大学事務局幹部職員の昇進構造と能力開発について、法人化前と法人化後の二つの時期を対象として分析する。法人化前の時期についてはノンキャリア公務員研究、法人化後については広い意味での公務職員研究と位置付けることができる。

　アメリカにおいても、行政学研究は公務職員としての大学職員にほとんど注意を向けてきていなかったが、州立大学の幹部職員を対象に職員が重視する価値や動機、態度を調査し、社会からの受託と組織経営という二つの認識が幹部職員に重視されていることを明らかにした Palmer（2013）に触発され、大学が都市や地方自治体、州の活力に果たす重要な役割を鑑みれば、もっと議論されてしかるべきとも論じられている（King 2013）。

　キャリア官僚だけでなく公務を担う組織の職員全体が、社会環境の変化や行政ニーズの多様化に対応して職務を遂行でき、国民の信頼を得られるような改革を効果的かつ効率的に進めるためにも、公務員研究の空白である国レベルのノンキャリア公務員に研究の焦点を当てることや、公務員研究を広く公務を担う法人で働く職員も含めた公務職員研究に発展させるべく探究することの意義はあると思われる。

第三節　公務労働を対象とした人的資源管理論へ

　本書においては、国立大学事務局幹部職員の昇進構造と能力開発を、人事管理論（Personnel Management）から発展した人的資源管理論（Human Resource Management）における先行研究をも参照しながら論じることとしたい。

　人的資源管理論は、民間企業における労働者を対象とし、以下のような領域に関する研究の蓄積がある（安藤 2008：pp.18-19）。

(1) 人材フロー管理
　　・採用管理
　　・退職管理
(2) 外的・内的報酬によるモチベーション管理
　　・賃金管理
　　・評価・報酬管理
　　・配置転換・昇進管理
　　・人材育成
(3) 労働時間や労働環境、福利厚生などの労働諸条件管理

　人的資源管理論は従前の人事管理論とその領域が重複する。日本に先駆けて人事管理論から人的資源管理論への移行が見られたアメリカについては、人事管理論が1920年代から始まり、人的資源管理論は1970年代から始まったと指摘されており（伊藤健市 2008）、その違いは人間観であるとされる。人間を代替可能な労働力と見るのが人事管理論の人間観で、人間を開発可能な資源あるいは社会的資産と見るのが人的資源管理論の人間観である（伊藤・田中・中川 2002）。換言すれば、人的資源管理論の特徴は、「企業にとって人材を最優先に考えることが重要（Pfeffer 1998=2010）」といった形であったり、「『人的資源』の開発やマネジメントの在り方、言い換えればHuman Resource Managementが、企業経営の競争力を左右する（佐藤・藤村・八代 2011）」といった認識の下、前述の各領域について論ずることと言えよう。政府の有する「3ゲン（権限、財源、人的資源）」のうち人的資源に対する期待が高まっている状況（金井 2008）において、公務員についても人的資源管理論の立場から論ずる意義は高まっていると考える。

　近年の海外の論考には、公務労働を対象として人的資源管理について論ずるものも見つけることができる。その認識は金井（2008）と同様で、公務部門の労働者の資源としての価値に着目し、人的資源管理の方法次第で公務部門を変え得ると主張する（Beattie and Osborne 2008）。

　また、公務部門を対象に、従来人事管理論として論じられていた領域を

人的資源管理として論じるものも出てきている。Berman, Bowman, West and Van Wart（2013）は、公務部門の管理職や将来管理職を希望する者向けの文献であるが、Human Resource Management in Public Service と題するその文献の中では、オープン・システムとクローズド・システムの違い（p.180）や、動機付け（pp.215-239）などの人事管理論でも扱う領域をも論じながら、能力開発や訓練に関する章（pp.339-372）では、オープン・システムの下で訓練や能力開発に対する組織の投資が過少となる理由や、組織的な学習戦略としては仕事の改善を考える活動（いわゆる Quality Circles 活動）やリーダーになったと仮定して考えることなどが有効であることなどを論じている。また、初版が 1978 年に出ている Riccucci and Naff（2008）では、書名には Human Resource Management という言葉は出てこないものの、格付けと報酬、採用と選抜、業績評価、訓練と能力開発を論じている第 2 章のタイトルは The Processes of Human Resource Management となっている[17]。

　一方で日本においては、前述のように、キャリア官僚に関する人材フロー管理や外的・内的報酬によるモチベーション管理として位置付けられる研究は多いものの、ノンキャリア公務員に関しては乏しいのが現状である。

　本書の課題は、①国立大学事務職員の昇進構造や能力開発の実態を人的資源管理論に依拠しながら実証的に明らかにし、一部ではあるが、ノンキャリア公務員の人材フロー管理や外的・内的報酬によるモチベーション管理に関する研究のフロンティアを開拓すること、加えて、先行研究で明らかになっている企業労働者や国家公務員についてのそれとの異同を論じること、②国立大学事務職員の昇進構造や能力開発が国立大学法人化によりどのように変容しつつあるかを明らかにすること、である（図序 -1）。

　昇進構造と能力開発に着目するのは、本研究の関心の所在と人的資源管理論における先行研究が交差する地点であることによる。前述したように、本書の関心は、公務労働全体の質の向上のためには、公務員制度改革が掲げてきた、より効果的に、より能率的に働かせるという観点を、これまで着目されてきたキャリア官僚にだけでなくノンキャリア公務員を含む公務職員全体の議論として広げるべきということであり、そのことはそれらの職員の働き

図 序-1　本書の課題

ぶり、いわば能力の発露への関心につながる。後述するように、人的資源管理論の中では、昇進構造の在り方と能力開発がリンクして論じられ（小池 1989、小池編 1991、小池・猪木 2002、Grant 2003、佐藤・藤村・八代 2011、山本 2014）、また、仕事上の経験が管理職の成長に必要であることが明らかにされてきており（金井 2013、谷口 2013、松尾 2013）、能力とその開発への関心は昇進構造の在り方への関心とつながるのである。

第四節　本書の構成

　このような課題にアプローチする本書の構成、具体的には、以下の各章で取り上げる内容について、その概要をここで述べておきたい。

　本章に続く第一章では、本論に入る前に、国立大学と文部省の組織についてその概要を描写する。ここで描写するのは、組織の法令上の位置付け、組織の内部編制の在り方、職員の種類・身分や採用等の在り方、組織規模とその推移などである。

　第二章における問いは、国立大学事務局幹部職員の昇進構造がどのように構築され、その昇進構造はどのような人事配置をもたらし、どのような特徴を有していたか、である。この章ではまず、企業労働者や公務員の昇進構造に関する先行研究、高等教育研究における大学職員の昇進構造に関する先行

研究を整理する。そして、主に文部省大臣官房人事課の歴代任用班主査へのインタビュー、国立公文書館収蔵の「人事異動上申書」及び文部省通知を基に、法人化直前までの国立大学事務局幹部職員の昇進構造に関わる制度と慣行がどのように生成したのかを明らかにする。その後、国立学校幹部名鑑等に掲載された国立大学事務局幹部職員の職歴情報を経年的に分析し、その昇進構造の実態を明らかにする。ここでは、昭和30年代の初めから、国立大学事務職員には、幹部職員になるためのファスト・トラックとして文部省転任という慣行が存在していたことなどが明らかになる。

　第三章では、国立大学事務職員が幹部職員になるためのファスト・トラックである文部省転任という仕組みが、職員の能力開発にどのように影響したかを明らかにする。まずは、法人化前の国立大学事務局幹部職員の能力とその開発について、国立大学事務局長経験者へのインタビューに基づき解明する。その際、企業労働者や公務員の能力とその開発に関する先行研究や高等教育研究における大学職員の能力とその開発に関する先行研究をレビューしている。インタビューから、事務局幹部職員に求められる職務遂行能力は、主に仕事上の経験により身に付けていることが明らかになる。そのため、事務局幹部職員のファスト・トラックとして位置付けられる文部省勤務に着目し、文部省幹部職員名鑑等に掲載された職歴情報から、事務局幹部職員の文部省におけるキャリア形成の実態を経年的に明らかにする。

　第四章では、視点を国立大学法人化後の事務局幹部職員の昇進構造と能力開発に移す。昇進構造と能力開発の在り方が、法人化によりどのように変化したのか、あるいは、法人化によっても変化していないことは何か、という問いに答えていく。高等教育研究における法人化による変化を論じる先行研究や行政学における出向人事研究をレビューした上で、前二章と同様の方法で法人化後の制度と慣行、実態を明らかにし、法人化による異同を分析する。そこでは、制度の変化に伴い、昇進構造の実態も変容していることが明らかになる。

　第二章から第四章においては、各章の第一節と第二節において関連する先行研究をレビューして当該章における研究の意義を示し、第三節以降におけ

る分析から得られた知見と含意を最終節で示す、という構成をとっている。また、本章第二節で述べたように、本書は行政学における公務職員研究であるが、本書が対象とする国立大学事務職員や国立大学法人化による変化については高等教育研究において研究蓄積がある。このため、第二章から第四章においては、高等教育研究における先行研究についても独立した一節を設けてレビューしている。

　終章において、本書全体の分析を通じて得られた知見とその人事政策に関わる含意、本研究の限界と今後の課題を示し、本書を締めくくる。

第五節　研究の方法

　本研究において採る研究手法は、資料調査、インタビュー調査、文部省幹部職員名鑑や国立学校幹部名鑑等に掲載された職歴情報を基にした分析、の三つである。

　国立大学事務局幹部職員の昇進構造の制度や慣行がどのようなものであったか、また現にどのようなものであるかについて、文部省大臣官房人事課の歴代任用班主査へのインタビュー、国立公文書館収蔵の人事異動上申書、文部科学省及び東京学芸大学保管の文部省通知等を基に明らかにする。さらに、その昇進構造が具体的にどのような人事配置をもたらしたかについて、国立学校幹部名鑑等に掲載された職歴情報から国立大学事務局の課長、部長、事務局長の初職と文部省における勤務の有無を調べ、その属性と経年による変化を分析する。

　国立大学事務局幹部職員の能力開発については、国立大学事務局長経験者へのインタビューに基づき、事務局幹部職員に求められる職務遂行能力と、それらをどのように身に付けたかを明らかにする。さらに、そのような職務遂行能力は主に仕事上の経験により身に付けていたことが明らかになったため、事務局幹部職員のキャリアパスの一つとして位置付けられる文部省勤務に着目し、文部省幹部職員名鑑等に掲載された職歴情報から、事務局幹部職員の文部省におけるキャリア形成の実態を経年的に明らかにする。

これらの手法は、国立大学法人化後の状況についても同様である。
　このような手法を採るのは、労働研究としての石田・樋口（2009）及び石田（2003）に依拠するところが大きいため、以下、この手法を採る理由を両書を引用しながら説明したい。
　石田・樋口（2009）は、「人事管理の実態を理解するということは、その制度を正しく理解することに他ならない。また制度を正しく理解するためには、その運用や慣行にまで立ち入った丁寧な観察と記述が必要になる」とする。そして、丁寧な観察が必要となる理由について以下のように述べる。

> 「企業組織において人材を管理するという一連の活動は、その多くが組織内に設定された人事制度に依拠している。とりわけ評価・処遇制度のように管理対象として重要性の高い領域ほど、そこでのルール設定は重層化する。<u>人事制度の表層をなぞることは容易であるが、この重層化したルールの束を相互の関係に気を配りながら整理し、その意味を解釈することは容易ではない。</u>しかしこの作業をつうじて、我々は人事管理の実証的な根拠を確保することができる。また、<u>人事制度には現実に即した使い方というものがある。つまり制度の運用の仕方である。そこには文書化される部分とそうでない部分が含まれるが、いずれの場合も人事管理をめぐる方針や考え方、あるいはそこに否応なく付随する慣行を反映するという意味で、制度設計と同じくらい重要である。</u>（p.4 下線部：引用者）」

　さらに、丁寧に観察した事柄を子細に記述する必要性を以下のように述べ、同書が事例分析の方法を採ることを説明している。

> 「記述的であるということが、制度の分析にあたってはきわめて重要である。記述的であることは、事実の焼き写しに過ぎないという批判をしばしば耳にする。そのように考える理由は、職場の実態が実はきわめて難解かつ複雑であり、事実それ自体を正確に理解するこ

とが社会科学的な認識において不可欠であることをあまりよく理解できていないからであろう。職場の事象についての因果関係を不用意に取り出したり解釈したりする前に、まずは事実の認識が必要である。だからこそ職場の事例研究のよき伝統は、相関関係よりも行動によって説明することを好んできたのである。」

　丁寧に観察した事柄を子細に記述する際の具体的な観点については、石田(2003) がJ.T. ダンロップの労使関係論[18]を参照した上で、次のように述べる（石田 2003：pp.77-78）。

① ルールそれ自体を詳細に記述すること
② ルールを実効あらしめる機構・制度を記述すること。この機構・制度はサンクションとインセンティブの機能を制度化したものとして記述すること
③ そうしたルールと機構の前提になっている理念を把握すること
④ この理念が変転きわまりない現実との間に醸成される軋轢を発見すること

　また、日本企業における昇進構造に関して数々の研究成果を発表してきた小池和男も、聞き取り調査と職歴記録の分析に基づく研究について、次のように述べる（小池編 1991）。

「（大卒ホワイトカラーの能力開発を考察するという：引用者）問題にせまるのに、おもに事例についてのききとりという方法をとった。ききとりできる事例の数はたかがしれている。統計的有意性から気が遠くなるほどはなれている。にもかかわらず、この方法をとったのは、第1に、キャリアの現れ方が職業や職場によってさまざまで、そこをおさえないかぎり、キャリアを把握できないからである。アンケート調査でここを把握するのは至難のわざだ。第2、キャリアのパタ

> ンをおもな職業ごとに例示したい。大卒ホワイトカラーの人材形成について貴重な参考材料を提示し、たんに国内だけではなく、海外諸国にもそれを伝えたいのである。それにはキャリアを具体的に描くことが欠かせない。(p.9)」

　小池編（1991）は、職歴記録の分析も、ききとりによる調査がなければ難しいとする。
　これらの先行研究に依拠し、本書においては、資料調査、インタビュー調査、国立学校幹部名鑑等に掲載された職歴情報を基にした分析という三つの研究手法により、石田（2003）が述べる四つの具体的な観点を念頭に置きつつ、国立大学事務職員の昇進構造と能力開発について明らかにしていきたい。
　もう一つ、ここで、本書における「制度」と「慣行」の意味を明らかにしておきたい。社会科学における新制度論では、制度は「社会におけるゲームのルール」であり「人間の相互作用を形作る人為的な拘束」であるとか（建林・曽我・待鳥 2008）、「アクターの現実理解や行動を意味付けるもの」であり「アクターの行動に課されるパターン化された制約」であるとされる（河野 2002）。このように定義されることにより、制度には法規のようなフォーマル（公式）なものも挨拶の仕方などのある種の普遍的な社会的慣行のようなインフォーマル（非公式）なものも含まれるとされる。これは、新制度論が政治における因果的推論を分析することに重点を置き、政治的結果をもたらす要因として、あるいは政治的な論争の帰結として、制度を位置付けてきたこと、また、経済学や政治学だけでなく社会学の分野においても新制度論が論じられてきたことに由来するものと思われる。一方、本書においては、「制度」を法律と法律に根拠を持つ政令・規則や通知などの文書化されたものに限定し、国立大学事務局幹部職員の人事異動等に関して関係者が共通に理解していたそれ以外のルールを「慣行」と呼ぶこととする。これは、前述のように、本研究がまずは人事管理の実態を理解することを主眼としており、そのためには、人事管理の制度を慣行や運用に立ち入って丁寧に観察し、記述することが必要であること（石田・樋口 2009）から、慣行がどのようなも

のであるかについても意識化して観察する必要があると考えたためである。

とはいえ、建林・曽我・待鳥（2008：p.40）が指摘するように、フォーマルな制度とインフォーマルな制度の区別は容易ではなく、その境目はそれほどはっきりしたものでもないことから、本書においても「制度」と「慣行」の境界をこれ以上厳格に区分けすることは行わない。また、先行研究の中には、「制度」の中に「慣行」を含んでいると理解できるものもあるが、それを一つ一つ指摘することは本研究の主題にとって必要不可欠なものではないと判断したため、行わないこととした。

なお、本研究の対象とする期間はおおむね1955（昭和30）年から2015（平成27）年までであるため、中央省庁再編により文部省が文部科学省となった2001（平成13）年以降の事柄に焦点を当てて言及する場合には「文部科学省」とするが、それ以外の場合には「文部省」と記述している。

また、本研究が対象とする国立大学事務局幹部職員とは、課長、部長、事務局長及びそれに相当する職である。企業との比較で言えば、一般に、課長、部長は管理職と呼ばれる職層、事務局長は経営幹部と呼ばれる職層に当たる。管理職ではなく幹部職員という用語を用いるのは、その双方の職層を含むことと、それらの者が掲載されている名簿の名称が「幹部名鑑」とされていること、国立大学の連合組織である国立大学協会の申合せ等の文書においてもそれらの者の総称として「幹部職員」が用いられていることによる。ただし、企業労働者に関する文献を引用する場合や、一般的に課長以上の職層を指す管理職を用いる方が適切な場合などには、「管理職」を用いている。

注
1 　公務員制度改革大綱では、「新人事制度の基礎となるものとして、職務（官職）を通じて現に発揮している職務遂行能力に応じて職員を等級に格付けする能力等級制を設け、これを任用、給与及び評価の基準として活用することにより、トータルシステムとしての人事システムを構築する」と記載されている。
2 　内閣官房のホームページ（http://www.cas.go.jp/jp/gaiyou/jimu/jinjikyoku/jinji_l.html：最終アクセス日 2014.10.22）を参照。
3 　この変更の意図したことや検討経過等については、合田（2015）に詳しい。
4 　内閣官房のホームページ（http://www.cas.go.jp/jp/gaiyou/jimu/jinjikyoku/990518.htm：

最終アクセス日 2015.11.30）に掲載されている同答申を参照。
5　キャリア官僚にジャーナリストの視線が集まっていることを塙（2013）も表している。
6　ここでは、一般職の職員の給与に関する法律に定める行政職俸給表（一）の適用を受ける職員とした。
7　人事院平成 25 年度年次報告書に掲載の「平成 24 年度における職員の在職、離職状況等一覧表」に基づく。
8　人事院平成 10 年度年次報告書に掲載の「平成 9 年度における職員の在職、離職状況等一覧表」に基づく。
9　この点についての詳細は、早川（1997）に詳しい。
10　総務省ホームページ（http://www.soumu.go.jp/main_sosiki/gyoukan/kanri/satei2_01_01.html：最終アクセス日 2015 年 11 月 20 日）の記載を引用。
11　2014（平成 26）年に行われた独立行政法人通則法の改正に伴い、特定独立行政法人、非特定独立行政法人という区分に代わり、新たに中期目標管理法人、国立研究開発法人、行政執行法人という区分が設けられている。従来の特定独立行政法人、非特定独立行政法人の区分においては、前者の職員は国家公務員の身分を有し、後者の職員は有さないものとされていた。
12　同書では、政府（government）でも民間企業（private）でもない、という意味で用いられていると思われる。
13　ドイツにおいて公務員が遵守すべき倫理規範に着目し、公務員概念の機能的拡大が起こっていると指摘する研究もある（原田 2005：p.178）
14　これらを対象とした研究は、社会学においても行われている（中道編 2007）。
15　第一線職員の裁量や自律性を前提としたものとして田尾（1994）、田辺（1988）、畠山（1989）、裁量の限界に焦点を当てたものとして関（2014）を参照。
16　国立大学法人化直前の平成 15（2003）年度学校基本調査による。
17　Human Resource Management が NPM 改革の人事行政における具体化であると指摘される場合もある（原田 2005：p.118）が、行政改革の現実に即した見方であり、企業労働者も含めた人的資源管理論全体から見た場合とは異なる見方と思われる。
18　J.T.Dunlop（1958）*Industrial Relations Systems*, Southern Illinois Press

第一章　国立大学と文部省の組織

本章では、本論を論ずる際の前提となる、国立大学と文部省の組織の在り方等について概説する。

第一節　国立大学の組織

国立大学が法人化される前は、各国立大学は国立学校設置法（昭和24年法律第150号）に基づき設置され、文部大臣の所轄に属する国の機関であった（旧国立学校設置法第1条）[19]。法人化後は、国立大学法人法（平成15年法律第112号）に根拠を持ち、法人格を有する国立大学法人により設置、運営される大学である。

その一般的な組織形態は教育研究系の組織と事務系の組織とに分かれており、教授、准教授といった教員は前者に、事務職員は後者に所属する[20]。また、法人化後にはこれらに加えて役員組織も置かれることになった。

法人化前に限れば、職員の種類等は法令に規定されていた。旧国立学校設置法施行規則第1条に、国立大学の職員の種類が、学長、教授、助教授、講師、助手、事務職員、技術職員、教務職員と定められていた[21]。これらの職員について、職務の内容が定められていた法令、教官・事務官・技官の区分、俸給表の適用状況を整理すると、**表1-1**のようになる。

法人化によって、旧国立学校設置法施行規則第1条に定められていた職員の種類や事務職員、技術職員、教務職員の職務の内容についての法令の規定はなくなり、国家公務員の身分を有さなくなったため教官・事務官・技官

表1-1　法人化前の国立大学の教職員の種類

	職務内容の根拠規定	教官・事務官・技官の区分	俸給表の適用状況
学長	学校教育法	教官	指定職俸給表。一部は教育職俸給表（一）
教授、助教授、講師、助手	学校教育法	教官	教育職俸給表（一）
事務職員	旧国立学校設置法施行規則第一条	事務官	行政職俸給表（一）。事務局長の一部は指定職俸給表
技術職員	旧国立学校設置法施行規則第一条	技官	行政職俸給表（一）
教務職員	旧国立学校設置法施行規則第一条	技官	教育職俸給表（一）

の区分もなくなり、俸給表も各国立大学が定めることとなっている。

　本研究は国立大学の事務局幹部職員を対象としているため、教育研究系の組織の説明は省き、事務局組織に着目する。法人化後の役員組織については、事務局幹部職員に関連する範囲で言及したい。

　法人化前の国立大学事務局は、事務局組織のトップとしての事務局長の下、総務系の仕事（総務課、人事課など）、財務系の仕事（財務課、経理課、会計課など）、施設系の仕事（施設課など）、教務系の仕事（学務課、教務課、学生課、入試課、留学生課など）、教育研究支援系の仕事（図書館、学術情報課、研究支援課など）に加えて、国際化や社会連携などの仕事も担当していた。大学の規模に応じて、部や課の数や職員数なども異なっており、規模の大きな大学ほど部や課の数が増える。また、複数の学部等を有する大学では、いわゆる本部事務局と学部事務（部局事務）と呼ばれるものに分かれることが多い。本部事務局は前述のような様々な役割を分担した課等からなる組織で、学部事務（部局事務）は教育研究系の組織（学部・研究科・研究施設・センターなど）ごとに置かれる事務組織である。

　図1-1及び1-2で示したのは、比較的大きな規模の総合大学で部制を取り、

第一章　国立大学と文部省の組織　25

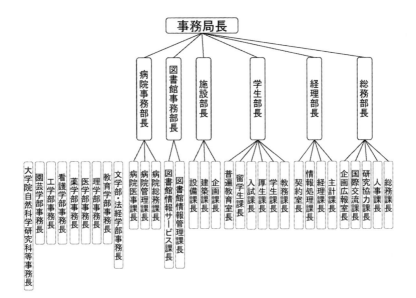

図1-1　千葉大学の事務局幹部職員の構成　2003（平成15）年度

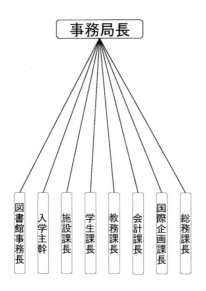

図1-2　小樽商科大学の事務局幹部職員の構成　2003（平成15）年度

本部事務局と学部事務（部局事務）に分かれている例の一つとしての千葉大学と、一般に事務局組織が小さいと言われている文系の単科大学[22]で、部制を取っていない小樽商科大学の法人化直前である平成15（2003）年度の事務局幹部職員の構成である[23]。この比較からは、法人化前も大学の規模等の違いに応じて事務局組織の在り方が多様であったことが読み取れる。

なお、法人化前の平成15（2003）年度の事務局長、事務局の部長、課長の俸給表上の格付けについては、事務局長は一部が指定職で主には10級～11級、部長は8級～10級、課長は7～8級であった。同じ時期の本省の職と比較すると、10～11級は課長、9～10級は室長、7～8級は課長補佐、となっている（表1-2）。

事務局が担う仕事の領域は法人化後も大きくは変わっていないが、事務局の組織や職の改組をより自由に行えるようになったため、より多様になっている。また、役員組織との関係で事務局長が理事を兼務する大学が増えるとともに、従来事務局長の下にあった事務局組織の一部を教員出身の理事の下に置く大学もあり、これらの点でもより多様になっている。

職員の採用については、法人化前の国立大学事務局の職員は国家公務員であるため、国家公務員採用試験であるⅡ種・Ⅲ種試験合格者を対象に、各大学が面接を行い[24]、大学ごとに採用者を決めていた。

法人化後は国家公務員から非公務員型の法人職員へと移行したため、職員の採用方法も国立大学法人等が合同で実施する試験（国立大学法人等職員採用試験[25]）を通じて行うようになっている。国立大学法人等職員採用試験は、現在、全国を七つの地区（北海道、東北、関東甲信越、東海・北陸、近畿、中国・四国、九州）に分け、それぞれ実施委員会等を設けて実施している。第一次試験が筆記試験で、その合格者を対象に第二次試験として各大学が面接考査等を行い、大学ごとに採用者を決めている。全国7地区での第一次試験は、同一日同時刻に同じ試験問題で実施し、各地区での採用予定数等を勘案して合格者を決めて「第一次試験合格者名簿（合格発表日から1年間有効）」に名前を登載するため、第二次試験は当該地区内の機関のみ受験可能とされている[26]。

表 1-2　本省と国立大学の職の俸給表上の格付け　2003（平成 15）年度

本省			行政職俸給表 （一）の級	国立大学					
	課長	部長	11 級	事務局長					
室長	課長		10 級	事務局長	部長				
室長			9 級		部長				
課長補佐			8 級		部長	課長			
課長補佐			7 級			課長	課長補佐		
係長			6 級				課長補佐	係長	
係長			5 級					係長	主任
主任			4 級					係長	主任
主任			3 級					主任	一般職員
一般職員			2 級						一般職員

注）本省については人事院規則の規定に基づいている一方、国立大学については実態に基づいているため、本省においても、実際にはこれほど直線的ではないことが想定される。
出典：本省については『給与小六法　平成 15 年版』掲載の人事院規則 9 － 8（初任給、昇格、昇給等の基準）の別表第一に、国立大学については「文部科学省所管国立学校特別会計　平成 15 年度政府職員予算定員及び俸給額表」による。

　また、法人化後、主に新規学卒者を対象とした各大学独自の事務職員の採用も徐々に広がっている。これは、個々の国立大学が民間企業と同様に採用活動を行うもので、インターネットを利用した就職ポータルサイトなどを通じて募集している。毎年の事務職員採用数が若干名の規模の小さな大学ではコスト面からも独自採用の実施は困難だが、規模の大きな大学では独自採用と国立大学法人等職員採用試験を通じた採用とを併用させている。各大学ごとの実施状況は不明だが、東京大学[27]、京都大学[28]、大阪大学[29] を例に挙げると、2018（平成 30）年採用予定者（図書を除く事務系職員）数は、独自採用がそれぞれ 35 名、16 〜 20 名程度、25 名程度、国立大学法人等職員採用

試験を通じた採用がそれぞれ15名、5名、5名と、独自採用の採用予定者数の方が多くなっている。

国立大学の組織に関するデータとして大学数、教職員総数、教員数、事務職員数に着目し、本研究が次章以降扱う経年データと同じ年度[30]の数値を経年で示すとともに、次節で扱う文部省の内部部局の定員数の変化を示したのが、**表1-3**である。また、表1-3のうち、1970（昭和45）〜2009（平成21）年度の国立大学の教職員総数、教員数、事務職員数と文部省内部部局定員数の推移をグラフ化したものが**図1-3**である。

なお、2012（平成24）年度から学校基本調査の職員数の定義が変更になり、それまで職員数の対象外だった「常勤的非常勤職員」が対象とされた[31]。このため、2015（平成27）年度のデータを経時比較の対象とすることは不適切と考え、図1-3の推移のグラフからは数値を省き、考察の対象外とした。

教員数が教職員総数に占める割合が1970（昭和45）年度の約40％から、2003（平成15）年以降は約50％と増えていること、逆に事務職員数が教職員総数に占める割合は1970（昭和45）年度の約25％から2003（平成15）年以降は約20％と減っている傾向が見られる。

また、1970（昭和45）年度と2009（平成21）年度比較すると、教職員総数が約1.4倍になっている中、教員数は約1.7倍と総数よりも伸びている一方で、事務職員数は約1.1倍と横ばいである。

教員数が伸びている一方で事務職員数が横ばいの理由としては、1968（昭和43）年度から法人化直前まで続いた政府の定員削減計画の影響が考えられる。国立大学における定員削減は、教員等の削減を抑制する反面、その他の職員の削減が強化されており、東京大学（1997）によれば、1992（平成4）年度から1996（平成8）年度までの第8次計画期間では、政府全体の削減率が5年間で4.5％であるのに対し、国立学校の行政職員のそれは8.2％であった。また、東京大学では、1968（昭和43）年度から1996（平成8）年度までの8次にわたる定員削減計画によって削減された2,121人のうち、教官（助手）及び看護婦の削減が216人、その他の事務官・技官等の削減は1,905人である。また、定員削減計画が始まる前の1967（昭和42）年

表1-3 国立大学の大学数、教職員総数、教員数、事務職員数と
文部省内部部局定員数の推移

	1964年度(昭和39)	1970年度(昭和45)	1975年度(昭和50)	1985年度(昭和60)	1995年度(平成7)	2003年度(平成15)	2009年度(平成21)	2015年度(平成27)
国立大学数(校)	72	75	83	95	98	97	86	86
国立大学教職員総数(人)	—	90,407	97,723	114,858	116,774	116,375	124,674	142,718
国立大学教員数(人)	—	36,840	42,020	51,475	57,488	60,882	61,246	64,684
国立大学事務職員数(人)	—	22,677	22,762	26,008	25,604	24,041	23,948	27,229
文部省内部部局定員(人)	—	1,483	1,485	1,377	1,498	1,988	2,192	2,118

注）文部省内部部局定員には、文化庁の定員を含む。
出典：国立大学数は、国立学校特別会計研究会（1994）及び学校基本調査による。
　　　国立大学教職員総数、教員数、事務職員数は学校基本調査による（いずれも本務者）。
　　　文部省内部部局定員は、文部省定員細則及び文部科学白書による。

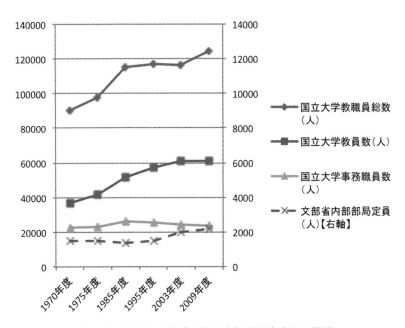

図1-3　国立大学教職員数と文部科学省定員の推移

度と 1996（平成 8）年度を比較すると、東京大学の定員総数は 9,455 人から 7,991 人と 1,464 人減少しており、その内訳は、教官が 3,745 人から 4,147 人と 402 人増加しているのに対し、その他職員（事務系、技術系、医療系職員）が 5,710 人から 3,844 人と 1,866 人減少し（東京大学 1997：pp.285-286）、1993（平成 5）年度を境に、教官数がその他職員数を上回っている（東京大学 2001：p.133）。山本（1998：pp.167-169）は、その他職員についても、定員削減計画が始まった当初はその削減数よりも国立大学の組織拡充による増員数が多かったが、1990（平成 2）年前後から削減数が増員数を上回る純減になっていることを指摘しており、例として、第 8 次計画期間中に国立学校の教官定員が 2,968 名分増加したのに対し、職員定員は 2,269 名分減少したことを挙げている。

　国立大学における研究領域の拡大や高度化、大学院生を含めた学生数の増加、社会貢献や地域貢献など求められる役割の拡大などにもかかわらず、それらを支援し、事務処理を扱う事務職員が定員削減計画の影響等によりほとんど増えていないことからも、ニーズの多様化に対応してより効果的に職務を遂行することや、能率的に働くことが一層求められていると言える。

第二節　文部省の組織

　文部省は国家行政組織法（昭和 23 年法律第 120 号）及び文部省設置法（昭和 24 法律第 146 号）に基づく国の行政機関である。2001（平成 13）年に科学技術庁と統合し、文部科学省（文部科学省設置法 平成 11 年法律第 96 号）となった。

　文部省の組織のうち、局編制に着目し、本書が次章以降扱う経年データと同じ年度[32]についてその変遷を示したのが、**表 1-4** である。

　文部科学省になった 2001（平成 13）年の前後で違いがあるのは当然にしても、文部省時代にも局編制が何度か変更されており、国立大学を主に所管する局は大学学術局→大学局→高等教育局となっている。局以外でも、大臣官房人事課が事務局幹部職員の人事や学長等の発令を行い、同会計課が予算

表 1-4 文部省組織の変遷

年度	大臣官房	国際統括官	生涯学習（政策）局	初等中等教育局	教育助成局	高等教育局／大学学術局	学術国際局	科学技術・学術政策局	研究振興局	研究開発局	社会教育局	体育局／スポーツ・青少年局	管理局	文化庁
1970年度（昭和45）	大臣官房			初等中等教育局		大学学術局					社会教育局	体育局	管理局	文化庁
1975年度（昭和50）	大臣官房			初等中等教育局		大学学術局					社会教育局	体育局	管理局	文化庁
1985年度（昭和60）	大臣官房			初等中等教育局	教育助成局	高等教育局	学術国際局				社会教育局	体育局		文化庁
1995年度（平成7）	大臣官房		生涯学習局	初等中等教育局	教育助成局	高等教育局	学術国際局					体育局		文化庁
2003年度（平成15）	大臣官房	国際統括官	生涯学習政策局	初等中等教育局		高等教育局		科学技術・学術政策局	研究振興局	研究開発局		スポーツ・青少年局		文化庁
2009年度（平成21）	大臣官房	国際統括官	生涯学習政策局	初等中等教育局		高等教育局		科学技術・学術政策局	研究振興局	研究開発局		スポーツ・青少年局		文化庁
2015年度（平成27）当初	大臣官房	国際統括官	生涯学習政策局	初等中等教育局		高等教育局		科学技術・学術政策局	研究振興局	研究開発局		スポーツ・青少年局		文化庁

出典：1995年度までは文部省大臣官房人事課（1998）、2003年度及び2009年度は当該年度の文部科学省白書、2015年度は同年度の文部科学省・国立大学法人等幹部職員名鑑による。

決算等のとりまとめを行ってきた。

　前節の表 1-3 と図 1-3 で示したように、文化庁を含む文部省の科学技術庁との統合前の内部部局の定員は 1,400 ～ 1,500 人ほどであり、統合後文部科学省となってからは 2,000 人前後となっている。

注

19　なお、法人化前の平成 15 年版『文部法令法要覧』掲載の文部科学省設置法では、第 19 条第 1 項が「別に法律で定めるところにより文部科学省に置かれる施設等機関で本省に置かれるものは、国立学校とする。」、同条第 2 項が「国立学校については、国立学校設置法（これに基づく命令を含む。）の定めるところによる。」とされている。文部科学省設置法第三章「本省に置かれる職及び機関」の第三節「施設等機関」に置かれている条文は第 19 条のみであることから、法人化前の国立大学は国家行政組織法上の「施設等機関」と位置付けられていたことが分かる。

20　法人化前の技術職員は、その多くが理工系の区分の国家公務員試験に合格して採用されて事務局の施設関係の部署（施設課など）で働いていたが、一部、研究室で研究補助業務を担う者もいた。

21　附属学校を置く国立大学には、これに加えて、教頭、教諭、養護教諭、実習助手及び寄宿舎指導員が職員の種類として定められていた。

22　学部が一つのみの大学を単科大学と呼ぶ。

23　文教ニュース社が発行する『文部科学省幹部職員名鑑（15 年版）』を基に、筆者作成。

24　面接は本部事務局の人事担当課が実施する。人事担当課は、人事課がある場合は人事課、ない場合は通常総務課である。人事課長以下人事課の担当者だけで面接するのではなく、他の課の課長等も面接官となる場合が多い。各大学が行う面接によって採用者を絞り込むのは、法人化後も同じである。

25　「国立大学法人等」となっているのは、大学共同利用機関法人、独立行政法人国立高等専門学校機構等もこの試験を利用するためである。試験実施の費用は利用する大学が分担している。国立大学法人等職員採用試験に関するここでの記述は、国立大学協会のホームページ（http://www.janu.jp/univ/employment/　最終アクセス日：2017.6.21）を通じてアクセスした各地区実施委員会等のホームページの記載に基づく。

26　ただし、採用予定の少ない事務系（図書）及び技術系試験区分の志望者の雇用機会を増やし、採用業務の円滑化を図るために、事務系（図書）及び技術系の試験区分の合格者は、他地区の機関での第二次試験の受験を可能とする場合もあるとされている。

27　東京大学のホームページ（http://www.u-tokyo.ac.jp/recruit/info/index_j.html　最終アクセス日：2017.6.28）を参照。

28　京都大学のホームページ（http://www.saiyou.adm.kyoto-u.ac.jp/recruit/appointment/　最終アクセス日：2017.6.28）及び近畿地区国立大学法人等職員統一採用試験のホー

ムページ（http://www.kyoto-u.ac.jp/siken/examination/yoteisu/index.html　最終アクセス日：2017.6.28）を参照。
29　大阪大学のホームページ（http://www.osaka-u.ac.jp/ja/news/employ/admin_staff/files/l7w0d7　最終アクセス日：2017.6.28）及び近畿地区国立大学法人等職員統一採用試験のホームページ（注28と同じ）を参照。大阪大学については、独自採用の採用予定者数には、既卒者及び学内からの採用者も含むとされている。
30　ただし、大学数については国立大学特別会計制度が発足した1964（昭和39）年度の数値も追加している。また、データの制約上第三章では1967（昭和42）年度、第四章では1971（昭和46）年度のデータを扱っているところを本表では1970（昭和45）年度の数値で代替している。
31　文部科学省が示している2015（平成27）年度の「学校基本調査の手引き」によれば、職員として正式に発令され、規定による給与が支給され、1週間あたりの勤務時間が30〜40時間であり、任用期間が実態として1年以上継続することが明らかな非常勤職員等は、本務者に計上するとされている。
32　データの制約上第三章では1967（昭和42）年度、第四章では1971（昭和46）年度のデータを扱っているところを本表では1970（昭和45）年度の数値で代替している。また、2015（平成27）年10月にはスポーツ庁が設置されてスポーツ・青少年局が廃止されているが、本書で扱った同年度のデータが8月28日現在のものであるため、本表では同年度当初の局編制を表している。

第二章　国立大学事務局幹部職員の昇進構造

　国立大学事務局幹部職員の昇進構造がどのように構築され、その昇進構造はどのような人事配置をもたらし、その特徴はどのようなものであったかを明らかにすることが本章の目的である。

　そのため、国立大学の幹部職員の昇進構造に関する制度と慣行を、文部省大臣官房人事課の歴代任用班主査へのインタビュー、国立公文書館収蔵の人事異動上申書、文部科学省及び東京学芸大学保管の文部省通知等を基に明らかにする（第三節）とともに、国立学校幹部名鑑等に掲載された職歴情報から国立大学事務局の課長、部長、事務局長の初職と文部省における勤務の有無を調べ、その属性と経年による変化を分析する（第四節）。

　それに先立ち、第一節において、企業労働者の昇進構造に関する先行研究と比して公務員の昇進構造に関する研究には未開拓の領域が多いことを論じ、本研究が公務職員研究にどのように貢献することが可能かを示す。

　また、第二節では、高等教育研究においてここ15年ほど活発に論じられている大学職員論に関する研究状況をレビューし、本研究の独自性を明らかにする。

第一節　企業労働者や公務員の昇進構造に関する先行研究

　本節では、第一項において企業労働者の昇進構造に関する先行研究を整理し、第二項において公務員の昇進構造に関する先行研究を整理する。さらに両者を比較することにより、後者には未だその領域に関しても内容に関して

も未開拓の部分が残っていることを明らかにし、本研究がその一部を補うものであることを示したい。

第一項　企業労働者の昇進構造

本項においては、これまで行われてきた企業労働者の昇進構造に関する研究が内部労働市場に焦点を当てたものであることをまず明示した上で、多様な研究を昇進の実態、管理職への昇進、昇進への動機付け（Motivation）、昇進の管理という観点で分類し、紹介する。

1. 内部労働市場における昇進構造

日本の企業は、正社員の長期雇用と内部人材育成、いわゆる年功賃金などに特徴付けられる内部労働市場を形成してきた（島貫 2010a）。新卒採用した正社員に長期の雇用保障を与え、職場での OJT や幅広い職場間のローテーションを通じて企業特殊的な能力や技能を蓄積させ、いわゆる年功賃金と呼ばれる賃金体系の下、「遅い昇進」と呼ばれる長期的な昇進を行ってきた。こうした「人的資源の内部化」戦略が高度成長期の日本企業の競争力を支えてきたと言われる。一方、そのような内部労働市場の周辺で、短期雇用を前提とする非正規社員を活用してきたことも事実である。平野（2010）も、手厚い雇用保障、キャリア開発の機会、公正な評価と処遇等に特徴付けられる「内部労働市場」と、低賃金で雇用保障がなく仕事を通じた学習機会の乏しい「外部労働市場」とに労働市場が分断されていることを主張する二重労働市場論を紹介し、日本の組織の効率性は、「組織の原理」に従う内部労働市場（主として正社員）と、価格（賃金）をシグナルに参入・退出を（とりわけ企業側が）自由に決定できる「市場の原理」に従う外部労働市場（主として非正規社員）の二重利用によってもたらされたと述べる。島貫（2010a）と平野（2010）は、いずれもバブル経済崩壊後の平成雇用不況期において進行した非正規社員の量的基幹化を前提とし、正社員と非正規社員の境界設計を主に論じるものであるが、それゆえに、従来の昇進構造に関する研究が当然のように正社員を対象としてきたことを相対化し、それらが内部労働市場に焦

点を当てたものであることを浮き彫りにしている。

　また、人事制度の日米比較を行った石田・樋口（2009：pp.115-117）では、アメリカの基本給を理解するためには、賃金が外部労働市場からの影響を強く受ける国情にあるために、企業内の賃金制度が組織内の秩序として貫徹し得ないことを理解する必要がある、と述べる。同書では、日本と違い外部労働市場により組織内の秩序が攪乱されやすいアメリカで、賃金決定を分権化して賃金配分をめぐる個別事業部門の裁量性を高め、それを通じて組織内的な評価に基づく処遇と市場変動の影響を、個別的な対応が可能な職場（現場）レベルで両立させようとしている人事制度の実態を明らかにしている。この日米比較からは、日本の正社員に関する内部労働市場が比較的外部労働市場の影響を受けにくい状況が浮き彫りになる。

　本項において整理する昇進構造に関する先行研究は、あくまでも外部労働市場の影響を受けにくい日本の正社員に焦点を当てたものであることを、まず明確にしておきたい。

　なお、公務労働においても少なくない数の非正規職員がおり（上林 2012）、**表 2-1** 及び**図 2-1** で示すように、国立大学においても非常勤職員数が増加傾向にある[33]ことから、内部労働市場に焦点を当てた本研究が対象としていない領域があることを自覚しておきたい。

表 2-1 国立大学教職員数の推移（非常勤職員を含む）

	1970年度（昭和45）	1975年度（昭和50）	1985年度（昭和60）	1995年度（平成7）	2003年度（平成15）	2009年度（平成21）
国立大学教職員総数（人）	90,407	97,723	114,858	116,774	116,375	124,674
国立大学教員数（人）	36,840	42,020	51,475	57,488	60,882	61,246
教職員総数に占める教員数の割合（％）	40.7%	43.0%	44.8%	49.2%	52.3%	49.1%
国立大学事務職員数（人）	22,677	22,762	26,008	25,604	24,041	23,948
教職員総数に占める事務職員数の割合（％）	25.1%	23.3%	22.6%	21.9%	20.7%	19.2%
国立大学非常勤職員（事務補助職員）数（人）	―	4,617	7,500	9,935	14,051	―
教職員総数を100とした場合の割合（％）	―	4.7%	6.5%	8.5%	12.1%	―
事務職員数を100とした場合の割合（％）	―	20.3%	28.8%	38.8%	58.4%	―

出典：国立大学教職員総数、教員数、事務職員数は学校基本調査による（いずれも本務者）。
　　　国立大学非常勤職員（事務補助職員）数は、文部科学省大臣官房人事課による（2003年度の欄には、2002年度の数値を入れている）。

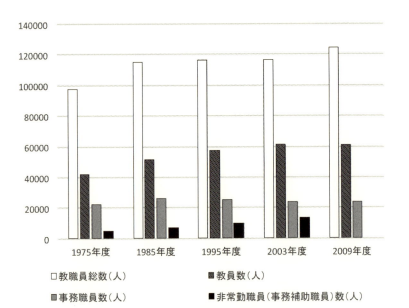

図 2-1　国立大学教職員数の推移（非常勤職員を含む）

2. 昇進の実態

　戦後における日本企業の昇進の仕組みの全体像を最初に示したのは、管見の限り、小池（1981）と思われる。小池は、日本企業の昇進の仕組みとして、遅い昇進と「将棋の駒型」モデルを提起した（小池 1981：pp.28-35）。日本の企業は入社してかなり長い間（15年ときに20年近く）昇進と賃金にあまり差を付けず、将棋の駒の肩の地点まで多数が一線で昇進し、その地点を過ぎると選抜により急激に昇進する人数が絞られていく。その特徴は、長期にわたる複数の評価者による念入りな選抜であるとする。小池はその後も、大卒ホワイトカラーに着目して五つの分野（①大手自動車メーカーの技術者、②総合商社、③銀行、④製造業事務系、⑤製造業とガス供給業の人事部門）におけるキャリア形成についての事例研究から遅い昇進方式を確認する（小池編 1991）ことなどにより、「遅い昇進」が日本における昇進構造の特徴であることを主張している（小池 1989、2005）。

　遅い昇進方式の確認は、松繁・梅崎・中嶋（2005）によって、医療用医薬品の製造や輸入販売を業とする企業のMR（Medical Representatives）と呼ばれる営業職についても行われている。

　小池による、事例研究を基にした昇進の仕組みの全体像を示す研究に、より精緻に理論的に取り組もうとする一群の研究もある。代表的なものはトーナメント競争モデル（Rosenbaum 1984、1986、Lazear 1998）と昇進スピード競争モデル（今田・平田 1995）である。

　Rosenbaum（1984）は、従来社会学の中で選抜競争の規範として考えられてきた二つの移動である競争移動と庇護移動とは異なる「トーナメント移動」という移動の仕組みを、アメリカの昇進競争の実態から解明した[34]。

　競争移動（contest mobility）と庇護移動（sponsored mobility）という選抜競争の規範を、アメリカとイギリスの学校制度やその選抜方法を観察することによって析出したのはTurner（1960）である。競争移動とは、キャリアのかなり終盤まで昇進の機会が残されているような移動である。競争の参加者は様々な戦術を駆使でき、エリートの地位獲得はレースに例えられる。エリートの地位は既成のエリートから授けられるのではなく、勝ち取るこ

とに特徴があり、したがって、競争移動においてはすべての成員に自分たちもそのうちエリートになれるかもしれないという平等幻想をもたらす。庇護移動とは、キャリアの初めからごく少数の人材が選抜され、彼らのみが成功者としてその後の昇進が約束されるような移動である。既成のエリートやその機関が次のエリートを選ぶので、志願者がエリートに必要な資格を備えているかどうかについての既成のエリートの評価によって上昇移動の可否が決まる。早期にエリートが選抜され、エリート文化が教育されていく。将来のエリートが隔離されて育成されるから、エリートは優れた能力を持っているという神秘性の幻想が作動する。留意すべきは、この二つはあくまでも社会的な上昇移動の理想型であって、実際の社会における上昇移動はかなりの程度両方が組み合わさっているとの認識が Turner においても示されていることである。

　Rosenbaum（1984）は、アメリカのある製造業大企業の従業員のキャリア移動分析を行い、現実の昇進競争の実態は競争移動でも庇護移動でもなく、各選抜点でしだいに参加者が絞られていく「トーナメント移動」であると結論付けた。具体的には、1960 年から 1962 年までに入社した社員約 671 人を母集団とし、その後の 13 年間でどのように昇進したかを 3～4 年ごとに追跡し、その結果をキャリアツリーで示した。その結果は、初期に昇進した者がその後にも昇進する可能性が高く、勝者には一層高い地位をめぐっての競争の機会があるがそれを必ず得られるという保証があるわけではなく、敗者にあり得るのはより低位への競争か、いかなる競争もあり得ない、というトーナメント型の移動であった。Rosenbaum は、組織内移動がトーナメント移動になる理由として効率＝動機仮説を提示する。組織が成員の動機付けを調達するために、できるだけ機会を開いておくのが競争移動である。競争移動は選抜をできるだけ遅延させ、大器晩成を可能にするので、動機付けの調達には適合的である。しかし、初期に有能な者を選抜して集中的に専門訓練を行わないため効率の点では不適合である。希少な資源を効率よく使うには、早い時点で成員の中から少数の者をエリート的地位のために選抜し、他の者から分離して訓練を施し、エリートにする方が効率的である。この要請

に適合的なのが庇護移動である。競争移動は動機付けに、庇護移動は効率に対応した移動様式であり、逆に、競争移動は効率と、庇護移動は動機付けと不適合である。この観点から、トーナメント移動は両者の折衷型であり効率と動機付けの要請を同時に満足させる。トーナメント移動と庇護移動との違いは、勝者も競争を続けなければならず庇護があるわけではないことであり、競争移動との違いは、初期の選抜が敗者のその後の昇進に大きなマイナスになることである。

さらに、今田・平田（1995）は、日本のある重工業大企業のホワイトカラーの昇進の実態を明らかにすることにより、重層的な昇進構造モデルを示した。具体的には、1987（昭和62）年9月の時点で在籍する男性の事務職と技術職の正社員7,937人を対象に、大卒事務職、大卒技術職、大学院技術職の別に勤続年数別資格構成を分析して、以下のような特徴を整理した。

① 入社から5年目までは一律に処遇される。
② 6年目を契機に、昇進の早い者と遅い者に分かれる。しかし、最初は早い者と遅い者の年数の差は小さく、上位になるにつれその差が大きくなる。だが、課長になるまでは、資格上の差ができたとしても1ランク以上は開かないし、係長でも課長でも、早い者と遅い者が同一資格に横一線に並ぶ、いわば上位への競争に向けて仕切り直しをする期間が存在する。
③ 課長以降の昇進は、それ以前とはまったく様相が異なる。早い者と遅い者が分かれるだけでなく、上位に昇進しないで滞留する者が出現し、そして昇進した者としない者で2ランク以上離れる。

こうした結果から、昇進のルールがキャリアの段階によって三段階に分かれている重層的な昇進構造であることを指摘し、初期キャリア＝一律年功制、中期キャリア＝昇進スピード競争型、後期キャリア＝トーナメント競争型と位置付けている。

昇進スピード競争は、純粋な年功制でもトーナメント競争でもなく、両者

の中間である。昇進の時期が早いか遅いかの差が存在するという点に着目すれば一律でなく競争的であるが、一方、遅れはするが昇進するという点に着目すれば完全なトーナメント競争ではない。昇進する時期が早いか遅いかの差異が問題になるという意味で、昇進スピード競争と名付けられている。また、同じ母集団を対象に行った課長、次長、部長への昇進においてそれぞれ前の昇進におけるスピードが及ぼす影響を調べて、その違いを明らかにしている。具体的には、前の昇進におけるフロントランナー、ミドルランナー、フォロワーズの違いが、次の昇進にどのように影響するかを調べたところ、上位の職になるほど影響が大きくなるという結果が示されている。課長昇進では係長での昇進時期の遅れは取り返すことが不可能ではなく、フロントランナー、ミドルランナー、フォロワーズの入れ替えが起きている。次長昇進では課長昇進のスピードの影響がより大きいが、ミドルランナーがフロントランナーになる場合もある。部長昇進では次長昇進でフロントランナーだった者しかフロントランナーになれない。また、次長、部長へはそもそも昇進しない人もいる。このことから、昇進スピード競争は、段階的な振り分けシステムであるとされる。

　以上のような昇進構造を説明するためのモデルを生み出そうとする研究成果を踏まえつつ、日本企業における昇進構造の多様性に着目した研究として、花田（1987）及び中嶋ほか（2013）が挙げられる。

　花田（1987）は、日本企業における昇進構造の多様性を日本の五つの企業の大卒男子のキャリアツリーを比較することで明らかにした。花田は、終身雇用や年功昇進というイメージとは異なり、どの企業でも競争原理が働いていることを明らかにした上で、昇進・昇格において敗者復活が行われない伝統的な人事制度が採用されている企業ではリスク回避的な「出る杭は打たれる的な風土」が見られ、昇進・昇格において敗者復活が行われる革新的な人事制度が採用されている企業では「『やってみなはれ』的な組織風土」が見られることを指摘している。

　中嶋ほか（2013）では、従業員数1,000〜2,000人規模の準大手製造業の大卒ホワイトカラー層の人事データを基に、キャリア競争の実態を分析し

た。その結果、キャリアのかなり早い段階から少数ではあるが昇格しない者が生まれており「ふるい落とし」が行われていること、キャリアの終盤でも順位変動が起きる余地があることを明らかにした。このような競争が、最初はひとつの集団でスタートし、徐々に遅れるものが出てきて、いくつかの集団に分かれ、トップ選手はトップ集団の中で、2番手選手は2番手集団の中で競い合い、最終集団からも遅れることは関門閉鎖との競争となることから、キャリア・マラソンと名付けている。このことから、大企業を中心に行われてきた昇進構造の研究が明らかにしてきた内容以上に、日本企業のキャリア競争は多様である可能性があること、組織内キャリア競争を捉えようとするときには業態や企業規模にも配慮する必要があること、過度に単純な一般化には、慎重な態度を取る必要があることを主張している。

　昇進構造の議論においては、欧米に見られる経営幹部候補生の早期選抜の仕組みであるいわゆるファスト・トラック（fast track）が日本で見られるのかどうかについても論じられる。ファスト・トラックは「将来の幹部候補生をキャリアの初期の段階で選抜し、彼らに特別なキャリア・ルートを用意する制度」である。ファスト・トラックは実際に欧米で見られる昇進構造の一形態であること、また、選抜された者はあくまで候補に過ぎず、一定期間に企業が期待する成果を残せなかった場合はトラックから離脱させられることなどから、前述した社会的な上昇移動の規範である庇護移動とは異なる概念である（八代 2002：pp.234-235）。小池（1981、1989、1991、2005）の「将棋の駒型」モデルや今田・平田（1995）の一律年功制→昇進スピード競争型→トーナメント競争型の重層的昇進構造モデルで表される日本企業の昇進構造の中では明示的なファスト・トラックは見られないとされるが、日本企業にも暗黙にではあるもののファスト・トラックが存在すると示唆する論考もある（安藤 2008、橘木 1997、八代 2002、佐藤・藤村・八代 2011）。

　橘木（1997）は、「同期の中で誰が上位の管理職まで昇進しそうか分かるか」という問いに、20代でも約5割の社員が「かなり分かる」「なんとなく分かる」と回答していることを示している。20代では、まだ企業側が社員間の優劣を明確に認識していないか、もしくは明示していない時期のはずで

あるので、分かる理由も尋ねている。20代の社員が挙げているのは、第一位が「研修などで分かる能力の高さ」、第二位が「学歴・出身校」、第三位が「優れた業績をあげている」、第四位が「これまでに経験した部署」、第五位が「昇格が常にトップである」となっている。24歳以下と25～29歳を比較すると、順位は変わらないものの、「研修などで分かる能力の高さ」と「学歴・出身校」がそれぞれ10ポイント以上割合を減らす一方で、24歳以下で5.3％だった「これまでに経験した部署」が25～29歳では30.1％になることも示されている。安藤（2008）と八代（2002）は、この橘木のデータと、かつて都市銀行で同期のトップは主要支店を2か所経験した後、必ず本部の企画部か人事部というキャリア・ルートを辿るという暗黙の了解があったことを紹介し、日本にも暗黙の（隠微な）ファスト・トラックがあると考えるのが妥当と述べる。ただ、これらは社員の意識調査等に基づく推測の域を出ておらず、人事管理の実証的な根拠を伴ったものではない。「暗黙の（隠微な）」ということは、観察が不可能であることを認めているとも言える。佐藤・藤村・八代（2011）も「実は日本でも、一部の企業は有能な社員を早くから選んでおり、人事や企画といった重要なポジションを経験させている。ただ欧米との違いは、それをけっして表沙汰にしないこと、昇給や昇進の明示的な差になって現れないことである」と述べている。管見の限り、明示的なファスト・トラックの存在を示した研究は見当たらないのが現状である。

　ここまでに紹介した昇進構造に着目した研究を「職位序列競争」に焦点を当てた研究と位置付けて、「仕事序列競争」の存在を仮定し、その実態を明らかにしようとする研究も行われている（松繁・梅崎・中嶋 2005）。ポストには良いポストと悪いポストがあり、良いポストでは貴重なOJTが得られかつ仕事ぶりが注目される一方で、悪いポストに就いた者は十分な技能形成が得られず評価される可能性も低い。このように、良いポストが昇進の前提条件であり、良いポストへの選抜は昇進よりも早く行われているのだから、そこに着目しようという考えが仕事序列競争である。具体的には、医療用医薬品の製造や輸入販売を業とする企業のMR（Medical Representatives）と呼ばれ

る営業職に関して、勤続年数が長いほどより難しい仕事を受け持つ傾向があるが、より勤続年数の短い者と比べても易しい仕事を受け持っている者もおり、技能形成速度に応じた仕事の割り振りによる選抜が行われていることなどを明らかにし、仕事序列競争の存在を示唆している。一方で、その詳細なプロセスや昇進過程への影響については課題となっている（同書 pp.145-167）。良いポストが昇進の前提条件であり、良いポストへの選抜は昇進よりも早く行われているという同書の認識は、暗黙のファスト・トラック論に通じるものがある。

3. 管理職への昇進

本研究が対象とする国立大学事務局幹部職員は、個別の国立大学を一企業に見立てれば管理職にあたるため、管理職への昇進を論じた先行研究も参照したい[35]。

管理職に着目し、意識調査を通じて管理職の意識や昇進した年齢などを明らかにしたのが橘木ほか（1995）及び橘木（1997）である。この二つの文献では、ホワイトカラー労働者と会社役員への二種類のアンケート調査を基に多面的な分析を行っている。ここで取り上げたいのは、管理職の魅力と負担に関する分析結果である。ホワイトカラー調査で管理職の魅力を尋ねたところ、「大きな魅力」あるいは「ある程度魅力」とした回答率が高い方から、①自分の裁量で仕事ができる（96.2%）、②収入が増える（94.6%）、③権限の大きな仕事ができる（90.1%）、④業績・能力が認められた証拠となる（86.4%）、⑤企業経営により直接的に参加できる（84.3%）、⑥人の上に立てる（67.7%）、であった。反対に、管理職の負担を尋ねたところ、「大きな負担」あるいは「ある程度負担」とした回答率が高い方から、①仕事上の責任が重くなる（72.5%）、②仕事に費やす時間が長くなる（71.5%）、③転勤など異動が多くなる（70.2%）、④部下を管理するわずらわしさがある（67.4%）、⑤同僚との競争が厳しくなる（57.6%）、⑥労働組合員でなくなる（23.5%）、であった。このアンケート調査結果からは、管理職という職に就くことは負担も伴うが、それを上回る魅力があることを明らかにしていると言える。ま

た、同じくホワイトカラー調査によって、課長昇進の平均年齢は 37 歳から 38 歳であり、おおむね 40 代では課長になるという傾向も指摘している。

4. 昇進への動機付け（Motivation）

橘木ほか（1995）及び橘木（1997）が、管理職に就くことには負担を上回る魅力があることを明らかにしているように、Rosenbaum（1984）が現実の昇進競争の実態がトーナメント移動になる理由として効率＝動機仮説（Efficiency-Motivation Model）を提示している根拠に、組織成員の動機付けという要素があることは前述のとおりである。

人々が必ず昇進を望むのかどうかについては慎重に考えなければならないが、太田（2008）は、人間の持つ承認要求が人々を強く動機付けていることに着目する。職場で周囲から「認められたい」、「ほめられたい」、「注目されたい」という思いや、名誉欲や自己顕示欲のようなものはいずれも承認欲求と関係が深いとし、短期的な「日常の承認（称賛や感謝）」と長期的な「キャリアの承認（出世やキャリアアップ、名誉や名声）」とに区分している。

このことは、中嶋ほか（2013）では、キャリア・コンサーンの問題として扱われている。キャリア・コンサーンがもたらすインセンティブが経済学において論じられている研究状況を整理した上で、同書は長期的処遇が労働意欲に及ぼす効果の検証に取り組んでいる。Gibbons and Murphy（1992）によれば、キャリア・コンサーンとは、現在の業績や努力が、現在の直接的な報酬には反映されないが、将来の昇進見込みや給与に反映されるかもしれないという期待を持つことがインセンティブとして機能するというものである。この理論によれば長期勤続が見込まれる労働者は、今年の成果が将来のキャリアに影響を及ぼす効果に関心を持つので、昇進が間接的にインセンティブ効果を発揮し、特に若い労働者に効果が高いとされる。

昇進が経済的及び名声に関わるインセンティブであることは Simon（1997=2009：p.228）においても指摘されており、昇進そのものが従業員を動機付けるためのインセンティブであることを既知の事実として扱うことは問題ないと思われるが、Simon が併せて指摘するように、インセンティブとし

ての昇進機会について個人の間に大きな多様性が存在することも承知しておく必要がある。

　明治時代の立身出世主義から日本のメリトクラシーを論じる竹内（1995、2005）によれば、富や地位の獲得による社会的上昇移動は昔と変わらず現在もあるにもかかわらず、立身出世の物語は終焉している。インセンティブとしての昇進機会の個人間の多様性を指摘した Simon と比較すれば、こちらは時代間の多様性の指摘と言えよう。竹内は「A のような大企業に入社するには、最低 B 大学以上にいっていなければならない。B 大学に入るためには最低 C 高等学校へ行っていなければならない。だから、一生懸命勉強しなければいけない。」といったようなトーナメント型人生モデルのリアリティを維持する希少性の神話[36]が崩れていることを立身出世物語の終焉の理由として挙げる。トーナメント型人生モデルは脱落の恐怖を担保にするため、生存競争や優勝劣敗による希少性の神話と親和的であるが、豊かな社会はこの親和性に楔を打ち込む。豊かな社会は人を前向きに駆り立てるドラマティックな成功がなくなっただけでなく、後ろから駆り立てるドラマティックな失敗もない社会であるとする。かつては欲望満足延期によって生み出されることになっていた大きな、持続する、高度な質の快楽はいまや安価かつ容易に手に入れられることになり、所有による地位のひけらかしもその社会的意味を喪失している、と結論付けている。

5. 昇進の管理

　企業労働者の昇進構造に関する先行研究に関する最後の項目として、昇進の管理に関するライン管理職と人事部門の葛藤に関する一連の研究を取り上げたい。

　日本企業ではアメリカ企業に比べて人事部の人事権が強いと言われる（平野 2006：p.39、日本労働研究機構 1992：p.2）。これは、前述の石田・樋口（2009：pp.115-117）が説明するように、日本と違い外部労働市場により組織内の秩序が攪乱されやすいアメリカで、賃金決定を分権化して賃金配分をめぐる個別事業部門の裁量性を高め、それを通じて組織内的な評価に基づく処

遇と市場変動の影響を、個別的な対応が可能な職場（現場）レベルで両立させようとしていることと関係が深いと思われる。

　アメリカとの比較では人事部の人事権が強いとされていても、その実態が企業によって異なることを明らかにしたのは八代充史（1992）である。八代は、日本労働研究機構（1992）が日本の5企業を対象として本社人事部が果たしている機能を明らかにするために行った調査を基に、まず人事部門の組織形態から、①本社にのみ人事部門があるタイプと②本社のほかに事業部や事業所に人事管理を担当するセクションがあるタイプに分類する。そして、前者のタイプでは従業員の配置・異動管理は本社人事部によって集権的に行われていること、後者のタイプではかなりの部分がラインの各部門に委ねられており、本社人事部がすべての従業員を管理してはいないことを明らかにしている。さらに、タイプを分ける要因として①企業規模と②事業内容の多角化の程度を析出している。つまり、後者に分類される企業は、規模が大きかったり、比較的規模が小さくても事業の多角化が進んでいるのである。

　このことを発展させ、八代（2002）では、「異動の力学」としての「部分均衡」と「全体均衡」が論じられる。ライン管理職は、自分の管理範囲の業績に対して責任を負っているため、自部門の利益を最大化するために優秀な人材を抱え込もうとする。配置転換に伴う人材の異動によって、新たに配置された者を育成することには、直接・間接の費用が伴うからである。これが「部分均衡」であるが、部分均衡を合計したものが「全体均衡」を達成する保証はない。したがって、自部門の利益最大化を指向するライン管理職に対して、全社的観点からヒトと仕事のマッチングを達成しようとするのが人事部門の行動原則である。そしてこの場合、マッチングには短期的なものだけでなく、長期的な人材育成を念頭に置いたジョブ・ローテーションも含まれる。昇進選抜においては、一定職位以上については本社人事部が個別人事に関与するといったライン管理職と人事部門の分業も行われる（佐藤・藤村・八代 2011）が、部分均衡を追及するライン管理職と全体均衡を追及する人事部門の間には葛藤が生じ、両者の利害の調整が必要とされる。

第二項　公務員の昇進構造

　前項において企業労働者の昇進構造に関する先行研究を見てきたが、本項では、それと比べた場合に公務員の昇進構造については何が明らかになっており、何が未開拓の領域かという観点から先行研究のレビューを試みるとともに、本研究が公務労働研究の進展にどう貢献できるかを論じたい。

　公務員の昇進構造の研究に先鞭をつけたのは田邊（1993）であろう。田邊（1993）は、厚生省の課長以上の人事異動データを解析し、キャリア官僚の選抜の過程が長期にわたり、選抜の時期が比較的遅いこと、選抜が行われるまでに様々なポストに就くため、人事評価情報が上司や部下からの評判として組織内部で共有化されることなどを指摘している。

　また、小池和男の複数の著作・論考や今田・平田（1995）などの民間企業における昇進の実態を明らかにした先行研究を参考に公務員の昇進構造等に関する総合的な研究を行ったものとして、稲継（1996）が挙げられる。稲継（1996）は、公務員の人事・給与システムについて、国家公務員と地方公務員の双方を対象に、また海外との比較も含め、総合的に取り組んでいる。稲継（1996）の主張を本書と関係する範囲に絞って大括りにまとめると、1点目は、小池が指摘した大卒ホワイトカラーの昇進構造の特徴である「遅い昇進」（小池編 1991 ほか）が国家公務員にも同様に見られることである。2点目は、同じく小池が指摘した「将棋の駒型」昇進モデル（小池 1981 ほか）が、国家公務員の場合、採用という入り口の段階でいわゆるキャリアとノンキャリアの選別が厳格に行われ、それぞれのカテゴリーで「将棋の駒型」の昇進管理が行われているため、全体としての昇進管理は「二重の駒型」として表される、ということである。3点目は、同じく国家公務員の場合、民間企業と同様に「積み上げ型の褒賞システム」をとっている、ということである。「積み上げ型の褒賞システム」は「長期にわたる評価を積み重ねて、昇格・昇進の際にそれを利用し、間接的に報酬の違いに結びつけるという制度」と説明されており、これは前述のキャリア・コンサーンと同様のものと見てよいであろう。4点目は、地方公務員の場合は昇進制度がきわめて多様であり、1点目から3点目について当てはまるかどうかは一概には言えない、という

ことである。

　稲継（1996）は、公務員の昇進の仕組みの特徴を的確にとらえた包括的な著作であるが、あえてその探究の不十分な点を挙げるとすれば、国家公務員に関する職歴分析データの少なさであろう。人事院規則等の法令に規定された制度の説明やマクロなデータの分厚さに比べて、職歴に関するデータは、例示として大蔵省と警察庁のキャリア官僚の標準的な昇進過程が示されているのみである。

　国家公務員の昇進の実態を調査したものとして、中島（1984）が挙げられる。これは人事院が1981（昭和56）年に小規模機関を除く41省庁の内部部局を主な対象に行った昇進についての調査結果を示したものである。これによれば、いわゆるキャリアの場合、昇進に差が生じるのは、34省庁で本省課長相当の段階（年齢は37.8歳〜44.5歳、平均40歳）、7省庁はその他の段階である。これに対して、本省採用のノンキャリアの場合は、昇進に差が生じるのは32省庁が本省課長補佐級の段階（年齢は42〜47歳、平均44.6歳）、8省庁が本省係長級の段階（年齢は平均33.6歳）とされている。これは、将棋の駒の肩にあたる部分がキャリアでは課長で平均40歳、ノンキャリアでは課長補佐で平均45歳ということがおおむね当てはまることを示しており、稲継（1996）の示す「二重の駒型」昇進モデル（p.35）も、このデータに依拠していると思われる。

　国家公務員の昇進構造に関する先行研究としては早川（1997）も重要である。早川は、国家公務員を一般公務員（ノンキャリア公務員）と高級公務員（キャリア官僚）に分類し、前者については採用管理と昇進管理の仕組みと実態を、後者についてはそれらに加えて退職管理の仕組みと実態を明らかにしている[37]。早川（1997）は、人事院規則等の法令の規定に基づく制度だけでなく、慣行となっている運用をも含めて、稲継（1996）以上に詳細に仕組みを描き出している。例えば、高級公務員の一般公務員と比べた場合の特徴である昇進の速いスピードが、いわゆる「8割昇格」という慣行に基づくものであることを指摘している。「8割昇格」とは、職員を現に属する給与法上の職務の級から1級上位の職務の級に昇格させる場合に必要とされる必要経

験年数又は必要在級年数について、勤務成績が特に良好である職員については 0.8 を乗じた年数に短縮することができる、という仕組みで、これが原則として広範に高級公務員に適用されていることによって、採用試験という入り口だけでなく、特別に早い速度で高い地位に昇進しているのである。早川は、一般公務員についてはいずれも 50 代の現職職員 3 名（農林水産省、大蔵省、労働省）、高級公務員については事務次官 3 名（大蔵省、通産省、建設省）を対象に職歴分析を行っている。その上で、高級公務員については昇進のパターンを導き出しているが、一般公務員については、取り上げた 3 氏がいずれも専門とする行政実務のエキスパートであることを指摘するにとどまり、昇進のパターンを導き出すところまでには至っていない。これは、高級公務員よりも一般公務員の昇進パターンが多様であるためと推測できる。

　警察庁の本庁採用者（キャリア官僚）に着目し、1971 年に採用された者 18 名のキャリアツリーを作成するとともに、1968 〜 1971 年の間に採用された者 58 名を対象にそのキャリアと昇進比率を分析した一瀬（2013）は、同一年次同時昇進（一律年功制）の時期は本庁係長級（2 年目）までと比較的短いものの、その後地方組織の局長級（29 〜 32 年目）までは昇進スピード競争期で敗者復活もあり、ようやく本庁官房長・局長級になってトーナメント方式で昇進者が絞られることなどから、警察庁が 30 年にも及ぶ「極めて遅い昇進」政策を採用していることを明らかにした。また、一瀬（2014）は、地方採用警察官（ノンキャリア公務員）に着目し、ある一つの県の 1987 〜 2006 年までの 20 年間の人事データを用いてキャリアツリーを作成した。それにより、それぞれの選抜時期にファーストランナーとして走り切った者だけが地方採用警察官が昇進可能な最高階級である警視長（部長職）に昇進することを明らかにし、そこにはファスト・トラックが見られることを明らかにした。一瀬のこの二つの研究は、警察のキャリア官僚とノンキャリア公務員の双方を対象に職歴分析に基づき実証的に昇進構造を明らかにした点でも、日本の公務部門において職歴分析によりファスト・トラックを確認した初めての研究である点でも、価値ある研究と言えよう。

　このほか、中央省庁の政策形成過程の現実について具体的事例を類型的

に提示した城山・鈴木・細野編（1999）と城山・細野編（2002）においても、ノンキャリア公務員に関する記述がある。各省ごとに現役職員が執筆しているものの、採用に関してはある程度共通した情報が掲載され、本省での直接採用を基本とする外務省・科学技術庁、本省での直接採用と地方支分部局等での採用者を選抜して本省勤務者とさせることを併存している郵政省・農水省・自治省[38]、主に地方支分部局等での採用者を選抜して本省勤務者とさせる大蔵省主計局・運輸省港湾局・文部省[39]・防衛庁、本省直接採用を全く行わずに地方支分部局等での採用者を選抜して本省勤務者とさせる法務省、と分類することができる。しかしながら、各省における採用区分別の採用者数などの量的な情報がなく、昇進構造等についても各省を通じた分析ができるほどの情報は明らかになっていない。

　稲継（1996）が、昇進制度がきわめて多様であり、「遅い昇進」や「将棋の駒型」昇進モデル、「積み上げ型の褒賞システム」が当てはまるかどうか一概には言えない、と論じた**地方公務員**については、その後、中村（2004）が昇進の実態を探っている。二つの県、一つの政令指定都市、三つの市町を事例として人事委員会作成の資料や内部資料を基に、長期にわたる昇進スピード競争とその後のトーナメント競争があることを確認している。同様の傾向があることは、大都市近郊の一つの市の職員の職歴分析を行った中道・小谷（2009）も明らかにしている。中道・小谷（2009）はまた、係長職位への昇進年数が短いほど、より上位の職への昇進可能性があることも示し、昇進スピード競争がトーナメント競争に影響を与えていることも示唆している。

　また、前浦（2008）は今田・平田（1995）の事例であるO社のデータと同等のデータをある県について収集し、民間企業であるO社の大卒ホワイトカラーと地方自治体である県の大卒職員の昇進構造の比較を行っている。比較の結果、大卒の地方公務員についても、O社と同様の初期キャリア＝一律年功制、中期キャリア＝昇進スピード競争型、後期キャリア＝トーナメント競争型という重層型キャリアが確認でき、全体的な構造は類似なものであることを明らかにしている。細かい差異としては、昇進スピード競争期にO社では1ランク以上の格差はつかないのに対し、県庁では役職1段階

以上の格差が付くことや、追いつきや追い越しが見られなくなる時期が県庁の方が早いこと、などが挙げられている。中村（2004）、中道・小谷（2009）、前浦（2008）は、ともに民間企業における昇進構造と地方公務員の昇進構造が類似のものであることを明らかにしているが、いずれも限定された事例により析出しており、昇進制度がきわめて多様で民間企業や国家公務員に当てはまる「遅い昇進」や「将棋の駒型」昇進モデル、「積み上げ型の褒賞システム」が当てはまるかどうか一概には言えない、という稲継（1996）の論を覆しているとまでは言えないと思われる。

　地方公務員のうち、川上（2013）が着目するのは教員人事である。川上は、都道府県と政令指定都市の教育委員会、都道府県教育委員会の下部組織であり県内を複数に分けたブロックごとに置かれている教育事務所を対象にしたアンケート調査を基に、教員人事の多様性を明らかにしている。多様性が見られるのは、異動範囲や異動サイクル、人事行政の過程における情報収集や意向の調整などの組織間の分担関係、一般教員と管理職の人事におけるルールや動態などである。また、人事行政の過程における情報収集や意向の調整などの組織間の分担関係の違いにより、「本庁型」「中間型」「市町村型」に類型できるとし、六つの県の事例を基に、それらの違いが各自治体の環境（社会経済的背景や人口地理的背景）だけでなく、それに対する戦略（異動方針）との組合せに影響を受けていること、また、それが実際の教員の異動状況にも反映されていることを析出している。具体的には、県内全域の広域人事を行いやすい条件（面積が狭く、県内の交通事情が良い）の自治体よりも、広域人事を実施するのに困難な条件（面積が広く、県庁所在市（周辺）への集中が進んでいる）を持つ自治体の方が、強く広域人事へのニーズを意識していることや、近隣市町村などとの狭い範囲の移動を想定する県では教育事務所や市町村教育委員会による人事への関与が強く、一方で異動範囲が複数の教育事務所にまたがったり、全県的な人事を計画する県では特に市町村教育委員会の関与が弱く、代わりに県教育委員会が人事に強く関与していることが観察された。川上が組織間の分担関係に着目して論ずる際には、民間企業に関する先行研究における部分均衡と全体均衡に関する議論が引用されている。

「『部分均衡』と『全体均衡』の問題が、公立学校教員の人事でも生じうることを示している。すなわち県や政令市の『全体均衡』を志向した異動や昇進の管理と、教育事務所や市町村教委や個々の学校など、より小さな単位での『部分均衡』を志向する異動や昇進の管理では、全体の人事部門である都道府県教委・政令市教委と下位の組織（教育事務所や市町村教委や学校）の関係が異なると考えられる。(p.167)」

　管見の限り、地方公務員、国家公務員を通じて、部分均衡と全体均衡という「異動の力学」の析出を試みたのは、川上が初めてである。
　ここまでの公務員の昇進構造に関する先行研究の領域と内容を、前項で精査した民間企業における昇進構造に関する先行研究における論点に即して整理してみたい。
　まず、日本の公務員制度がいわゆる閉鎖型のシステム[40]であることから、常勤の公務員を対象とする限り、人的資源を内部化した内部労働市場に着目した研究と言える。ここまでに挙げた先行研究はすべて常勤の公務員を対象としていることから、企業労働者の昇進構造を明らかにしようとする多くの先行研究と同様、内部労働市場に焦点を当てたものと位置付けられる。
　昇進の実態について、地方公務員については稲継（1996）、中村（2004）、前浦（2008）、中道・小谷（2009）がその多様さを明らかにしている。国家公務員については、中嶋（1984）がマクロデータに基づき中央省庁全体の昇進の傾向を明らかにしており、早川（1997）は事務次官経験者である3名のキャリア官僚の経歴を事例として分析している。また、キャリア官僚が国家公務員であり、ノンキャリア公務員はその上層部等一部が国家公務員で大多数は地方公務員という他に類のない体系を持つ警察組織を研究対象とした一瀬（2013、2014）は、キャリア官僚とノンキャリア公務員についてそれぞれキャリアツリーを作成し、前者については「遅い昇進」を、後者については「ファスト・トラック」を確認している。
　昇進への動機付けについては、稲継（1996）が「積み上げ型の褒賞システ

ム」として指摘している。

　また、昇進の管理については、川上（2013）が、異動における「部分均衡」と「全体均衡」に着目して地方公務員である公立学校教員の異動の力学を析出しているのみである。

　このように整理してくると、以下の二つの領域が未開拓の領域として残されていることが指摘できよう。

① 職歴記録の分析に基づく昇進の実態の析出（特に国家公務員のノンキャリア公務員について）
② 教員以外の地方公務員と国家公務員に関する昇進管理の特徴の析出

　本章の第三節以降では、2004（平成16）年に法人化される前の国立大学の事務局幹部職員（主にノンキャリア公務員により占められる）について、人事異動を実際に決めていた歴代職員へのインタビューや職歴を基にした昇進実態の分析から、それらの職員の昇進構造や昇進の管理の特徴を析出する。それにより、上記二つの未開拓の領域に関し、新たな知見を付加することを目指す。

　国立大学の事務職員は、後述するように、幹部職員も含めてほとんどがノンキャリア公務員である。2012（平成24）年度の国家公務員試験から採用区分が変更になり、従来のⅠ種試験、Ⅱ種試験、Ⅲ種試験が総合職試験（院卒者試験、大卒程度試験）と一般職試験（大卒程度試験、高卒者試験）等に再編されたが、本書が主に扱う期間とは重ならないため、本書で採用試験について一般的に言及する際には、Ⅰ種（上級）試験、Ⅱ種（中級）試験、Ⅲ種（初級）試験とする[41]。

第二節　大学職員の昇進構造に関する先行研究

　高等教育研究における大学職員論については、大場（2006、2014）、羽田（2010）や山本（2013）がそのレビューを行っている。いずれも、90年代に

入って大学職員論が取り上げられるようになり、2000年前後以降、大学職員論をテーマとした公開研究会の実施や雑誌の特集が組まれることなどにより、大学職員論に関する論考が格段に増加したことを指摘している。しかしながら、「従前から主として大学経営担当者あるいは事務職員といった実務家によって研究が進められ（大場 2006：p.278）」てきたためか、大学職員の役割や求められる資質、知識・技能が高度になってきていることを前提とし、それらに対応するための職員の専門職化や専門職としての在り方について論じるものが多かった。羽田も大学職員論に関して「専門性の向上による経営強化という枠組みに縛られがちで、大学職員の組織形態に関する領域、採用・昇進・キャリアステージなど、大学職員そのものに関する領域の実証的・理論的研究がまだ不十分である」と指摘している（羽田 2010：p.33）。状況はその後も変わらず、羽田（2013：pp.19-20）においても、「職員のキャリア研究は、大きく立ち遅れて」おり、「キャリア形成に関する実証研究が期待される」とされている。山本編（2013：p.102）も、大学職員のキャリアパスなどの実態を明確に把握することが今後の大学職員の在り方を考える際に不可欠、と指摘している。

　このような従前の研究の傾向により、大学職員論はスタッフ・ディベロップメント（SD：職員の能力開発）論と同義に捉えられがちであった[42]。本研究は、人的資源管理論において多面的に行われてきた先行研究で得られた知見を踏まえ、その枠組みや研究手法によって国立大学事務局幹部職員の昇進構造を分析しようとするものであり、羽田（2010、2013）や山本編（2013）が不十分と指摘した、大学職員論における実証的・理論的研究としての貢献が期待できる。

　ここで、大学職員論の分野にわずかながら存在している国立大学職員のキャリア[43]について言及している先行研究に触れ、それらと本研究の関係について言及しなければならないであろう。

　山本（1998、2001）は、国立大学の職員が国家公務員試験II種（中級）試験あるいはIII種（初級）試験の合格者の中から採用され、その後20歳代半ばに文部省に転任して一定期間勤務した後に大学の課長職に転ずるケースと、

採用された大学に定年まで勤務するケースとの2通りのキャリア・パターンがあることを指摘した。また、前者のケースに関する大学側のメリットとして予算を含めて政府からの資源を他に先駆けて獲得する能力が重用されたことを、文部省側のメリットとして有能なアドミニストレーターを各大学から見出し、文部省における勤務経験により、その官僚制への親和性を高め、国の政策の裏の意図まで深く理解するだけの能力を彼らに身に付けさせたことを挙げている。しかしながら、山本は主に自身の文部省における勤務経験から叙述しており、それらのキャリア・パターンがどのような制度あるいは慣行に基づいて行われているのかといった制度面への言及や、実証的な分析にまでは踏み込んでいない。

　山本（2002）も同様で、キャリア・パターンを図示しているが、後述する課長登用のルートを省いていたり、量的な分布を示していないなど、不十分な点がある。西出（2009）は、山本（2002）で示されたキャリア・パターンに課長登用のルートを加え、より丁寧にキャリア・パターンを示してはいるが、定性的な分析にとどまっているのは山本（2002）と同様である。

　三つの国立大学で事務局長を経験した久賀重雄も、その経験から、国立大学の事務局幹部職員に大きく分けて二つのキャリア・パターンがあることを示している。一つは、国立大学に就職した後30歳くらいまでに文部省に転任して10数年勤務した後、40歳頃に国立大学の課長職に転ずるケースであり、もう一つは就職した国立大学で勤務を続けて課長補佐まで昇任した後、概ね40歳から50歳の間に文部科学省の課長登用面接を経てそれまで勤務していた国立大学とは別の国立大学の課長に転出するケースである（山本・村上・野田編 2005：pp.222-235）。また、文部省採用のキャリア官僚であり京都大学事務局長などを歴任した本間政雄は、これらに文部省採用者も加えてキャリアパスを論じている（本間 2014）。しかしながら、いずれもやはり個人の勤務経験に基づく叙述が中心となっており、制度・慣行への言及や実証的な分析に欠ける点では山本（1998、2001、2002）と同様である。

　林（2008）は、国立大学法人化が国立大学の職員体系に及ぼした変化に着目し、2002〜2007年度の『文部科学省　国立大学等幹部名鑑』及び『文

部科学省　国立大学法人等幹部名鑑』を基に国立大学の部長級職員及び課長級職員にプロパー職員[44]が登用されるケースが増えたことを明らかにした。林の論考については、国立大学の部長級・課長級職員の経歴について(1)文部科学省採用（国家公務員 I 種）、(2)国立大学等採用⇒文部科学省転任、(3)国立大学等採用⇒課長登用、(4)内部登用、(5)民間等からの採用、(6)他省庁からの転任、と6種類に分類し、ほぼ全員の経歴を類型化できる枠組みを設けたことは評価できる。また、自らの経験を根拠にしているものの、プロパー職員のキャリアに一定の限界があったこと、つまりは到達できる役職レベルが限られていたことがその意欲や向上心を抑え、日常的業務に終始することを慣習化する結果となったと指摘しており、その内容は、行政学における国から地方への出向人事に関する議論において、出向人事が地方自治体採用のプロパー職員の能力開発へのインセンティブを下げたという見方がなされていること（稲継 2000）と軌を一にしている。しかしながら、国立大学の幹部職員の経歴の類型化がどのような制度あるいは慣行に基づいているのかといった点への言及がなく、また、扱ったデータが法人化前後のもののみであるといった限界もある。

　猪股・木原（1998）は、Rosenbaum（1984）などのホワイトカラーのキャリア形成研究の成果を基に、一つの国立大学の「大学学報」に掲載された個々人の人事異動情報に基づく昇進構造分析を行い、昇進管理の基準として、勤続年数よりも年齢が用いられていることを示唆した。しかしながら、扱ったデータ（「大学学報」）の性質により、当該大学外へ異動した場合のその後のキャリアを把握できていないことから、結果として、採用された大学に定年まで勤務する職員のみを対象としており、断片的な分析となっていることは否めない。

　羽田（2010：pp.33-34）の「大学職員論は、まだ経験を土台に語られ、大学管理運営研究、官僚制研究、専門職論など関連する領域の成果を学んでいない」、「人事制度のあり方を考察するためには、従来の国立大学幹部職員のキャリア・パスの実態や機能の検討が不可欠である」といった指摘は、本研究と問題意識を同じくする。本研究が国立大学事務局人事の制度・慣行・実

際を人的資源管理論の先行研究における成果と方法論に依拠して明らかにすることにより、高等教育研究における大学職員論の進展に貢献する余地は十分に残されていると思われる。

第三節　国立大学事務局幹部職員の昇進構造の生成過程

　本節では、国立大学法人化前の国立大学事務局幹部職員の昇進構造はどのように生成されたのか、という問いに対する答えを解き明かしていきたい。具体的には、国立大学事務局幹部職員のキャリア・パターンの実態と、そのキャリア・パターンが戦後の国家公務員制度の枠組みの中でどのように慣行となって運用されてきたのかを、文部省大臣官房人事課の歴代任用班主査へのインタビュー[45]及び国立公文書館収蔵の「人事異動上申書」、文部科学省及び東京学芸大学保管の文部省通知を基に、明らかにする。

　国立大学に勤務する事務職員は、法人化前は一般職の国家公務員であり、その任命権は国家公務員法第 55 条第 1 項に基づき、文部大臣が有していた。ただし、同条第 2 項に基づき、1997（平成 9）年度までは係長以下の職員の、1998（平成 10）年度以降は課長補佐以下の職員の任命権は学長に委任されていた[46]。後述するように、課長以上の職員の人事は実質的には文部省大臣官房人事課が行い、課長相当職である事務長[47]と課長補佐以下の職員の人事は各国立大学の人事担当課が行っていた[48]。

　文部法令要覧昭和 46 年版に掲載されている「文部省設置法施行規則」によれば、人事課には総務班、審査班、任用班、給与班、福祉班の 5 班が置かれており、任用班は職員の任免に関すること等を分掌している[49]。

　任用班主査は、課長補佐級の役職であるが、長らく文部省大臣官房人事課においていわゆる「人事」を扱う任用班の組織上のトップであったため、インタビューの対象者として適任である[50]。

第一項　国立大学職員から文部省職員へ
　　　―国立大学職員のキャリアとしての文部省勤務―

1. 本省転任試験の開始

　文部省は、1973（昭和48）から1995（平成7）年までの22年間にわたって、国家公務員試験Ⅰ種（上級）試験合格者以外については、計画的な本省直接採用を行ってこなかった[51]。Ⅱ種（中級）試験やⅢ種（初級）試験合格者のほとんどを国立大学や施設等機関等（以下、本章から終章までにおいて「国立大学等」とする）に採用された者の中から確保してきた[52]。そのような形での人材確保は、国立大学等に対して本省勤務を希望する者の推薦を依頼し、希望者について本省職員としての適性等を見るための選考（「本省転任試験」）を行うことにより実現している。組織的に国立大学等からの転任を行うための本省転任試験は、1958（昭和33）年度から行われた[53]。

　1959（昭和34）年6月16日付で、国立大学等から本省への転任発令が19人に対して行われている[54]。この時に山梨大学から本省に転任した、後の任用班主査によれば、この時に転任した者たちが1958（昭和33）年に初めて行われた本省転任試験による転任者の第一期生である。200人近い応募があり、一般教養試験と論文試験と面接が行われ、19人に絞り込まれたという。

　これ以前も、大学採用の六級職（上級職）、五級職（中級職）、四級職（初級職）の採用試験を通った国立大学等の職員を、試験という形は取らずに文部省に転任させていた。その実態は様々だったようであり、本省人事課勤務経験者が異動により幹部職員となった国立大学の職員から転任する者がいたり、本省勤務者のいわゆる「一本釣り」で転任したりと、組織的ではなく、個人の人脈によるものが多かったとのことである。

　本省転任試験はその後も毎年行われるようになり、国立大学等の職員の間でも昭和の終わり近くまでは人気が高かったとのことであったが、少なくとも1972（昭和47）年までは「一本釣り」による転任も行われていたことが確認できた。

　一つの事例は、1966（昭和41）年に東京工業大学から文化財保護委員会事務局[55]庶務課に転任した、後の任用班主査のケースである。その転任の経緯は次のようなものだった。同氏が東京工業大学の庶務課で給与を担当していた際に、理工学部に採用された助手に対する初任給調整手当の支給に関

する人事院協議に文部省の担当者に同行して詳しく説明した経験があり、その同行した担当者が1966（昭和41）年時点で文化財保護委員会庶務課人事係長になっていた。人事係の筆頭係員として転任したのは、その人事係長がその当時の仕事ぶりを評価して推薦したことによるいわゆる「一本釣り」だったという。

　もう一つの事例は、1972（昭和47）年に東京大学から文部省管理局振興課に転任した、後の任用班主査のケースである。当時東京大学人事課で働いていた同氏は、当時の東京大学人事課長の推薦により、転任試験を受けずに本省に転任した。当該人事課長は、本省人事課での職務経験が長く、その後給与班主査も務めた人物であり、本省人事課に「顔の利く」人物だったと思われる。

　一つ目の事例の元任用班主査は、自身のケースは転任先が文部大臣の任命権が及ばず、当時比較的独立性を持って人事を行っていた文化財保護委員会であったことによる「一本釣り」であったのでは、と回顧しており[56]、これらの事例は稀なケースであったようである。しかしながら、1959（昭和34）年から1972（昭和47）年までの14年間は本省転任試験による組織的な転任と、「一本釣り」による転任が併存していたことは事実である。また、前述のように1972（昭和47）まではⅡ種（中級）試験やⅢ種（初級）試験合格者の本省直接採用も行われており、この時点までは、本省転任試験が主流ではあるものの、他の方法も併存していたと言えよう。

　また、1965（昭和40）年頃までは国立大学に採用された上級職（六級職）試験合格者もおり、若干名ではあるが本省転任試験を経て文部省勤務となるケースがあったとのことである。

2. 本省転任試験の内容

　本省転任「試験」と言っても、2003（平成15）年以前は国立大学職員も文部省職員と同様に国家公務員の身分であったため、人事手続きは国家公務員法に定める「転任」であり、同法では転任の場合には試験や選考は必要とされていない。あくまでも、本省職員としての適性等を見るために事実上行

われていた「試験」である。

(1) 本省転任試験の枠組み
―1975（昭和45）年から1992（平成4）年までの人事課長通知による―
1970（昭和45）年の人事課長通知[57]によると、まずは4月に各国立大学の長、各所管機関の長（日本ユネスコ国内委員会を除く）、各国立青年の家所長及び文化庁附属機関の長にあてて職員の推薦依頼が行われている。被推薦者の資格要件は、次のとおりである。

「国立学校または所轄機関に現に在職する定員内職員で、次の要件のいずれにも該当するものであること。
(1) 高等学校卒業以上の学歴を有し、かつ、国家公務員採用試験に合格していること。
(2) おおむね、満27歳未満（昭和45年4月1日現在）であること。
(3) 行政職俸給表（一）の適用を受け、かつ職務の等級が7等級以下であること。
(4) 勤務成績が良好であること。
(5) 人物、識見ともに優れ、積極性に富み、かつ、研究心が旺盛であること。」

各国立大学等は、推薦書、履歴書、身上調書、写真を添えて1名の推薦を行うよう依頼されている。
同通知には選考方法について、「推薦書類により被推薦者の勤務成績、経歴、年齢、職務の等級および配置すべき官職の状況等を考慮のうえ、適当と認める者について面接等（別途通知する。）を行ない、本省内部部局配置予定者を決定する。」とされている。また、「選考の結果は、いかなる場合においても公表しない」ことが明記されており、配置予定人数は約20名で、配置予定者については「欠員が生じしだい、随時本省内部部局に配置する」とされている。

この通知に基づき各国立大学等が上記の要件に該当し、かつ本省での勤務を希望する者について推薦を行う。その推薦を受け、5月には再度人事課長名による通知で、筆記試験と面接からなる選考に被推薦者を派遣するように依頼を行っている。

　その後、1992（平成4）年までの各年の人事課長通知[58]を確認したところ、推薦依頼をする機関の範囲が広がったり、被推薦者の資格要件に「職員として2年以上勤務している者であること」や「心身ともに健康な者であること」が加わったり、国立大学等ごとの推薦上限人数が変わったり示されなかったり、配置予定人数に多少があったり、通知の発出時期が前年度の秋になったり、事務系と技術系で選考を別に行ったり、希望者に英語の試験を課したりするような変更はあるものの、基本的な枠組みは変わらずに続いていることが分かった。

(2) 本省転任試験の実際　―インタビューから―

　前述のとおり、1958（昭和33）年に初めて行われた本省転任試験では、200人近い応募があり、筆記試験（教養試験・論文試験）と面接が行われ、19人に絞り込まれた。この時に山梨大学から転任した後の任用班主査によれば、山梨大学からは3人推薦され、書類審査の段階で受験者が2人に絞られ、試験の後、転任したのは当人のみだったという。

　筆記試験（教養試験・論文試験）と面接という組み合わせは、基本的な形として長らく行われていたようである。

　教養試験については、実施時期によって、過去に行われた初級や中級の国家公務員試験の内容を参考にして人事課で作成した、一時期初等中等教育局の教科調査官に作成・採点を依頼した、との証言も得られたが、いずれにしても一般常識を見るためのものとして実施されていた。

　論文試験は、いくつかのテーマを示されて、一つのテーマを選んで小論文を書くものなどであった。

　筆記試験の実施場所はほぼ文部省の建物だが、東京都内の施設等機関で行われている場合もあった。実施時期は1984（昭和59）年まではおおむね4

月から6月で、1985（昭和60）年以降は1月となっている。

　面接試験は、各局の連絡課[59]の課長または総務担当課長補佐と任用班主査が面接官で、3〜5人程度の被推薦者を一度に面接する集団面接だった。ここで各局の連絡課の課長または総務担当課長補佐が面接官となるのは、本省転任試験受験者が、転任後に各局に配置されるためである。各局は配置必要数に応じて欲しい人材の優先順位をつけて人事課に希望を伝えていたようであり、ある意味人材の争奪戦のような様相を呈していた。

　この基本的な形が実施されない年もあり、1962（昭和37年）に転任した元任用班主査によれば、1962（昭和37）年の本省転任試験では筆記試験はなく、7〜8人でのグループディスカッション（特定のテーマについての議論）が行われただけだった。その際も、周りに大勢人がいたとのことであり、おそらく各局の連絡課の課長または総務担当課長補佐だったのではないか、とのことであった。

　筆記試験が1992（平成4）年まで行われていたことは、同年までの人事課長通知にその記載があったことで確認できた。その後どの時点かははっきりしないが、少なくとも2000（平成12）年には面接試験のみの実施となっている[60]。理由ははっきりしないが、昭和の終わり頃から受験者のうちの7〜8割が、1995（平成7）年以降は受験者のうち8〜9割を超える者が転任しており[61]、選抜性がかなり低くなってきたためではないかと推測できる。選抜性が低くなってきたことは、1985（昭和60）年以降、本省転任者を必要とする数がそれまでよりも1.5〜2倍程度増える一方で、受験者数がそこまでは増えなかったことによるものである（表2-2参照）。

　本省転任試験では、「試験」と言っても合否を判定したり成績を公表したりすることはせず、転任予定者を決めるだけであった。転任予定者を決めるということは合否を判定しているのではないかとも思われるが、年度当初の転任者だけでなく、年度途中でも欠員に応じて転任させることがあるので、合否判定ではない、というのが歴代任用班主査の認識であった。

　前述のとおり、昭和の終わりに近づくにつれて本省転任者の必要数が増えるとともに本省転任試験の希望者はそれほど増えないという状況になったこ

ともあり、国立大学職員に多様な職務経験の機会を提供するという観点から、1989（平成元）年度からは期間を定めたいわゆる「短期転任」も制度化された。これは原則3年間文部省で勤務した後、もともと働いていた大学に戻り、当該大学の職員としてのキャリアを歩むことを予定して転任するもので、いわば3年間を限度とした交流人事である。後述するような、文部省勤務を経て国立大学の課長に就くという本省転任者としてのキャリアを歩むことはなく、キャリアパスの点からは異なるものである。

3. 本省転任者のその後のキャリア

本省転任試験の結果、本省に転任することとなった場合について、人事課長通知では「欠員が生じた場合に随時本省内部部局等に転任させる」となっている。実際には、前述のように、各局がその必要配置数に応じてできるだけ優秀な人材を確保するための機能を本省転任試験が担っており、転任後は、当初配属された局で係員→主任→係長と勤めて国立大学等の課長[62]に転出した。同じ一つの係で係員→主任→係長と勤めるのではなく、おおむね一つの局の中で2〜3年ごとに係を移ったり、課を移ったりという異動がある。また、係員として複数ポストを務めた後、係長に昇任する前に主任になり、31〜33歳で係長になった後、また係長として複数ポストを務め、国立大学等の課長への転出は38〜40歳だったようである[63]。

ある元任用班主査によれば、当初配属された局のみで働くことが多いことと、国立大学にかかわりの深い人事課、会計課、高等教育局勤務経験者が国立大学等への転出時の人事で優遇されがちなことから、人事課と他局の交流人事をしたり、人事課出身者を国立大学事務局の主計課長、会計課出身者を国立大学事務局の人事課長とするクロス人事を行ったり、人事課出身者を国立大学事務局の学務部や国立大学附属病院などの課長職に転出させたりなどの多様なキャリアを積み重ねる試みも行われていたとのことである。そうしなければならないくらい人事課、会計課、高等教育局勤務経験者が優遇された理由は明らかにはできなかったが、初等中等教育行政や体育行政、文化行政などの業務に比べて、前者での業務が国立大学に直結していて、大学側も

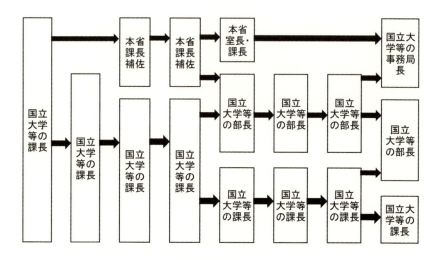

図 2-2　国立大学等の課長転出後の標準的なキャリアパス（本省転任者）
出典：元任用班主査及び文部科学省大臣官房人事課へのインタビューに基づき、筆者作成

それらの部署での勤務経験者の方をより頼りにすることができたことも、一つの理由ではないかと推測できる。

　これらの者は、国立大学等の課長を1〜2ポスト務めた後、課長補佐として再度文部省で働く者と、国立大学等の課長に転出した後は文部省に戻らず、大学間を異動する者に分けられる。また、異動する大学は全国にわたる。国立大学等の課長に転出した後の標準的なキャリアパスについては、次のように類型化できる[64]（**図 2-2 参照**）。

① 課長を1〜2ポスト→文部省で課長補佐→文部省で室長・課長→事務局長として転出
② 課長を1〜2ポスト→文部省で課長補佐→部長として転出→事務局長
③ 課長を3〜4ポスト→部長を複数ポスト→事務局長
④ 課長を複数ポスト→部長を1〜複数ポスト
⑤ 課長を複数ポスト

4. 本省採用者と本省転任者

　前述したように、文部省は1973（昭和48）から1995（平成7）年までの22年間にわたって、国家公務員試験Ⅰ種（上級）試験合格者以外については、計画的な本省直接採用を行ってこなかった。Ⅱ種（中級）試験やⅢ種（初級）試験合格者のほとんどを国立大学等で採用された者の中から確保してきた。ここでは、その内容をデータで裏付けたい（**表2-2**）。

　このデータから、1973（昭和48）から1995（平成7）年までの22年間にわたって、国家公務員試験Ⅰ種（上級）試験合格者以外については、本省での計画的な直接採用を行っていないことが裏付けられる。また、転任者の国立大学からの受け入れと並行して本省で直接上級（乙）、中級、初級の試験合格者を採用していた1960（昭和35）年から1972（昭和47）年の13年間においても、一貫して転任者の数が多く、移行期と思われる1972（昭和47）年を除いても、最大4倍程度の違いが生じている。

　1972（昭和48）年以降もⅢ種（初級）試験合格者が若干名採用されている年もあるが、採用者はすべて女性で、主に秘書的な業務に従事しており、文部省職員としての本流は転任者になったと言える。

　この経緯については、当時の任用班主査が、当時は国立大学職員の中央志向が強く優秀な人材が応募してきたので、大学推薦で十分人材が確保できると判断したため、と回顧している。また、後の任用班主査で、過去の本省直接採用では、採用地区が関東・甲信越地区に限定されることもあってか、質の良い人材が十分には集まらなかった経験があったようだ、と述べる者もいた。国立大学職員として数年働いた者の中から優秀な人材を本省で受け入れるケースと、大学や高校などを卒業してすぐ本省に直接採用する場合では、組織で働く際に必要とされる基本的な能力を既に身に付けているかどうかという点でも、文部省が能力の低い職員を採用するリスクを低減できるという点でも、前者の方が文部省にとってメリットが大きかったということであろう。文部省は新規採用職員の選考や育成のコストを一定程度国立大学等に負担させていたとも言える。

　一方、時を経て、1995（平成7）年度からはⅡ種試験合格者の本省直接採

表 2-2 文部（科学）本省採用者数と転任者数　一覧

年度	上級甲	上級乙	中級	初級	転任
1956（S31）	8	☆			
1957（S32）	13	☆			
1958（S33）	5	☆			
1959（S34）	10	☆			22
1960（S35）	12	☆	4 (1)	1 (1)	21
1961（S36）	11		7 (1)	15	37
1962（S37）	17 (2)	3	9 (1)		49
1963（S38）	13	5(1)	14 (5)	11 (8)	43
1964（S39）	20	10(2)	12 (4)	14 (10)	51
1965（S40）	24 (1)	4	5 (1)	13 (9)	26
1966（S41）	19	3	5 (1)	9 (5)	19
1967（S42）	13	2	5 (2)	3 (2)	41
1968（S43）	17	1	8 (2)	9 (7)	21
1969（S44）	17	1	7 (1)	5 (4)	25
1970（S45）	15	3(1)	8 (2)		47
1971（S46）	15	5(1)	7	5 (5)	36
1972（S47）	14 (1)	1	1	2 (2)	51
1973（S48）	14			1 (1)	40
1974（S49）	14				44
1975（S50）	11			3 (3)	55
1976（S51）	15 (1)	2			38
1977（S52）	16 (1)			2 (2)	43
1978（S53）	18 (1)				34
1979（S54）	15 (2)			1 (1)	49
1980（S55）	15 (1)			1 (1)	38
1981（S56）	14 (1)			1 (1)	42
1982（S57）	16 (2)			2 (2)	45
1983（S58）	14			1 (1)	47
1984（S59）	16 (2)				53
1985（S60）	16 (2)				70

第二章　国立大学事務局幹部職員の昇進構造　69

年度	I種	II種	III種	転任
1986（S61）	22 (1)			99
1987（S62）	16		1 (1)	80
1988（S63）	11 (1)			78
1989（H元）	20 (2)			63
1990（H2）	18 (2)			79
1991（H3）	22 (3)			65
1992（H4）	20 (2)			62
1993（H5）	24 (4)			73
1994（H6）	23 (3)			75
1995（H7）	25 (7)	5 (3)		109
1996（H8）	23 (4)	4 (2)		74
1997（H9）	19 (3)	2 (1)		206
1998（H10）	17 (4)	2 (1)		
1999（H11）	18 (3)	6 (2)		109
2000（H12）	17 (4)	4 (3)		119
2001（H13）	32 (6)	16 (6)		87
2002（H14）	30 (7)	25 (6)		78
2003（H15）	33 (9)	23 (10)		88
2004（H16）	39 (10)	29 (13)		84
2005（H17）	36 (9)	42 (13)		
2006（H18）	42 (11)	25 (12)		51
2007（H19）	43 (14)	34 (13)		41
2008（H20）	34 (8)	30 (12)		36
2009（H21）	34 (16)	30 (15)		24
2010（H22）	35	33		39
2011（H23）	30	28		15
2012（H24）	31	22		18
2013（H25）	29	17		17
2014（H26）	35	25		28
2015（H27）	44	27		18

注1）上級甲の欄の1956〜1957年度は六級職試験の、1958〜1960年度は上級職試験のデータ。
注2）1957〜2000年度までは文部省の採用者のみ。2001年度以降は文部科学省採用者。
注3）☆印は試験区分なし。
注4）（ ）付き数字は女性の数で内数（ただし、転任者及び2010年度以降の採用者についてはデータを入手できず）。
出典：文部科学省大臣官房人事課インタビュー及び元任用班主査提供のデータに基づき筆者作成。

用も開始した。同年度は5名を採用し、その後、科学技術庁と統合して文部科学省になる2001（平成13）年より前は、毎年若干名を本省で直接採用している。

　1995（平成7）年度に本省直接採用を開始した主な理由は、前述したように、1985（昭和60）年以降、本省転任者を必要とする数がそれまでよりも1.5〜2倍程度増える一方で、受験者数がそこまでは増えなかったこと、またいったん転任しても大学に戻ってしまうケースが増えたことである[65]。必要な人員の配置が難しいという量の問題が生まれるとともに、選抜性が低くなったことにより全体的な質の低下が懸念されていた。このような状況を憂慮した任用班主査や任用班の係長、また各局で実質的に局内のノンキャリア公務員の人事を担当していた連絡課の課長補佐が危機感を共有し、実施に向けて人事課長や官房長、事務次官に提案を行い、了承を得て実施したものである。

　その際、本省直接採用者に独自のキャリアパスを作るかどうかが検討課題とされ、1972（昭和47）年以前の本省直接採用者のキャリアパスを調べたところ、ほぼ国立大学で勤務しており、本省転任者と異なる独自のキャリアパスがあるようには見えなかったとのことであった。そのため、直接採用は当面若干名で試行するという趣旨で、本省転任試験と並行して行うこととした。また、その昇進管理上の取扱いは大学等からの本省転任者と同様とし、大学等の課長への転出前に1〜2年大学等での実務経験をさせることとされた。実際、1995（平成7）年度の大学等からの本省転任者は計109名（うち短期転任が24名）で、依然として本省転任者の方が人材リソースとして大きな割合を占めていることが分かる。

　科学技術庁では文部省よりも前からⅡ種（中級）試験合格者の本庁直接採用を行っていたため、2001（平成13）年の統合後はおおむね毎年30名前後の本省直接採用を行っている。1995（平成7）年以降、文部省（文部科学省）に勤務するⅡ種（中級）試験合格者の中には転任者と本省直接採用者が併存する状況が現在まで続いていることになる。

第二項 課長登用 ―文部省勤務を経ずに幹部職員となる登竜門―

1. 課長登用の枠組み
―1972（昭和47）年から1992（平成4）年までの人事課長通知による―

1972（昭和47）年の人事課長通知[66]によると、まずは4月に各国立大学事務局長、各国立高等専門学校事務部長、各所轄機関庶務部長等、各国立青年の家所長等にあてて「国立学校等の課長（事務長）候補者」の推薦依頼が行われている。推薦の要件は、次のとおり。

(1) 課長補佐、事務長、事務長補佐およびこれらと同等の経験を有する係長（係長については等級号俸が行（一）5等級12号俸以上であること）
(2) 年令50才以下であること。
(3) 勤務成績が良好であること。
(4) 積極性に富み、研究心が旺盛でかつ人物・識見ともに優秀な者

また、同通知に添付されている推薦書の様式には、面接希望地域として「東北」「東京」「関西」「中・四国」「九州」のいずれかを選ぶようになっている。

1974（昭和49）年には年齢が50歳「未満」と変更になっている。

1980（昭和55）年以降は、通知のタイトルから「事務長」が消え、「課長候補者」の推薦依頼になるとともに、推薦人員に上限が設けられた。1980（昭和55）年の場合、原則として、旧帝大と筑波大学は4人、それ以外の大学は2人、それ以外の機関等においては1人が限度とされている。

1980（昭和55）年以降の変化としてもう一つ挙げられるのは、「推薦上の留意事項」として、「異動可能地域を現在の居住地域若しくはその周辺地域に限定し、又は異動後短期間でそれらの地域における勤務を希望することが予想される者等については、原則として、その推薦は差し控えること」という内容が追加されたことである。これは、裏返せば、現在の勤務大学やその周辺に所在する大学以外での勤務もできる者のみを推薦するように、ということであり、文部省が部課長人事については広域人事を原則としていたこと

が伺える。

1982（昭和57）年以降は、それまで「勤務成績が良好」とされていた推薦要件が「心身共に健康で勤務成績が特に良好」とされているとともに、面接場所が明示されている。1982（昭和57）年は事務系が「文部省、北海道大学、大阪大学、熊本大学」、施設系[67]が「文部省、東北大学、広島大学」であり、1984（昭和59）年は事務系が「文部省、北海道大学、京都大学、九州大学」、施設系が「文部省、広島大学」であり、1992（平成4）年は事務系が「文部省、北海道大学、大阪大学、九州大学」、施設系が「文部省、京都大学」となっている。全国の国立大学の課長登用希望者を事務系では4か所、施設系では2〜3か所に集めて面接していたことが分かる。

1984（昭和59）年以降は年齢要件に「42歳以上」と下限が設けられている。

これらの通知には、推薦書の様式が添付されており、当該推薦書の提出に基づく推薦が求められている。また、本省転任試験では詳しく書かれていた選考方法についての特段の記述はないが、「面接時期」や「面接場所」についての記述があるため、面接により選考されていたことがうかがえる。

このように、時を経るに従っての変化や、その時々の細部の違いはあるが、国立大学等で勤務する40代の課長補佐等の中から課長登用を行うという基本的な枠組みは変わらず続いていることが分かった。

2. 課長登用の実際 ―インタビューから―

ここでは、元任用班主査へのインタビューから、事務系の課長登用が実際にどのように行われていたかを叙述する。

最初の課長登用は1964（昭和39）年4月に電気通信大学の事務長を広島大学の人事課長にしたケースで、それ以降国立大学が法人化される2004（平成16）年3月まで40年間行われていたことになる。

各大学から推薦された課長候補者の中から具体的に誰を課長として登用するかについては、個別面接によって決められていた。2名の面接官がすべての候補者について面接を行う、ということは一貫していたが、その2名は人事課長と任用班主査の場合もあれば、任用班主査と任用班の職員で課長補

佐クラスの任用計画官（専門員の時期もあり）の場合もあった。面接官2名がすべての候補者について面接を行うのは、判断がぶれないようにするためであったとのことである。

　推薦及び面接は2年に一回、文部省及びいくつかの国立大学を会場として行われ、1人当たり15分程度の面接が行われた[68]。合否判定を本人や所属大学に通知する仕組みではなかったとのことであり、面接を受けた後2年の間に、面接を受けた者のうち半数を超えない数のものが課長に登用されていった。時期により推薦者数は異なるが、昭和50年代半ばで200人くらい、1989（平成元）年前後で100人くらいの推薦者があり、それぞれ7〜80人程度、4〜50人程度が登用されたとのことである。なお、前述のように課長以上の職員の任命権は文部大臣にあり、各大学長には委任されていなかったこともあり、文部省勤務経験のない国立大学職員が課長以上のポストに就こうとする場合には、この課長登用のための推薦及び面接を受けることが必須であった。この面接も、本省転任試験同様、「面接試験」「登用面接試験」などと呼ばれていたが、課長登用の人事手続きは国家公務員法に定める「昇任」であり、同法では昇任の場合には試験や選考は必要とされていないため、あくまでも、課長としての適性等を見るために事実上行われていた「試験」である。

　この面接を受けて課長に登用される場合、最初のポストは主に国立高等専門学校の課長であった。国立高等専門学校は国立大学と比べて比較的規模が小さく、課の所掌事務の範囲が国立大学の部に相当する幅広さであったため、課長として良い経験が積めるポストと考えられていたとのことである。ある元任用班主査は、実際の登用に当たって留意していた点として、すべての課長ポストでの人の入れ替わりは2〜3年かけて行われるので、課長登用面接直後の年に面接結果の良い人だけを登用することはせず、2年間かけての課長登用がバランスよく行われるようにすること、部長昇任まで通常少なくとも10年はかかることを考慮し年齢の上の人から登用すること、庶務系か会計系かなどそれまで主に経験した業務の分野に配属することなどを挙げた。

　課長登用を行った理由については、(1)国立大学等で採用された職員の人

事を大学内だけで行うと、特に小さな大学では人事構成が停滞する、(2) 課長登用を経れば早く昇任でき事務局長になる道も開けるので優秀な職員のインセンティブになる、といったことが挙げられた。

3. 課長登用者のその後のキャリア

　前述した1964（昭和39）年に行われた最初の課長登用のケースは、島根医科大学事務局長と山梨大学事務局長を歴任して退職した。また、1987（昭和62）年～1988（昭和63）年の間に課長に登用された生え抜きの職員の中にも、旭川医科大学事務局長を最後に退職した者や、佐賀医科大学事務局長を最後に退職した者などが確認できた。1990年代に入って以降、課長登用者が事務局長になるという人事は行われなくなったという証言があり、この点は次節で改めて確認したい。

　1990年代より前は、課長登用者から事務局長を輩出することを意図して行っていたことが伺われた。ある元任用班主査は、「課長登用者が、将来の目標として事務局長を目指せるように登用を行うべきだと考えていた。課長登用者から一人でも事務局長になればモチベーションが違う。庶務系では、東日本で一人、西日本で一人の事務局長が出せるように、部長まで上げていった。」と述べている。

　課長登用面接を受けて国立大学の課長になった一つの事例として、貝谷（1995）を採り上げたい。貝谷氏は1919（大正8）年に朝鮮半島で生まれ、1937（昭和12）年に朝鮮平壌師範学校を卒業後公立学校の教員を終戦まで続け、引き揚げ後の1946（昭和21）年に信州大学の前身の一つである松本医学専門学校に採用された。20年近く信州大学で勤務し、庶務課の課長補佐の時に課長登用面接を受け、1965（昭和40）年に弘前大学庶務部人事課長に登用された。その後、「異例のこと[69]」ながら1969（昭和44）年に茨城大学庶務部長、1971（昭和46）年に金沢大学庶務部長と部長職を2ポスト勤めた後、1975（昭和50）年に北海道教育大学事務局長、1977（昭和52）年に長崎大学事務局長と事務局長職を2ポスト勤めた。その後は1979（昭和54）年から国立曽爾少年自然の家の初代所長を務め、1983（昭和58）年

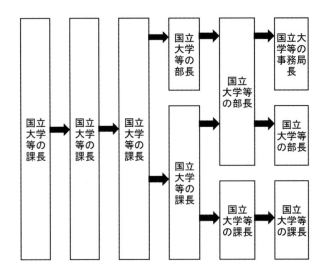

図 2-3　国立大学等の課長転出後の標準的なキャリアパス（課長登用者）
出典：元任用班主査及び文部科学省大臣官房人事課へのインタビューに基づき、筆者作成

に定年退職している。課長登用により課長職に就いた者が事務局長まで昇進したことを証明する一つの事例である。

年代によって違いはあるが、課長登用者の標準的なキャリアパスについても、いくつかに類型化できる（**図2-3参照**）。大学間の異動は、原則として全国にわたって行われる。

① 課長を3〜4ポスト→部長を複数ポスト→事務局長
② 課長を複数ポスト→部長を1〜複数ポスト
③ 課長を複数ポスト

第三項　幹部職員人事

第一項及び第二項において、国立大学等に採用された後に本省転任試験を受けて文部省で勤務をした職員は38〜40歳頃に、採用された国立大学等で主に働いてきた職員で課長登用面接を受けた者は42〜50歳頃に、初め

ての課長職に就くことを明らかにした。それはあくまでも国立大学等幹部職員としての第一歩であり、本節ではその後の人事がどのように行われたか、元任用班主査のインタビューに基づき概要を明らかにしたい。

国立大学等の事務局幹部職員人事は、毎年新年度の始まる4月に最も大規模な人事異動が行われる。文部大臣が任命権を行使した課長以上のポストのほとんどはいわゆる本部事務局と部局事務である病院事務に置かれている[70]。年代によっても異なるが、文部省大臣官房人事課が人事異動を行う国立大学等の課長以上の職員はおおむね2,000人で、3年に1回異動させるとすると、1年で600〜700人の人事異動を行うことになる。なお、前述のとおり課長補佐以下については当該大学の学長に任命権が委任されており、その人事は各国立大学の人事担当課が行っていた。

国立大学の事務局幹部職員の人事異動に向けて最初に行うことは各大学等の意向聴取であることが、インタビューを行った元任用班主査の共通した認識であった。各国立大学等が来年度予算の要求を文部省に出した後、そのヒアリングのために通常6〜7月頃来省する事務局長に任用班主査のところに寄ってもらい、人事についての希望を聞いた、と複数の元任用班主査が語っている。また、学長が主に事務局長人事について人事課長に希望を伝えることもあったようである。

インタビューを行ったどの元任用班主査からも、情報を集めて公正な人物評価を心がけていたことが伺われた。前述のような事務局長からの希望聴取だけでなく、様々な機会を通じて同じ大学に勤務する他の部課長や以前の同僚・上司などに人物評価を聞いたり、いわゆる人柄だけでなく、どういう仕事に取り組んだのか、とか、どういう経験をしたのかといった具体的な職務における行動を聞いたり、事務局長に対してこの人はどの役職まで務まると思うかという人物評価を聞いたりするほかに、家族の事情（要介護者の有無や子供の学齢期など）や、本人だけでなく配偶者の郷里はどこかといったようなことまで、各人各様ながらも人物に関する情報収集を熱心に行っている。例えば、各大学の事務局長や部長に、来省する機会があれば立ち寄ってもらうように依頼し、その際に、特に異動対象となる在職2年を過ぎた部課長

について、人柄や取り組んだ仕事の内容、仕事上の経験や行動などを、直属の部下についてだけでなく、斜め下や以前の部下についても情報をもらうようにしていた元任用班主査もいた。ある人物について、複数の人から情報を得ることにより、より客観的な評価が可能になり、それを基に人物像を固めて人事を行った、とのことであった。

　また、人物に関する情報収集だけでなく、国立大学に関する情報収集も行っていた。キャンパス移転を控えている、カリキュラム改革を進めているといった、その時点で各国立大学が抱えている課題について、その大学の幹部職員からだけでなく、国立大学を所管する文部省内の局課からも情報収集を行い、課題に対応するにふさわしい人物を配置するように心がけていたことが伺われた。

　実際に4月の人事異動のための組み立ては前年12月から1月に始めていたようである。その組み立ては、どの事務局長が定年により退職するかを確定することから始まり、そこに新たな人を当てはめることを頂点に、局長級、部長級、課長級と上位のポストから順に人事異動の「線」が引かれていく。この「線」は、定年退職する事務局長の後に誰を充て、その人が就いていたポストに次は誰を充てるか、というポスト間の「線」でもあり、同時に、個々人のキャリアがどう積まれていくかを決める「線」でもある。ある元任用班主査が担当していた時期には、課長のうち4分の1が部長になり、そのまた4分の1が事務局長になるイメージを持っていたとのことであった。

　「線」を引く際に配慮することの最も基本的なこととして、「らせん階段」という表現が用いられた。また、そのことを「希望を持たせる人事」「少しでも上に上がる人事」と表現した元任用班主査もいた。それは、課長から部長、部長から局長になる昇任人事、いわば直線的な階段を上るような人事がすべての場合にできる訳ではないので、課長から課長という異動でも、小さい大学から大きい大学へ[71]、とか、規模が同じでも故郷や家族の居住地に近い大学へ、とか、その人の過去の職務経験等を考慮した上でより力を発揮できる大学へ、といったように、らせん階段で少しずつ上がっていくような人事を行い、その異動によってやる気につながり、将来展望も開けるポスト

に配置するようにしたことを意味する。その「らせん階段」の始点は定年退職によって空く事務局長ポストである。10ポストくらい空かないと「らせん階段」ができなかったと述べた元任用班主査もいた。それ以外にも、同一ポストを3年は務められるようにする、同一ポストを長期にわたって務めさせない、一大学で一度に半分以上の幹部職員が代わらないようにする、大学の事情を考慮する、家庭の事情を考慮するなども配慮事項として挙げられた。

「線」の原案を引くのは任用班主査である。ただし、時代によるのか任用班主査の個性によるのかは分からないが、施設系、病院系、図書館系、学生系、会計系の人事に関しては、それぞれの文部省における担当課にある程度の原案を作ってもらう場合もあったようである。その理由としては、担当課の方が日常的にその分野の部課長と接しているので人物評価がより正確と思われること、また、担当課の方がその分野の各大学の課題を熟知していることなどが挙げられた。その場合でも、担当課の作った原案を大学の希望を踏まえて修正したり、会計系のポストの後任に病院系の人を異動させる場合など系をまたがるような異動の「線」を引くなど、最後に形にするのはやはり任用班主査であった。ただし、施設系の人事についてはほとんど関わらず、文教施設部で行っていたと回顧する元任用班主査もおり、施設系の人事についてはより独立していた可能性もある。前述のとおり、施設系の部課長は建築や機械、電気・電子などの区分で採用された者が多く、他省庁の人事で見られる技官人事の自律性（藤田 2008）に近いものが施設系人事では見られたということであろう。

任用班主査の作った原案を人事課長と相談し、人事課長が了承したものが人事課としての案となる。職制としては大臣官房に属する人事課長の上司は官房長、事務次官となるが、そのラインを上げていく前に、高等教育局に了解を得る[72]こととしていた。高等教育局では、まずは国立大学を所管する大学課長、その後審議官、局長と説明した。その後、官房長、事務次官に説明し、了解を得て各大学に内示を行った。高等教育局や官房長、事務次官への人事課案の説明は、決裁文書を回す正式なものとしてではなく、その事前

相談として行い、600から700ほどのすべてのポストについての資料を見せつつも、そのすべての異動について個別に説明するのではなく、その年の人事の方針のほか、ポイントだけを説明していたとのことである。人事課長の了解を得た案であっても高等教育局や官房長、事務次官のところで修正される場合もあり、その都度再考して新たな「らせん階段」を構築する「線」を引き直したようである。1か所でも修正が入ると、一つの「線」だけでなく複数の「線」の見直しが必要になることもあり、引き直しは単純な作業ではなかったようだ。

　国立大学の幹部職員人事は全国異動であり、引っ越しも伴うため、大学への内示はおおむね異動の1か月ほど前に行っていた。事務局長人事については人事課長から学長に、部課長人事については任用班主査から事務局長に電話で行っていた。国立大学法人化前は課長以上の職員の任命権は文部大臣にあったため、内示は大学や本人の意向を聞くものとは位置付けられていなかったが、大学や本人から難色を示される例が年に10件に満たないほどはあったようである。全体が600件程度なので、1〜2％である。本人が難色を示すケースは本人の病気、家族の事情、上司との相性などだったようであり、大学が難色を示すケースは当初文部省に伝えた大学の希望と異なる人事だった場合のようである。多くの場合説得して内示通りに人事を行ったが、ごく稀に（一人の任用班主査在任中に0〜2件程度）内示後に差し替えた例もあったことが確認できた。

　以上、本項では、国立大学法人化前の幹部職員人事がどのように行われてきたかを実際の人事の流れに沿って解き明かすことができたと考える[73]。人事の流れをイメージして、図示したのが**図2-4**である。

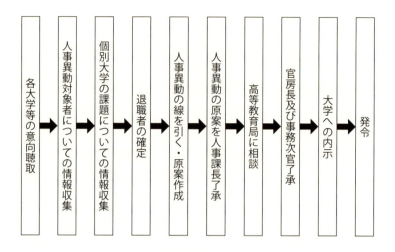

図 2-4　文部省内における、国立大学幹部職員の人事異動が発令されるまでの流れ

第四項　国立大学事務局採用職員のキャリア・パターン

　本節のここまでの記述を改めて振り返ると、第一項では国立大学に採用された職員が文部省勤務を経て国立大学の幹部職員となる過程を、第二項では国立大学に採用された職員が文部省勤務を経ずに国立大学の幹部職員となる過程を、第三項ではそれらの幹部職員が大学間を異動する人事が実際にどのように行われていたかを明らかにしたと言える。換言すれば、国立大学事務局幹部職員人事が国立大学法人化前にどのような制度と慣行にのっとって行われていたのか、またそれがいつから始まったのかを明らかにしたとともに、その運用実態を解き明かした。

　ここまでに明らかになった内容を踏まえ、改めてここで国立大学に採用されたノンキャリア公務員のキャリア・パターンについて整理し、次節以降の分析の前提として示しておきたい。国立大学に採用されたノンキャリア公務員のキャリア・パターンは、大きく以下の三つに分けられる。

　（1）20 代頃に文部省に転任し、40 歳前後に大学の課長に転出する場合

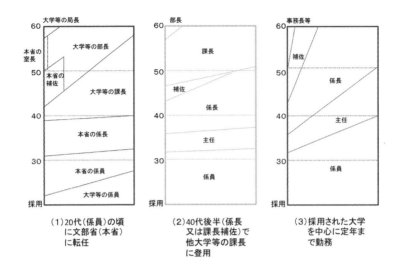

図2-5　国立大学採用事務職員のキャリア・パターン

(2) 40代後半に他大学等の課長に登用される場合
(3) 採用された大学での職を中心に定年まで勤める場合

　これらの職員が、定年までにどのような職を務めるかのイメージをそれぞれの場合ごとに図示したのが**図2-5**である。縦軸は年齢を表し、横軸はそれぞれのグループ内で昇任時期の早い遅いがあることを示すために設定し、左側ほど昇進が早く、右側に行くほど昇進が遅いことを示している。なお、(2)の場合は前述のように事務局長になる場合もあり、(3)の場合は前述のようにごくまれに部長になる場合もあったが、その割合がごくわずかであったため、図中には記載していない。

第五項　昇進構造生成の背景

　次に、なぜそのような昇進構造の慣行が生まれ、実際に運用されてきたのかという点について迫りたい。

1. 導入以前

　羽田（2010）は、戦前の帝国大学に「総長ノ命ヲ承ケ庶務 会計ヲ掌理」(ママ)(ママ)する書記官（奏任官であり、戦後の事務局長に相当する）や「庶務 会計ニ従事」(ママ)(ママ)する書記（判任官）が置かれていたほか、大学雇として事務雇員、教務雇員、事務傭人、教務傭人など多様な職種が置かれ、「庶務・会計を主業務とする書記・書記官は、文部本省、帝国大学及び官立高等教育機関間を移動(ママ)した」ことを指摘している[74]。

　「東京帝國大學五十年史」にも、それまで身分の確定しなかった教授や助教授などが1881（明治14）年に官吏とされ、その際に定められた東京大學職制に「各庶務ニ従事」する書記が判任官として位置付けられたことが記載されている。また、1886（明治19）年の帝國大學令の制定とともに公布された帝國大學職員官等（明治十九年三月二十六日勅令第九號）には、奏任官として書記官が、判任官として書記が明記されている[75]。

　戦後の新制国立大学の発足や新しい公務員制度の確立期を経た後の慣行や実態について明らかにした文献は管見の限り見当たらなかったが、本省転任試験や課長登用面接が始まる前の昭和20年代後半や30年代初頭に国立大学に採用された複数の元任用班主査は、自身が国立大学に採用された時の課長以上の職員は文部省や他の国立大学等から異動してくるのが通例であった旨述べており、戦前の制度を引き継いでいたことが推測される[76]。

2. 国立大学の事務局組織の拡大や機能強化への対応

　1959（昭和34）年に最初の本省転任試験による国立大学等から文部省への人事異動が行われ、1964（昭和39）年に課長登用による最初の課長が誕生するより前に、国立大学等の課長以上の幹部職員の育成や人事がどのように行われていたかはつまびらかにできていないが、国立大学等に採用された職員を組織的に本省に転任させたり、課長に登用したりすることがそれまで行われていなかったことは確かなようである。本省転任試験が始まる前も国立大学事務局から文部省に転任する職員はいたが、組織的ではなくいわゆ

る「一本釣り」だったと回顧する元任用班主査が多く、また、ある元主査は、昭和20年代はまだ文部省の組織も固まっておらず、いわゆる上級職の採用が組織的に行われたのも1954（昭和29）年度以降であったと回顧した。初中級職の本省直接採用が行われたのも本省転任試験開始の1年後の1960（昭和35）年であり、文部省が組織として落ち着き、本格的な人員確保が始まったのもその頃だったことを表していると言えよう。

一方で、1958（昭和33）年から、国立大学事務局は旧帝国大学から順に部制を採るようになり、部課長のポストの数が増えていった。それらのポストへ適任者を異動させる必要も高まったと考えるべきであろう。

また、ある元任用班主査の回顧するところによれば、本省転任試験を始めたのは当時の杉江清人事課長（故人）の意向が強く働いており、同課長は大学も今後は質の高い大学、国際的に伍していける大学にならないといけない、そのためには事務局も「事務屋」ではなく、企画力のある組織にしないといけないと述べていたとのことであった。「もはや戦後ではない」と経済白書が宣言したのが1956（昭和31）年で、当時はいわゆる高度経済成長期であり、国際社会での地位の向上も強く望まれた社会経済状況であったことが時代背景としては重要であろう。

これらのことはあくまでも状況証拠に過ぎないが、この時期に国立大学事務局組織の拡大や機能強化が求められたということを踏まえると、本省転任試験や課長登用が始まった理由について、次のような仮定を立てることができよう。

1) 国立大学の事務局組織が拡大して部課長のポストが増え、それらのポストに充てる人材の育成・確保が課題となった。
2) 部課長ポストに就く人材については企画力を有する人材が望ましく、一つの大学での勤務だけでなく、多様な勤務を経験することが企画力の育成に資すると考えられた。
3) まずは国立大学事務局から若いうちに文部省に転任させて10年以上経験を積ませ、国立大学の課長職として国立大学事務局に戻す

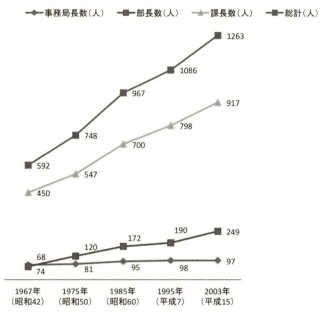

図2-6　国立大学事務局幹部職員数の推移（大学本部事務局に限定）

ための本省転任試験を行った。
4) それだけでは部課長ポストに充てる人材の総量を確保することが難しかったため、国立大学で比較的早く課長補佐等に就いた者の中から、課長に登用し、大学を超えた異動を行うこととなった。

これらはあくまで仮定に過ぎないが、次節で扱うデータから、事務局長、部長、課長の数の経年変化を抜粋したデータである図2-6を見れば、部課長数の増加は顕著であり、1)、3)、4) については一定の説得力があろう。2) の点については、第三章で国立大学事務局幹部職員の能力開発を扱う中で論じたい。

第四節　国立大学事務局幹部職員の昇進構造の実態

　前節では、国立大学法人化前における国立大学事務局幹部職員の昇進構造に関する制度と慣行を、文部省大臣官房人事課の歴代任用班主査へのインタビュー、国立公文書館収蔵の人事異動上申書、文部科学省及び東京学芸大学保管の文部省通知等を基に明らかにした。本節では、それをデータから裏付けることを試みる。

　具体的には、国立大学事務局の事務局長、部長、課長の初職と文部省における勤務の有無を調べ、これらの職に就いている職員の属性を明らかにする。官庁通信社が発行する『国立学校幹部名鑑』を基に、一時点だけでなく、昭和42年版、昭和50年版、昭和60年版、平成7年版、平成15年版を基に、経年による変化も明らかにする。

　これらの年の版を選んだのは、まず、昭和42年版が最初に発行されたものであることと、法人化前の最後の年の状況を示すものが平成15年版であること、その間の経年変化を追うためには10年程度の間隔を空けてデータを分析することが適当であると考えたことによる。

　『国立学校幹部名鑑』は、当初国立大学を含む国立学校の課長補佐以上の職員のみを掲載していたが、その後、昭和49年以降は文部省の補佐以上の職員も掲載するようになり、現在は『文部科学省国立大学法人等幹部名鑑』として、文部科学省・文化庁の係長以上の職員、国立大学法人の課長補佐以上の職員の他にも、大学共同利用機関法人や国立高等専門学校、文部科学省の所管する施設等機関や独立行政法人、放送大学学園の課長補佐以上の職員について、その役職、氏名、経歴等が掲載されている。

　今回の分析では、国立大学の事務局長、部長、課長及びそれらに相当する職を対象としたが、各大学の学部・研究所・センター・病院・個別キャンパス所属の局長、部長、課長及びそれらに相当する職は対象外とし、いわゆる大学本部事務局の職員に限定した。また、施設系の職員は、法人化前まで文部省文教施設部が7地域に置いていた工事事務所[77]に大学との交流人事で勤務するという慣行があったため、文部省における勤務の有無を調べること

により本省転任試験を経て本省で働いた国立大学採用の職員のキャリアパスに着目する本分析においては、他の職と異なる傾向を生むことを考慮し、施設系の部課長ポストは対象外とした。

これにより、分析対象数は以下のとおりとなる[78]。

 1967（昭和42）年：事務局長職74ポスト、部長職68ポスト、
         課長職450ポスト
         計592ポスト
 1975（昭和50）年：事務局長職81ポスト、部長職120ポスト、
         課長職547ポスト
         計748ポスト
 1985（昭和60）年：事務局長職95ポスト、部長職172ポスト、
         課長職700ポスト
         計967ポスト
 1995（平成7）年：事務局長職98ポスト、部長職190ポスト、
         課長職798ポスト
         計1,086ポスト
 2003（平成15）年：事務局長職97ポスト、部長職249ポスト、
         課長職917ポスト
         計1,263ポスト

分析に入る前に、まずは、昇進構造を分析する先行研究において一般的に用いられているキャリアツリーや勤続年数別の資格や等級の構成といった職歴分析の手法ではなく、初職と文部省における勤務の有無に着目した分析を行うことの意義を述べるとともに、具体的な分類の内容を示すこととしたい。

第一項　初職と文部省勤務の有無による分類

国立大学事務局の事務局長、部長、課長のデータを分析するに当たって、初職と文部省勤務の有無を調べる意義は、表2-3に示したように、初職と文

部省勤務の有無を調べることによって、前節で明らかにした制度と慣行に基づく国立大学事務局幹部職員の主なキャリア・パターンを、ほぼ全員について分類することができるためである。

Rosenbaum（1984）、花田（1987）、猪股・木原（1998）、一瀬（2013、2014）などで行われているキャリアツリーの手法は、同じ年に同じ区分で採用された者がその後どのような昇進をしていくか（あるいはしていかないか）を分析する手法であるため、国立大学全体を対象に分析しようとすると、すべての国立大学の同年次採用者について、採用後40年近い期間にわたる人事異動情報が必要となるが、そのようなデータは整備されておらず、現実的ではない。いくつかの大学に限ってであっても入手は困難と思われるし[79]、仮に入手できたとしても、国立大学全体の状況を示すことにはならない。加えて、仮に特定の大学を対象とした場合には、各年の採用者数が一定数以上でないと図2-5で示した三つのキャリア・パターンのすべてを含むキャリアツリーが描けないという制約もある。

また、今田・平田（1995）や中島ほか（2013）などで行われている、勤続年数別の資格や等級の構成を分析する手法を国立大学事務局幹部職員に採ろうとすると、キャリア・パターンによる違いが大きくデータに反映されてしまうため、全体の構造を読み取ることが困難になることが想定される。

このため、本研究では、文部省大臣官房人事課の歴代任用班主査へのインタビュー、いわば小池（1991）の言う「ききとり」などの手法によって明らかになった、国立大学事務局幹部職員の主なキャリア・パターンや人事管理の制度と慣行を第三節で子細に記述しているという点を活かし、国立大学事務局幹部職員の主なキャリア・パターンを、ほぼ全員について分類することができる初職と文部省勤務の有無による分類に基づく分析を行うこととした（**表2-3**）。

まず、初職が国立大学で文部省勤務の経験がある者は、20代のうちに文部省[80]に転任し、40歳前後まで文部省で勤務した後、国立大学の課長に転任した「転任組」である[81]。

初職が国立大学で文部省勤務の経験がない者は、課長登用により幹部職員

となった者である。

　扱ったデータの時点で勤務大学と初職大学が同じである場合は、国立大学法人化前なので、本省転任者や課長登用者が文部省や他大学等での勤務を経て、ある時期に一時的に初職大学で勤務している場合と考えられる。本省転任試験や課長登用面接は国立大学の職員だけでなく施設等機関等の職員も対象として実施されていたため、初職がこれらの機関の場合も、初職が国立大学の場合と同じと考えられる。

　初職が文部省の場合は、上級（甲またはⅠ種）試験合格者か、1960（昭和35）年から1972（昭和47）年の間に採用された上級（乙）、中級、初級の各試験合格者と想定できる。なお、1995（平成7）年から本省で直接採用され始めたⅡ種試験の合格者は、本章で扱う最も新しい時点である2003（平成15）年であってもまだ30歳前後で、国立大学の課長クラスへの出向は行われていないため、本章で扱うデータには表れていない。

　初職が他省庁とその他（民間企業や地方自治体など）の場合は、文部省勤務の有無でその属性が異なる。文部省勤務経験がある者の経歴を見ると、初職は確かに他省庁や民間企業等であるものの、途中で国立大学や文部省の施設等機関に転職しており、その後に本省転任により文部省で勤務をしている。このため、その個人のキャリアの途中からは、いわゆる「転任組」と同様とみなして構わないと考えられる。一方、文部省勤務経験がない者の経歴を見ると、他省庁（主に出先機関）との交流人事と思われる者や、初職は民間企業や地方自治体等であるものの、途中で国立大学や文部省の施設等機関に転職している者などである。

　なお、特に昭和42年版に顕著な傾向として、初めて職に就いたのが戦時中である1945（昭和20）年より前の者や戦後の混乱期である昭和20年代前半の者が多い。このため、初職が軍関連の施設であったり、兵役である者や、旧制の学校である者、台湾や旧満州の政府機関である者などが多数いる。これをそのまま「その他」として分類してしまうと、戦前と戦後で大きく職の種類が変わったことを分析上そのまま取り込んでしまうことになる。このため、42年版で初職が旧制の学校である者については、それらの学校を前身

第二章　国立大学事務局幹部職員の昇進構造

表 2-3　初職と文部省勤務の有無による分類（国立大学法人化以前）

		初職				
		国立大学	文部省	他省庁	国立大学以外の文部省の施設等機関	その他
		うち勤務大学と初職大学が同じ				
文部省勤務の経験	有	国立大学に採用された後、文部省に転任し、幹部職員となった者（いわゆる「転任組」）	文部省採用者	他省庁に採用された後、国立大学等に転任し、その後文部省に転任した者（その後は「転任組」と同じ）	文部省の施設等機関に採用された後、文部省に転任した者（その後は「転任組」と同じ）	民間や地方自治体等に採用された後、国立大学等に改めて採用され、その後文部省に転任した者（その後は「転任組」と同じ）
	無	国立大学に採用された後、課長登用により幹部職員となった者	―	他省庁（主に出先機関）との交流人事	文部省の施設等機関に採用された後、課長登用により幹部職員となった者	民間や地方自治体等に採用された後、国立大学等に改めて採用された者で、課長登用により幹部職員となった者

とする国立大学を初職とみなした。さらに旧制の学校以外の戦前や戦時中に存在していた機関が初職である者については、改めて1950（昭和25）年4月時点の職を調べ、その職が置かれている機関を初職機関とした[82]。50年版、60年版においても、同様にデータの修正を行った。ただし、50年版と60年版で初職が国立大学・文部省・他省庁・文部省の施設等機関以外の者については、その時点から20年前の職を調べて初職機関とした。50年版では1955（昭和30）年、60年版では1965（昭和40）年である。

このように、初職と文部省勤務の有無に着目することにより、ある時点において国立大学の局長、部長、課長という職に就く者のキャリア・パターンを分類することができるとともに、時系列に並べて比較できるため、本研究における意義は大きい。

ここで、前節第四項で整理した国立大学に採用された職員のキャリア・パターンの分類と、**表 2-3** との関係を示しておきたい。キャリア・パターンの分類は以下のとおりである（図 2-5 参照）。

（1）20代頃に文部省に転任し、40歳前後に大学の課長に転出する場合

(2) 40代後半に他大学等の課長に登用される場合
　(3) 採用された大学での職を中心に定年まで勤める場合

　このキャリア・パターンの分類を表2-3に位置付けると、(1)の場合は初職が国立大学で、文部省勤務経験有の枠に分類される。(2)の場合は初職が国立大学で、文部省勤務経験無の枠に分類される。(3)の場合は課長以上の職に就くことがほとんどないので、表2-3に表れてこないが、まれに課長以上の職に就く者については、初職と勤務大学が同じで、文部省勤務経験無の枠に分類されることになる。

　これらの分類とキャリア・パターンを念頭に、以下、実際のデータを見ていきたい。

第二項　1967（昭和42）年

　1967（昭和42）年に事務局長職、部長職、課長職に就いている職員を、その初職と文部省勤務の経験の有無で分類したのが**表2-4、2-5及び2-6**である。それぞれについて、文部省勤務経験の有無の割合をグラフ化したものが**図2-7、2-8及び2-9**であり、その初職の割合を示したものが**図2-10、2-11及び2-12**である。

表2-4　1967（昭和42）年度　国立大学　事務局長

		初　職					
		国立大学		文部省	他省庁	国立大学以外の文部省の施設等機関	その他
			うち勤務大学と初職大学が同じ				
文部省勤務の経験	有	21	1	34	1	0	2
		28.4%	1.4%	45.9%	1.4%	0.0%	2.7%
	無	15	0	—	0	0	1
		20.3%	0.0%	—	0.0%	0.0%	1.4%

表 2-5　1967（昭和 42）年度　国立大学　部長

		初職					
		国立大学		文部省	他省庁	国立大学以外の文部省の施設等機関	その他
			うち勤務大学と初職大学が同じ				
文部省勤務の経験	有	6	0	36	1	0	1
		8.8%	0.0%	52.9%	1.5%	0.0%	1.5%
	無	15	4	—	3	1	5
		22.1%	5.9%	—	4.4%	1.5%	7.4%

表 2-6　1967（昭和 42）年度　国立大学　課長

		初職					
		国立大学		文部省	他省庁	国立大学以外の文部省の施設等機関	その他
			うち勤務大学と初職大学が同じ				
文部省勤務の経験	有	38	3	140	6	0	18
		8.4%	0.7%	31.1%	1.3%	0.0%	4.0%
	無	192	84	—	30	1	25
		42.7%	18.7%	—	6.7%	0.2%	5.6%

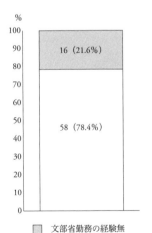

図 2-7　1967（昭和 42）年度
国立大学　事務局長
文部省勤務の経験の有無

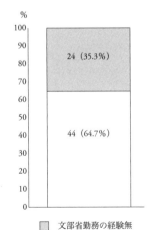

図 2-8　1967（昭和 42）年度
国立大学　部長
文部省勤務の経験の有無

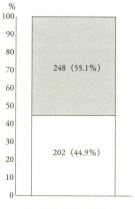

図 2-9　1967（昭和 42）年度
国立大学　課長
文部省勤務の経験の有無

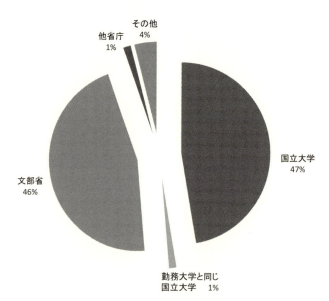

図 2-10　国立大学事務局長の初職（1967）

第二章 国立大学事務局幹部職員の昇進構造 93

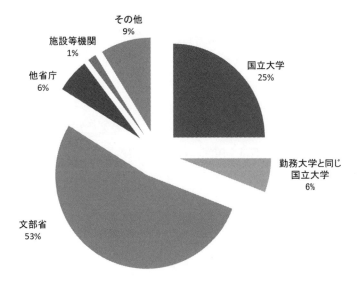

図 2-11 国立大学部長の初職（1967）

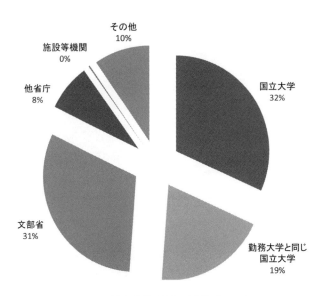

図 2-12 国立大学課長の初職（1967）

これらのデータからまず指摘できることは、部長職の数が事務局長職の数よりも少ないことである。事務局長職は国立大学に一つであり、この時点では74である。一方、部長職は68であり、1958（昭和33）年から始まった国立大学事務局の部制がまだ全大学には普及していないことを示している。なお、課長職は450である。

　また、課長、部長、事務局長と職位が高くなるにしたがって文部省勤務経験のある者が増えていく傾向があるが、事務局長でも2割程度文部省勤務経験のない者がいることに注目したい。元任用班主査のインタビューからは、課長登用により課長職になった者のうち、事務局長にまでなるのは1～2名とのことであったが、この時点ではそれよりも多い15名の国立大学採用者が文部省勤務を経ずに事務局長となっている。

　初職については、課長と事務局長はその約5割が国立大学採用者である一方で、部長は約3割となっている。また、文部省を初職とする者の割合は、部長が5割強、局長が5割弱、課長が約3割と、部長で一番高くなっている。

　次に、文部省勤務経験の有無で分類した上で、その初職の割合を示したデータを以下に示す。

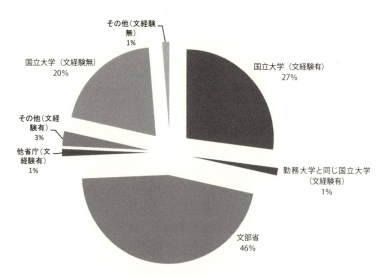

図2-13　国立大学事務局長の初職－文部省勤務経験の有無別（1967）

第二章　国立大学事務局幹部職員の昇進構造　95

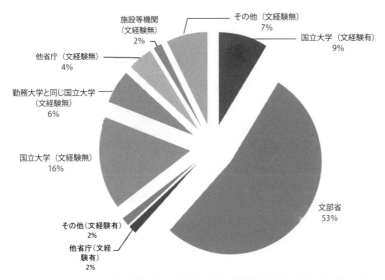

図 2-14　国立大学部長の初職－文部省勤務経験の有無別（1967）

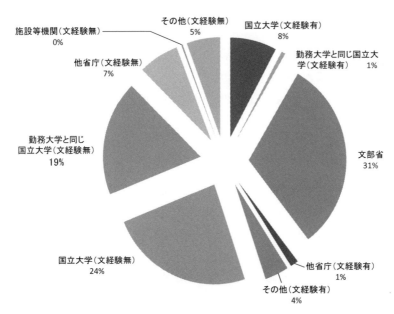

図 2-15　国立大学課長の初職－文部省勤務経験の有無別（1967）

文部省勤務経験がない者の初職に着目して事務局長、部長、課長で比べてみると、事務局長では他省庁を初職とする者がいない一方で、課長で 7%、部長で 4% いることが分かる。これは、課長や部長では他省庁との人事交流が行われていたが、国立大学事務局のトップである事務局長には他省庁の人材を就けていないことを表していると言えよう。この他省庁との部課長の交流は、大蔵省と人事院との交流である。大蔵省については、大蔵省本省で課長補佐まで務め、地方財務局の部長を歴任した者が国立大学で経理部長を務めているケース、大蔵省本省で課長補佐を務めた直後に東京近郊の国立大学で主計課長や経理課長を務めているケース、地方財務局採用でそこで課長まで務めた後、当該地域の国立大学で管財課長を務めているケースなどがある。人事院については、人事院で係長や課長補佐を務めた後に、地域の偏りなく国立大学の人事課長や庶務課長を務めているケースがあった。
　また、文部省勤務経験がない部長で、「その他」の割合が 7% と多くなっている。この中身は、初職が県庁などの地方自治体や公立学校の教員であり、その後国立大学勤務等に転じている者である。これらの者は、戦前や戦後すぐに初職に就いている者が多く、1949（昭和 24）年の新制大学設立以後に国立大学等に転じていることから、戦中や戦後混乱期の就職難の時代を反映した初職と考えることが適当であろう。
　部長職に着目すると、文部省を初職とする者、他省庁との人事交流による者、「その他」が多いことが、相対的に国立大学を初職とする者の少なさにつながっていると思われる。1958（昭和 33）年に部制を導入してからようやく 10 年が経ったところで、本省転任試験も同じく導入から 10 年程度、1964（昭和 39）年に始まった課長登用の仕組みもまだ 3 年しか経っておらず、この時点では国立大学事務局採用者から部長クラスに適切な人材を確保することが難しかったことが伺われる。また、課長職に他省庁との人事交流による者が多いことも、国立大学の組織の拡大に人材の確保が追いついていないことを表している可能性があり、他省庁との人事交流による者のボリュームの変化を経年で追っていく際の観点の一つになろう。
　また、文部省勤務経験がない部長と課長では、現在勤務している大学が採

用された大学と同じ、という者がそれぞれ6%（4人）、19%（84人）と一定の割合存在している。特に国立大学が初職で文部省勤務経験がない課長のうち、現在勤務している大学が採用された大学と同じという者の割合は44%で、約半数を占めている。部長4人の内訳は、2人はいわゆる旧帝大の図書館事務部長で、他大学での課長の経験なく就任しているいわゆる「生え抜き」の人材である。残りの2人は他大学での課長経験がある。課長のうち45人は図書館事務長など、図書館の課長レベルの職に就いている者であり、そのほとんどが生え抜きの人材である。今回の分析対象には図書館[83]を含めており、この頃には図書館も部制を採っていない大学が多く、事務長を置いていたことから、このような結果となっている。残りの39人のうち、33人は他大学での課長の経験なく就任している生え抜きの人材であり、27大学に配置されている[84]。残る6人には他大学での課長経験がある。文部省による課長登用が始まってまだ3年しか経っていないこの時期には、生え抜きの人材が特に課長レベルにおいて少なくなかったと言える。

第三項　1975（昭和50）年

1975（昭和50）年に事務局長職、部長職、課長職に就いている職員を、その初職と文部省勤務の経験の有無で分類したのが**表 2-7**、**2-8**及び**2-9**である。それぞれについて、文部省勤務経験の有無の割合をグラフ化したものが**図 2-16**、**2-17**及び**2-18**であり、その初職の割合を示したものが**図 2-19**、**2-20**及び**2-21**である。

表 2-7　1975（昭和 50）年度　国立大学　事務局長

		初　職					
		国立大学		文部省	他省庁	国立大学以外の文部省の施設等機関	その他
			うち勤務大学と初職大学が同じ				
文部省勤務の経験	有	10	1	50	1	0	2
		12.3%	1.2%	61.7%	1.2%	0.0%	2.5%
	無	16	1	―	0	0	2
		19.8%	1.2%	―	0.0%	0.0%	2.5%

表 2-8　1975（昭和 50）年度　国立大学　部長

		初　職					
		国立大学		文部省	他省庁	国立大学以外の文部省の施設等機関	その他
			うち勤務大学と初職大学が同じ				
文部省勤務の経験	有	14	1	53	3	0	2
		11.7%	0.8%	44.2%	2.5%	0.0%	1.7%
	無	37	8	―	2	0	9
		30.8%	6.7%	―	1.7%	0.0%	7.5%

表 2-9　1975（昭和 50）年度　国立大学　課長

		初　職					
		国立大学		文部省	他省庁	国立大学以外の文部省の施設等機関	その他
			うち勤務大学と初職大学が同じ				
文部省勤務の経験	有	75	7	144	4	1	30
		13.7%	1.3%	26.3%	0.7%	0.2%	5.5%
	無	245	82	―	23	1	24
		44.8%	15.0%	―	4.2%	0.2%	4.4%

第二章　国立大学事務局幹部職員の昇進構造　99

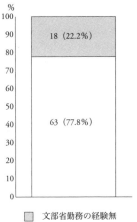

図 2-16　1975（昭和 50）年度
国立大学　事務局長
文部省勤務の経験の有無

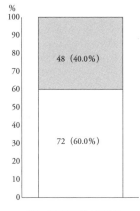

図 2-17　1975（昭和 50）年度
国立大学　部長
文部省勤務の経験の有無

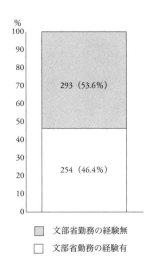

図 2-18　1975（昭和 50）年度
国立大学　課長
文部省勤務の経験の有無

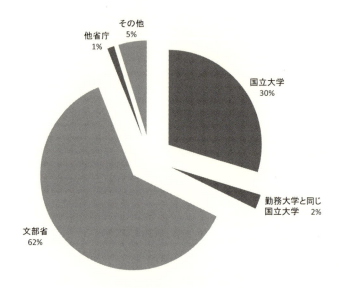

図 2-19　国立大学事務局長の初職（1975）

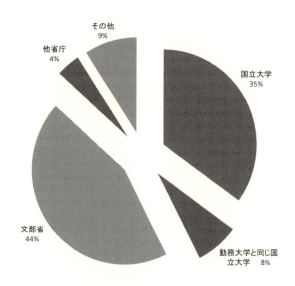

図 2-20　国立大学部長の初職（1975）

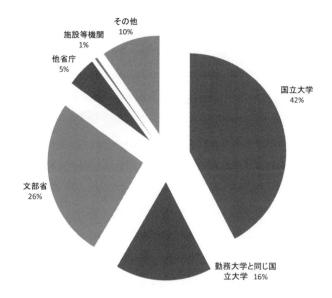

図 2-21　国立大学課長の初職（1975）

　ここまでのデータで指摘できることは、事務局長職が 1967（昭和 42）年より 7 ポスト増え、81 となっている一方で、部長職の数は 1967（昭和 42）年より 52 ポスト増え、120 となっていることである。この時期に国立大学が 7 大学新設されたことと、部制が拡大していったことを示している。なお、課長職は 547 で、97 ポスト増えている。
　課長、部長、事務局長と職位が高くなるにしたがって文部省勤務経験のある者が増えていく傾向は 1967（昭和 42）年と同じである。部長職で文部省勤務経験のある者が 1967（昭和 42）年と比べて 5％増えているが、事務局長と課長ではその割合はほぼ同じである。ここでも事務局長で 2 割程度文部省勤務経験のない者がいることに引き続き着目すべきであろう。繰り返しになるが、元任用班主査のインタビューからは、課長登用により課長職になった者のうち、事務局長にまでなるのは 1 〜 2 名とのことであったが、この

時点においても、それよりも多い 16 名の国立大学採用者が文部省勤務を経ずに事務局長となっている。ちなみに、これらの事務局長は、初職についたのがいずれも 1935（昭和 10）年前後から 1945（昭和 20）年までで、新制大学になってからの採用者はいない。

　初職については、事務局長の国立大学採用者が 1967（昭和 42）年の約 5 割から約 3 割に減っている一方で、部長では約 3 割が約 4 割に増え、課長はほぼ横ばいである。また、文部省を初職とする者の割合が局長で増え、部長と課長で減ったため、1967（昭和 42）年には文部省を初職とする者の割合は部長→局長→課長の順に多かったが、局長と部長の順番が入れ替わった。この点については、さらに文部省勤務経験の有無で分類したデータで以下詳しく見てみたい。

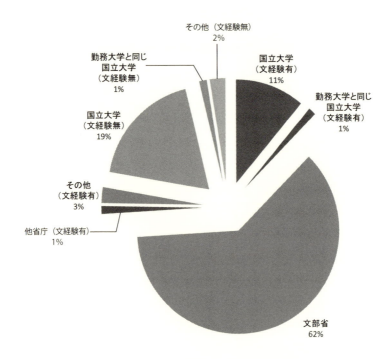

図 2-22　国立大学事務局長の初職－文部省勤務経験の有無別（1975）

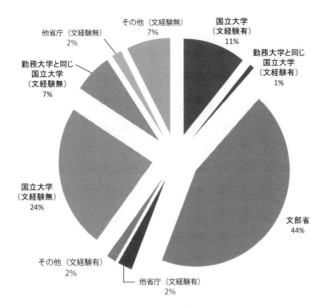

図 2-23　国立大学部長の初職－文部省勤務経験の有無別（1975）

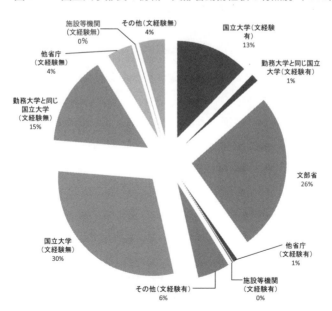

図 2-24　国立大学課長の初職－文部省勤務経験の有無別（1975）

文部省勤務経験がある者の初職に着目して事務局長、部長、課長で比べてみると、文部省を初職とするものが事務局長（62%）、部長（44%）、課長（26%）の順に多い。1967（昭和42）年度に部長（53%）、事務局長（46%）、課長（31%）の順に多かったことに比べると、事務局長で比率が増え、部長と課長で比率が減っていることにより、順位も変わってきていることが分かる。一方で、部長では文部省勤務経験がある国立大学が初職の者の割合が9%から12%に増え、文部省勤務経験のない国立大学が初職の者の割合が22%から30%に増えていること、課長では、前者が9%から14%に、後者が43%から45%に増えていることから、本省転任試験の開始から20年近く、課長登用の開始から10年以上経ったこの時点で、それぞれの仕組みが定着しつつあることが推測できる。

　文部省勤務経験がない者の初職に着目して事務局長、部長、課長で比べてみると、局長では他省庁を初職とする者がいない一方で、部長で2%、課長で4%いる。1967（昭和42）年も局長ではおらず、部長で4%、課長で7%いたことを考えると、部課長職で人事交流の割合が減少していることが分かる。このことからも、本省転任や課長登用の仕組みによって、国立大学採用者から部課長職に就ける人材が育ってきたと考えられる。

　また、どの役職でも文部省勤務経験の有無を問わず、現在働いている大学が採用された大学であるケースが存在している。文部省勤務経験がある場合はどの役職でも1%に過ぎないが、文部省勤務経験がない場合は、局長（1%：1人）→部長（6%：8人）→課長（15%：82人）の順に多くなっている。局長は琉球大学の局長で、1972（昭和47）年の沖縄返還後間もないことが影響していると思われる。部長のうち2人は、1967（昭和42）年と同じ旧帝大の図書館事務部長で生え抜きの人材である。残りの6人は他大学での課長経験がある。国立大学が初職で文部省勤務経験がない課長のうち、現在勤務している大学が採用された大学と同じという者の割合は33%となり、1967（昭和42）年と比べるとその比率を減らしている。内訳にも変化が見られる。そのうちの多数を占める（50人）のが図書館事務長など、図書館の課長レベルの職に就いている者であることに変化はないが、それ以外

の32人のうち、他大学での課長の経験なく就任している生え抜きの人材と他大学での課長経験がある者が16人ずつ[85]になっている。文部省による課長登用が1964（昭和39）年に始まって10年ほど経ち、課長登用者の割合が増えつつあると言えよう。課長登用者が一時的にではあれ、もともと働いていた大学に戻るというのは、採用大学や本人の希望に基づく人事と思われる。

第四項　1985（昭和60）年

　1985（昭和60）年に事務局長職、部長職、課長職に就いている職員を、その初職と文部省勤務の経験の有無で分類したのが**表2-10、2-11及び2-12**である。それぞれについて、文部省勤務経験の有無の割合をグラフ化したものが**図2-25、2-26及び2-27**であり、その初職の割合を示したものが**図2-28、2-29及び2-30**である。

表2-10　1985（昭和60）年度　国立大学　事務局長

		初　職					
		国立大学		文部省	他省庁	国立大学以外の文部省の施設等機関	その他
			うち勤務大学と初職大学が同じ				
文部省勤務の経験	有	20	3	62	0	0	0
		21.1%	3.2%	65.3%	0.0%	0.0%	0.0%
	無	9	1	―	4	0	0
		9.5%	1.1%	―	4.2%	0.0%	0.0%

表2-11　1985（昭和60）年度　国立大学　部長

		初　職					
		国立大学		文部省	他省庁	国立大学以外の文部省の施設等機関	その他
			うち勤務大学と初職大学が同じ				
文部省勤務の経験	有	56	0	66	0	1	2
		32.6%	0.0%	38.4%	0.0%	0.6%	1.2%
	無	41	2	―	5	1	0
		23.8%	1.2%	―	2.9%	0.6%	0.0%

表 2-12 1985（昭和 60）年度　国立大学　課長

		初　職					
		国立大学		文部省	他省庁	国立大学以外の文部省の施設等機関	その他
			うち勤務大学と初職大学が同じ				
文部省勤務の経験	有	203	7	91	1	20	16
		29.0%	1.0%	13.0%	0.1%	2.9%	2.3%
	無	335	80	—	16	10	8
		47.9%	11.4%	—	2.3%	1.4%	1.1%

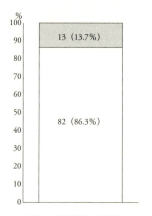

図 2-25　1985（昭和 60）年度
　　　　国立大学　事務局長
　　　　文部省勤務の経験の有無

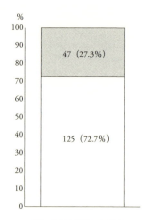

図 2-26　1985（昭和 60）年度
　　　　国立大学　部長
　　　　文部省勤務の経験の有無

第二章　国立大学事務局幹部職員の昇進構造　107

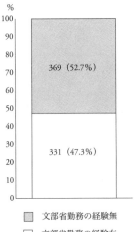

図 2-27　1985（昭和 60）年度
国立大学　課長
文部省勤務の経験の有無

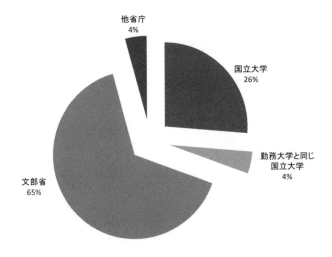

図 2-28　国立大学事務局長の初職（1985）

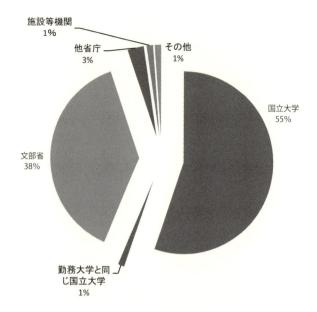

図 2-29　国立大学部長の初職（1985）

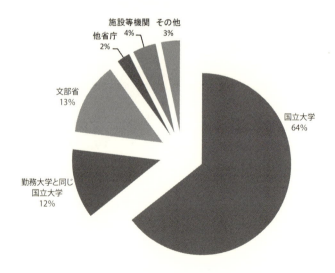

図 2-30　国立大学課長の初職（1985）

1985（昭和60）には、事務局長職は95で、1975（昭和50）年に比べて14ポスト増えている。この時期は1973（昭和48）年に田中内閣が打ち出した「一県一医大構想」に基づいて国立の医科大学が次々に新設されたり、いわゆる技術科学大学や新構想の教育大学が設置されていた時期であり、大学数の増加に伴うポスト増加である。部長職の数は1975（昭和50）年より52ポスト増え、172となっている。なお、課長職は700で、153ポスト増えている。部課長職の増加は、大学数の増加と、既存大学の組織拡大によるものであろう。

　ここでも、課長、部長、事務局長と職位が高くなるにしたがって文部省勤務経験のある者が増えていく傾向は従前と同じである。ただ、1975（昭和50）年と比べて、事務局長で約20％を占めていた文部省勤務経験の無い者が14％に減り、部長では40％から30％弱へと減っている一方で、課長職ではその割合に大きな変化がない（50％強）ことは、部長以上に昇任する者に文部省勤務経験を求める傾向が強くなっていることを示しているのではないか。

　初職については、1975（昭和50）年と同様、文部省を初職とする者の割合が局長（65％）→部長（38％）→課長（13％）の順に多い。また、事務局長の国立大学採用者の割合が1975（昭和50）年とほぼ同じ（約3割）一方で、部長では約4割から約6割に、課長では約6割から約7割5分に増えている。この点については、さらに文部省勤務経験の有無で分類したデータで以下詳しく見てみたい。

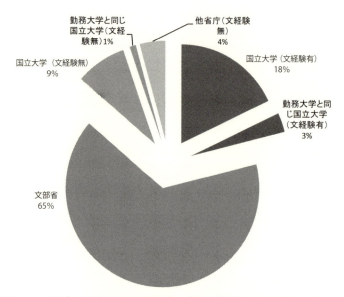

図 2-31　国立大学事務局長の初職－文部省勤務経験の有無別（1985）

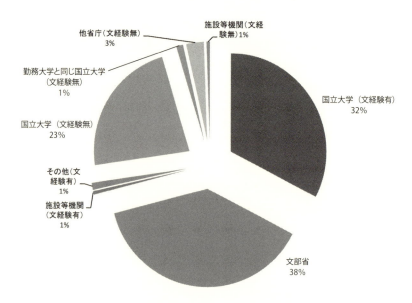

図 2-32　国立大学部長の初職－文部省勤務経験の有無別（1985）

第二章　国立大学事務局幹部職員の昇進構造　111

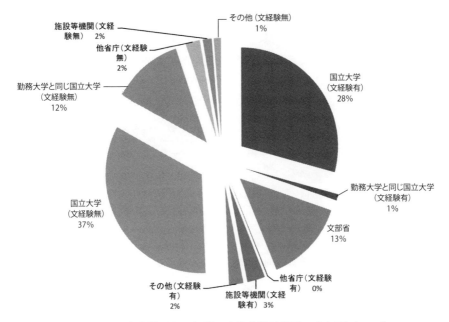

図 2-33　国立大学課長の初職－文部省勤務経験の有無別（1985）

　文部省勤務経験がある者の初職に着目して事務局長、部長、課長で比べてみると、文部省を初職とするものが事務局長（65%）、部長（38%）、課長（13%）の順に多い。1975（昭和50）年度に事務局長が62%、部長が44%、課長が26%だったことに比べると、局長でやや増加、部長と課長で減少、特に課長では半減していることが分かる。これは、前述したような国立大学数に伴う部課長職の増加を、国立大学から文部科学省へ転任したいわゆる転任者によって主に埋めているためと考えることができよう。文部省勤務経験がある者のうち、国立大学を初職とする者を1975（昭和50）年度と比べてみると、部長で21%の増（11%→32%）、課長で15%増（13%→28%）となっていることからもそれが裏付けられる。本省転任試験の開始から25年以上経ち、本省転任者のキャリアもほぼ定着してきたと考えられる。
　この年には、文部省勤務経験がない事務局長で、初職を他省庁とする者が

4名いる。1名は大蔵省から大学の主計課長になり、その後大蔵省に戻ることなく、三つの大学で経理部長、一つの大学で病院事務部長を務め、事務局長になっているケースである。2名は人事院から大学の庶務課長になり、その後人事院に戻ることなく、三つの大学で庶務課長や人事課長を務め、2～3の大学で庶務部長を務め、事務局長になっているケースである。この3名のケースは、国立大学の課長職や部長職の歴任数から考えると本省転任者と同様であるため、ノンキャリア公務員であることが推測できる。もう1名は宮城県が初職で岩手県での課長職の経験を経て自治庁課長補佐となり、自治大学校の研究部長、自治省官房調査官を経て大学の庶務部長になり、やはりその後自治省には戻ることなく、三つの大学で庶務部長を務めた後、事務局長になっているケースである。こちらも国立大学の課長職や部長職の歴任数から考えると本省転任者と同様のキャリアパスである。これらは、数は少ないが、部課長レベルで交流人事を行った後、何らかの事情でその後は国立大学事務局幹部職員として勤務を続ける事例もあったことを表している。また、部課長でも、引き続き他省庁との人事交流が行われていることが見て取れる。

　また、文部省勤務経験のある部長を除き、現在働いている大学が採用された大学であるケースがこの年にも存在している。文部省勤務経験がない場合に多く、局長（1％：1人）、部長（1％：2人）、課長（12％：80人）となっている。局長は1975（昭和50）年と同じく琉球大学の局長である。部長の2人は他大学での課長経験がある。国立大学が初職で文部省勤務経験がない課長のうち、現在勤務している大学が採用された大学と同じという者の割合は24％となり、1967（昭和42）年から一貫してその比率を減らしている。内訳もまた変化している。多数を占める（51人）のが図書館事務長など、図書館の課長レベルの職に就いている者であることに変化はないが、それ以外の29人のうち、他大学での課長の経験なく就任している生え抜きの人材が8人（7大学）[86]、他大学での課長経験がある者が21人と生え抜きの人材の方が少なくなっている。文部省による課長登用が1964（昭和39）年に始まって20年経って定着し、生え抜き人材の登用が例外になり、課長登用者

が、採用大学や本人の希望に基づき、一時的にではあれ採用大学に勤務するケースが多くなってきていると言えよう。

第五項　1995（平成7）年

　1995（平成7）年に事務局長職、部長職、課長職に就いている職員を、その初職と文部省勤務の経験の有無で分類したのが**表2-13、2-14及び2-15**である。それぞれについて、文部省勤務経験の有無の割合をグラフ化したものが**図2-34、2-35及び2-36**であり、その初職の割合を示したものが**図2-37、2-38及び2-39**である。

表2-13　1995（平成7）年度　国立大学　事務局長

		初職					
		国立大学	うち勤務大学と初職大学が同じ	文部省	他省庁	国立大学以外の文部省の施設等機関	その他
文部省勤務の経験	有	42	0	47	1	0	5
		42.9%	0.0%	48.0%	1.0%	0.0%	5.1%
	無	2	0	―	0	0	1
		2.0%	0.0%	―	0.0%	0.0%	1.0%

表2-14　1995（平成7）年度　国立大学　部長

		初職					
		国立大学	うち勤務大学と初職大学が同じ	文部省	他省庁	国立大学以外の文部省の施設等機関	その他
文部省勤務の経験	有	85	3	21	2	10	3
		44.7%	1.6%	11.1%	1.1%	5.3%	1.6%
	無	59	3	―	5	1	4
		31.1%	1.6%	―	2.6%	0.5%	2.1%

表 2-15　1995（平成 7）年度　国立大学　課長

		初　職					
		国立大学		文部省	他省庁	国立大学以外の文部省の施設等機関	その他
			うち勤務大学と初職大学が同じ				
文部省勤務の経験	有	208	6	25	2	41	6
		26.1%	0.8%	3.1%	0.3%	5.1%	0.8%
	無	430	57	－	23	51	12
		53.9%	7.1%	－	2.9%	6.4%	1.5%

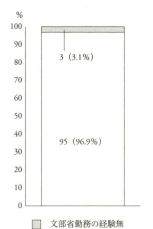

図 2-34　1995（平成 7）年度
国立大学　事務局長
文部省勤務の経験の有無

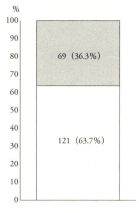

図 2-35　1995（平成 7）年度
国立大学　部長
文部省勤務の経験の有無

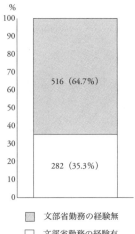

図2-36　1995（平成7）年度
国立大学　課長
文部省勤務の経験の有無

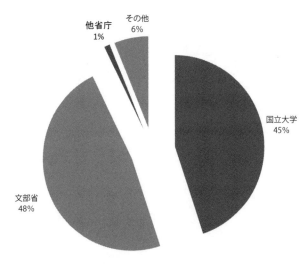

図2-37　国立大学事務局長の初職（1995）

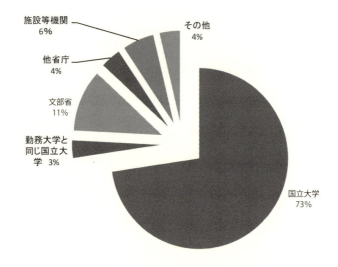

図 2-38 国立大学部長の初職 (1995)

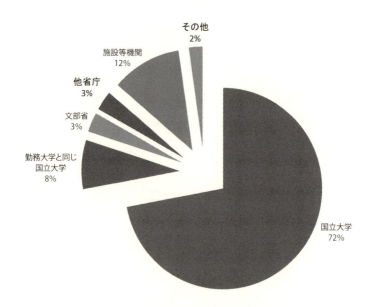

図 2-39 国立大学課長の初職 (1995)

1995（平成7）には、事務局長職は98で、1985（昭和60）年に比べて3ポスト増えている。この時期には、学部の教育組織を持たない、いわゆる大学院大学が国立で設置されており、大学数の増加に伴うポスト増加である。部長職の数は1985（昭和60）年より18ポスト増え、190となっている。なお、課長職は798で、98ポスト増えている。部課長職の増加は、大学数の増加と、既存大学の組織拡大によるものであろう。

　ここでも、課長、部長、事務局長と職位が高くなるにしたがって文部省勤務経験のある者が増えていく傾向は従前と同じである。ただ、1985（昭和60）年と比べて、事務局長で14％を占めていた文部省勤務経験のない者が3％と大幅に減少し、部長では27％から36％と微増、課長職では53％から65％と大きく増えている。これは、本省転任試験の開始から35年以上が経ち、本省への転任が事務局長に到達するキャリアパスであるという姿が明確に表れたと見ることができよう。本章第三節第一項で明らかにしたように、本省転任試験は長らく「おおむね、満27歳未満（又は以下）」を被推薦要件としており、また、本省転任者のうち事務局長職に就く者はおおむね55歳以降に就いていることから、その間約30年となる。本省への転任が事務局長に到達するキャリアパスとして定着したことが数値として明らかになるまでに35年以上の期間が必要であったと解される。

　初職については、1985（昭和60）年と同様、文部省を初職とする者の割合が局長（48％）→部長（11％）→課長（3％）の順に多い。また、国立大学採用者の割合が1985（昭和60）年と比べて、どの職でも増加している（事務局長：30％→45％、部長：56％→76％、課長：76％→80％）。これらの点については、さらに文部省勤務経験の有無で分類したデータで以下詳しく見てみたい。

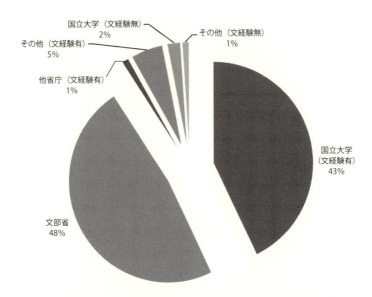

図 2-40　国立大学事務局長の初職―文部省勤務経験の有無別（1995）

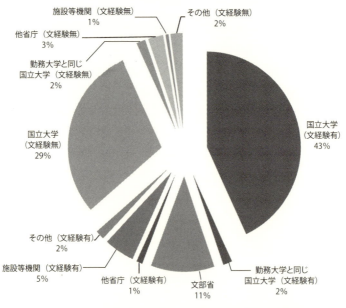

図 2-41　国立大学部長の初職―文部省勤務経験の有無別（1995）

第二章　国立大学事務局幹部職員の昇進構造　119

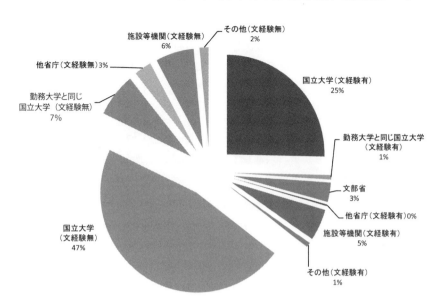

図 2-42　国立大学課長の初職―文部省勤務経験の有無別（1995）

　文部省勤務経験がある者の初職に着目して事務局長、部長、課長で比べてみると、文部省を初職とするものが事務局長（48%）、部長（11%）、課長（3%）の順に多いが、1985（昭和60）年度に事務局長が65%、部長が38%、課長が13%であったことに比べると、どの職でも大きく減少していることが分かる。これは、本省転任試験が始まってから35年以上経ち、転任試験開始頃の転任者が事務局長適齢期に達したことを示しているとともに、本省転任による国立大学幹部職員の人材育成が完全に定着したことを示していると言える。
　このことは、本省転任者を表している、文部省勤務経験がある者で国立大学が初職のものが部長（45%）、事務局長（43%）、課長（26%）の順に多く、1985（昭和60）年度に比べると部長で13%、事務局長で22%の増となっている一方で、課長で3%の減となっていることからも裏付けられる。課長

で3%の減になっているのは、文部省経験のない者で国立大学が初職の者が1985（昭和60）年度（49%）と比して9%増の58%となったことの影響を受けていると見ることができる。文部省経験のない者で国立大学が初職の局長は2%で1985（昭和60）年度（10%）から8%減っており、部長は31%で7%増えている。

これらのデータからは、本省転任試験の開始から35年以上が経ち、事務局長に到達するキャリアパスとしての姿が明確に表れ、その人数が増加したことにより、限られた事務局長職に本省経験のない者が就けなくなって部長職に滞留する一方で、増加する課長職はいわゆる課長登用者により埋められていると読み取ることができよう。課長登用者が事務局長に到達するキャリアパスはこの時期までに衰退したと考えられる。

また、同時に、1972（昭和47）年まで行われていた上級（甲）試験合格者以外の本省直接採用者が、部課長のポストに占める割合を減らしていった傾向も見ることもできる。

この年には、これまでの年と異なり、文部省勤務経験がない事務局長で、初職を他省庁とする者がいなくなった。これも、本省転任者によって事務局長職が埋められるようになったため、他省庁の人材に頼る必要がなくなったことの証左であるように思われる。ただ、ここで即断は避け、次の2003（平成15）年のデータで検証したい。

また、現在働いている大学が採用された大学であるケースがこの年にも存在している。ただし、局長での事例はなくなった。文部省勤務経験がない場合に多く、部長（2%：3人）→課長（7%：57人）の順に多くなっているのも1967（昭和42）年からの一貫した傾向である。部長の3人は生え抜きの人材ではなく、他大学での課長経験がある。文部省勤務経験がない課長のうち、現在勤務している大学が採用された大学と同じという者の割合は13%となり、1967（昭和42）年から一貫してその比率を減らしている。内訳にも変化が見られる。多数を占めていた図書館事務長など、図書館の課長レベルの職に就いている者が減少（34人）した。図書館にも部制が普及し、事務長が置かれなくなったことの影響であろう。それ以外の23人の内

訳も、他大学での課長の経験なく就任している生え抜きの人材が3人（3大学）、他大学での課長経験がある者が23人と生え抜きの人材がほぼいなくなり、例外中の例外になっている。課長登用者が、採用大学や本人の希望に基づき、一時的にではあれ採用大学に勤務するケースは1985（昭和60）年頃からほぼ変わらず続いている。

第六項　2003（平成15）年

本章で取り上げる最後のデータは、国立大学法人化前年の2003（平成15）年のものである。これまでと同様、事務局長職、部長職、課長職に就いている職員を、その初職と文部省勤務の経験の有無で分類したのが**表 2-16**、**2-17**及び**2-18**である。

この年は事務局長職で文部省勤務経験の無い者がいなかったため、部長職と課長職について文部省勤務経験の有無の割合をグラフ化したものが**図 2-43**、**2-44**である。事務局長職、部長職、課長職のそれぞれについて、その初職の割合を示したものが**図 2-45**、**2-46**及び**2-47**である。

表 2-16　2003（平成15）年度　国立大学　事務局長

		初　職					
		国立大学		文部省	他省庁	国立大学以外の文部省の施設等機関	その他
			うち勤務大学と初職大学が同じ				
文部省勤務の経験	有	47	0	30	2	14	4
		48.5%	0%	30.9%	2.1%	14.4%	4.1%
	無	0	0	―	0	0	0

表 2-17　2003（平成15）年度　国立大学　部長

		初　職					
		国立大学		文部省	他省庁	国立大学以外の文部省の施設等機関	その他
			うち勤務大学と初職大学が同じ				
文部省勤務の経験	有	119	8	17	3	27	5
		47.8%	3.2%	6.8%	1.2%	10.8%	2.0%
	無	61	5	―	5	10	2
		24.5%	2.0%	―	2.0%	4.0%	0.8%

表 2-18　2003（平成15）年度　国立大学　課長

		初　職					
		国立大学		文部省	他省庁	国立大学以外の文部省の施設等機関	その他
			うち勤務大学と初職大学が同じ				
文部省勤務の経験	有	217	9	13	2	37	5
		23.7%	1.0%	1.4%	0.2%	4.0%	0.5%
	無	535	67	―	15	82	11
		58.3%	7.3%	―	1.6%	8.9%	1.2%

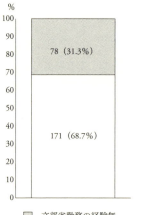

図 2-43　2003（平成15）年度
　　　　国立大学　部長
　　　　文部省勤務の経験の有無

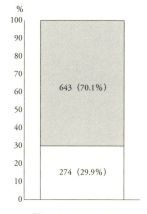

図 2-44　2003（平成15）年度
　　　　国立大学　課長
　　　　文部省勤務の経験の有無

第二章　国立大学事務局幹部職員の昇進構造　123

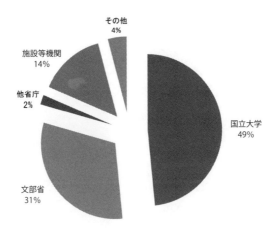

図 2-45　国立大学事務局長の初職（2003）

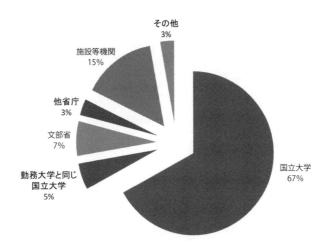

図 2-46　国立大学部長の初職（2003）

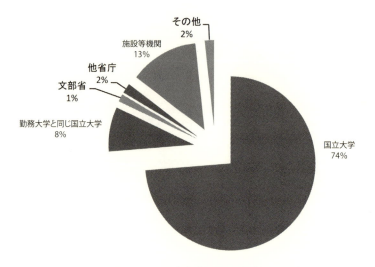

図 2-47　国立大学課長の初職（2003）

　2003（平成15）には事務局長職は97で、1995（平成7）年に比べて1ポスト減っており、この頃から国立大学の統廃合が始まっていることが伺える。一方、部長職の数は1995（平成7）年より59ポスト増え、249となり、課長職も917で、119ポスト増えている。大学の数が減っている一方で部課長職が増えているので、既存大学の組織拡大は図られていたと考えられる。
　ここでも、課長、部長、事務局長と職位が高くなるにしたがって文部省勤務経験のある者が増えていく傾向は従前と同じである。1995（平成7）年時点でも事務局長に到達するキャリアパスの一つとして本省転任がその姿を明確に表したことを指摘したが、2003（平成15）年には、ついに文科省勤務経験のない事務局長がいなくなり、国立大学事務局採用職員が事務局長に到達するキャリアパスとしては、本省転任が唯一のものとなる。
　1995（平成7）年と比べて、文部省勤務経験のない者が、部長職では36%（69人）から31%（78人）に減少し、課長職では65%（516人）から70%（643人）に増えている。このことにより、部長のキャリアパスとしても本省経験がより重視される一方で、課長職では、ポストの増加を課長登用者が埋

めていると読み取ることができよう。このことは、部課長職の実数やその増加も影響を与えている可能性がある。前述のとおり、2003（平成15）年の部長職は249ポスト、課長職は917ポストである。1995（平成7）年と比べると、全体で、部長職は59ポスト、課長職は119ポスト増えており、部長職では文部省勤務経験のある者が50人、無い者が9人増えている一方、課長職では文部省勤務経験のある者が8人減り、無い者が127人増えている。このことから、本省転任経験者で埋められる課長のポスト数は1995（平成7）年の時点で限界に達しており、その後に増えた課長ポストには課長登用者を充てることで対応する一方、部長職の実数は課長職の約3割程度であることから、本省転任経験者で既に課長職にある者が部長に昇任していったことが見て取れる。

　初職については、これまでの各年と同様、文部省を初職とする者の割合は局長（31%）→部長（7%）→課長（1%）の順に多い。また、国立大学採用者の割合が1995（平成7）年と比べて、事務局長と課長で増加し（事務局長：45%→49%、課長：80%→82%）、部長で減少している（76%→74%）。

　部長と課長については、さらに文部省勤務経験の有無で分類したデータで以下詳しく見てみたい。

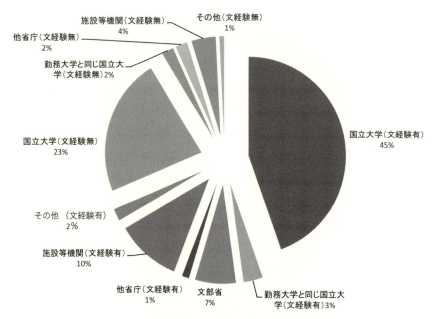

図 2-48 国立大学部長の初職－文部省勤務経験の有無別（2003）

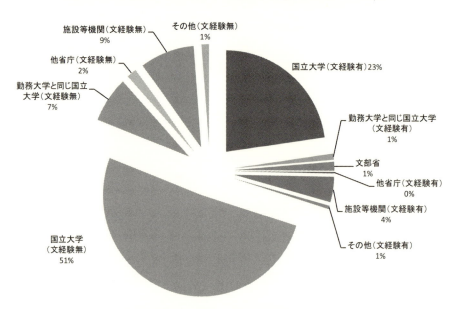

図 2-49 国立大学課長の初職－文部省勤務経験の有無別（2003）

文部省勤務経験がある者の初職に着目して事務局長、部長、課長で比べてみると、文部省を初職とするものが事務局長（31％）、部長（7％）、課長（1％）の順に多いが、1995（平成7）年に事務局長が48％、部長が11％、課長が3％であったことに比べると、その割合を減らしている。これも、前述のように事務局長を文部省勤務経験者で占めることとなったこととあわせて、1995（平成7）年に引き続き、本省転任による国立大学幹部職員の人材育成が完全に定着したこと、また、1972（昭和47）年までの上級（甲）試験合格者以外の本省直接採用者が経年により少なくなっている傾向を示していると言える。

　また、事務局長を除き、現在働いている大学が採用された大学であるケースがこの年にも存在している。部長では文部省勤務経験の有無を問わず2～3％、課長では文部省勤務経験がない場合に多く、7％（67人）となっている。文部省勤務経験のない部長の5人は、全員他大学での課長経験がある。文部省勤務経験がない課長のうち、現在勤務している大学が採用された大学と同じという者の割合は13％であり、おおむね1995（平成7）年と同様の割合である。1967（昭和42）年から1995（平成7）年まで一貫して減少していたことを考えれば、ほぼ底を打ったと考えられるだろう。内訳としては図書館の課長レベルの職に就いている者がさらに減少（27人）し、それ以外の40人の内訳は、他大学での課長の経験なく就任している生え抜きの人材が8人（8大学）、他大学での課長経験がある者が32人と、1995（平成7）年より生え抜きの人材が若干増え、1985（昭和60）年の数と同じになっている。いずれにしても生え抜きの課長は若干名が例外として存在し、課長登用者が採用大学や本人の希望に基づき、一時的にではあれ採用大学に勤務するケースはほぼ変わらず続いていると言えよう。

第五節　小　括　―明示的なファスト・トラック―

　本節では、本章で得られた知見と含意を整理して示す。

第一項　明示的なファスト・トラックの存在

　本章第三節で明らかにしたように、転任者たちは文部省に転任する際に試験を受けていたが、その後のキャリアを見ると、文部省で働くための試験という性格とともに、国立大学の幹部職員になるための試験という性格も併せ持ち、いわば国立大学職員としてのファスト・トラックに入るためのスクリーニングの試験であったと言える。20代の半ば頃までに本省転任試験に合格した者は、国立大学の課長職はほぼ約束され[87]、部長職はもちろん、勤務成績を上げれば事務局長にまで上り詰めるキャリアが期待できたのである。

　ファスト・トラックの仕組みの課題は、ファスト・トラックに乗らなかった組織の構成員の動機付けの調達が難しくなることである（八代2002、2009）。動機付けのためには、できるだけ昇進の機会を開いておく必要がある。国立大学事務職員の場合、課長登用の仕組みがあることで、この課題の深刻さを緩和していたと言えよう。20代の半ば頃までにファスト・トラック（本省転任）に入らなくても、40歳代で再度、ファスト・トラックに入った場合と同じ事務局長職まで[88]到達できる可能性を持つ昇進の機会（課長登用）が訪れる。課長登用の仕組みは、大器晩成を可能にするので、動機付けの調達に適合的であると言えよう。

　既に一瀬（2014）が、地方採用警察官（ノンキャリア公務員）にファスト・トラックが見られることを明らかにしているが、それに加えて、法人化以前はノンキャリア公務員であった国立大学事務職員についてもファスト・トラックの仕組みとその課題の深刻さを緩和する仕組みがあることを職歴分析から明らかにできた。これにより、従来の研究において日本においては「遅い昇進」が前提とされてきたことに対し、それとは異なる実態の蓄積に貢献できたものと考える。

　ファスト・トラックの利点として、早い時点で組織の構成員の中から有能な少数の者をエリート的地位のために選抜し、他の者から分離して集中的に専門訓練を施すことができるため、希少な資源を効率よく使ってエリートを育成できることが挙げられている。本章では、本省転任者たちが国立大学の幹部職員としてそのキャリアを積み上げていく様子を見てきたが、彼らがど

のような専門訓練を受けていたのか、換言すれば、文部省勤務は彼らの能力開発にどのように資するものであったのかについては何ら述べていない。また、能力開発という点で課長登用者との間に違いがあるのかどうかも興味深いところであり、次章では、国立大学事務局幹部職員の能力開発について論じる。

第二項　三つのキャリア・パターンと職員のインセンティブ

　第三節第二項で採り上げた貝谷氏は、課長登用により国立大学の課長になった後、事務局長職を2ポスト務めたことを「異例のこと」と述懐している。元任用班主査のインタビューによっても、1988（昭和63）年までに課長登用により課長になった経歴を持つ事務局長が1995（平成7）年頃までは全国に1～2名いたとのことであり、確かに稀な例ではあったが、一方で、課長登用者から事務局長が輩出されていたという意味では、課長登用者への動機付けに一定の機能を果たしていたと言える。

　国立大学法人化前は、一つの国立大学の中だけで勤務していた場合に到達できるポストはごく一部の例外[89]を除き課長相当職の事務長[90]までであった。特に組織規模の小さい大学では、先輩が事務長になると、その人たちが定年になるまで昇任できないという頭打ちの状況が本人にも見えてしまい、組織の停滞を招きかねないという状況もあった。他大学等の課長に登用されることにより、より高いポストである部長になれる、場合によっては事務局長になれるという仕組みを作ることにより、国立大学事務職員のインセンティブを高め、組織の活性化や人材の育成を図っていたと言えよう。このことはまさに、現在の業績や努力が現在の直接的な報酬には反映されないが、将来の昇進見込や給与に反映されるかもしれないという期待を持つことがインセンティブとして機能するというキャリア・コンサーンの問題として位置付けられる。

　この点に関して、ある任用班主査から、人事担当者が使う用語として「位止め」という言葉を聞いた。この言葉は、そのポストより偉くならないと思ったら人は働かない、とか、あるポストまでしか偉くならないと思ったら

そのポスト以上の働きはしない、という趣旨で使われるとのことであり、常に上位のポストへの可能性を閉ざすべきではない、ということを示唆しているようであった[91]。人事を行う際に最も配慮したとされる「希望を持たせる人事」「少しでも上に上がる人事」も、これに繋がるものであろう。国立大学の事務局に採用になった職員にとって事務局長は最上位のポストであり、そこにつながるキャリア・パターンがあることは、この点からも職員の動機付けに資するものだったと言えるだろう。

　本省転任試験についても、より若い時期に国立大学の幹部職員につながるキャリアに入るという点で、職員にとっての動機付けになっていたことは間違いない。キャリア・コンサーンの理論では、長期勤続が見込まれる労働者は今年の成果が将来のキャリアに影響を及ぼす効果に関心を持つので、昇進が間接的にインセンティブ効果を発揮し、特に若い労働者に効果が高いとされる（中島ほか 2013：p.225）。

　逆に、課長以上への昇進をインセンティブとしない国立大学事務職員にとっては、本省転任にも課長登用にも手を上げないという選択肢があったことが重要であろう。転勤・引越しはしたくない、あるいは家庭の事情等で転勤・引越しができない、家庭生活や趣味を重視したいなど、理由は様々であろうが、そのような場合には採用された大学で定年まで勤務することがその職員にとってのインセンティブとなったであろう。その中でも、事務長を頂点とする学内の昇進がインセンティブになる場合もあったことが想定される。このように、本省転任、課長登用、学内での昇進という三つのキャリア・パターンがあったことが、多様なインセンティブを有する職員をそれぞれ動機付けていたと思われる[92]。

　国立大学事務職員の動機付けになったということ以外にも、本省転任試験による本省勤務経験や課長登用が国立大学事務局幹部職員へのキャリアパスとして位置付けられたことのメリットがあったであろうことも指摘しておきたい。そのメリットを享受しているのは文部省と国立大学である。まず、文部省については、第三節第一項の表 2-2 で見たように、1960（昭和 35）年から 1972（昭和 47）年までは上級（甲）試験合格者以外の職員として、国立

大学等から転任者を受け入れるだけでなく、本省でも直接職員を採用しているが、その数は転任者の方が最大 4 倍程度多い[93]。また、1973（昭和 48）年以降は長らく本省直接採用を行っていない。このことは、国立大学において事務職員として数年働いた者の中から優秀な人材を本省で受け入れる方が、組織で働く際に必要とされる基本的な能力を既に身に付けているという点でも、文部省が能力の低い職員を採用するリスクを低減できるという点でも、文部省にとってメリットが大きかったことを表していると思われる。国立大学という組織にとっても、課長登用という仕組みを利用することで、人事構成の停滞を防止することができたと想定できる。また、国立大学にとっては、本省に転任した自大学出身者がいた方が、文部省の政策内容やスケジュール等についての情報を正確かつ速やかに入手できるというメリットもあったかもしれないし、文部省にとっても本省転任者を介して個別の大学の生の情報を得ることができたことも想定できる。これらの点についても、次章で論じたい。

一方で、開始当初は 10 倍の倍率だった本省転任試験も、昭和の終わり頃から選抜性がかなり低くなってきたことや、そのことも影響して 1995（平成 7）年には II 種試験合格者の本省直接採用を始めたことは、昇進のインセンティブ効果が時代を経て薄れていることを示しているとも言えよう。明治時代の立身出世主義から日本のメリトクラシーを論じる竹内洋が立身出世の物語の終焉を語ったのが 1995（平成 7）年であり（竹内　1995）、もともと昇進機会がインセンティブになるかどうかは個人によって大きく異なっていた（Simon 1997=2009）にしても、昭和の終わり頃以降、昇進機会をインセンティブと見る者が減少傾向にあると思われる。

第三項　経年によるキャリア・パターンの変化

第四節において行ったデータ分析を通時的に分析すると、次の四つの変化が指摘できる。一つは、事務局長のキャリアに本省経験が明確に位置づけられていったことである。表 2-19 に改めてまとめたように、事務局長のうち、文部省勤務経験者の占める割合は一貫して増えている一方、文部省を初職と

表 2-19　事務局長職における文部省勤務経験者の占める割合の推移

	文部省勤務経験者 （文部省初職者＋本省転任者）	文部省初職者	本省転任者
1967（昭和 42）年	78%	46%	33%
1975（昭和 50）年	78%	62%	16%
1985（昭和 60）年	86%	65%	21%
1995（平成 7）年	97%	48%	49%
2003（平成 15）年	100%	31%	69%

するものは一時増加した後に減少し、1995（平成 7）年以降は本省転任者の方が増えていることが分かる。これらから、事務局長は、国立大学等で採用された後に本省に転任した者が占めるようになっていったという傾向が指摘できる。

　二点目は、国立大学事務局幹部職員全体の傾向として、文部省採用者の占める割合が減り、国立大学採用者が増えていることである。これは、文部省勤務経験者の傾向としても見られるし、全体の傾向としても見られる。前者については、一点目と同じく、いわゆる転任者が国立大学事務局幹部職員になっていくというキャリアの確立がこの間に行われたことの証左となろう。後者については課長登用の仕組みによって幹部職員となる者が増えたことによっても説明できよう。また、上級（甲）試験合格者以外の本省直接採用を1973（昭和 48）年以降行っていないことと表裏一体の現象であると捉えることもできる。

　三点目は、課長における文部省勤務経験者の占める割合の低下傾向である（**表 2-20**）。課長ポストの増加に伴い、文部省勤務経験者で埋められる数に限りがあることから、課長登用者が多く登用されたことが指摘できよう。一方で、1967（昭和 42）年から 2003（平成 15）年までの間、一貫して、部長、局長と職位が上がるにつれて文部省勤務経験者の割合が増えていることは、課長登用者が昇進することの難しさの表れでもある。課長ポストを占める課

表 2-20　課長における文部省勤務経験の有無の推移

	文部省勤務経験あり	文部省勤務経験なし
1967（昭和 42）年	45%	55%
1975（昭和 50）年	46%	54%
1985（昭和 60）年	47%	53%
1995（平成 7）年	35%	65%
2003（平成 15）年	30%	70%

長登用者の割合が増加する一方で事務局長ポストに処遇される割合が徐々に減り、1995（平成 7）年度には 3 人（3%）、法人化直前の 2003（平成 15）年度にはとうとう 0 人になった[94]ことは、前項で言及したキャリア・コンサーンが働かなくなり、いわゆる「位止め」の効果により、その後の課長登用希望者の動機付けの低下につながったと思われる。

　最後の四点目は、採用された大学で幹部職員として働く者の割合の低下である。特に、文部省勤務経験のない部長及び課長で、1967（昭和 42）年と 1975（昭和 50）年には部長で 6%、課長で 15 〜 19% だった割合が、その後は一貫して減少している。実数としては若干の減少を見る程度だが、部長ポストや課長ポストが増える中で減少しているので、割合の低下は著しい。また、その内訳としても、生え抜きの職員の減少が大きく、1985（昭和 60）年以降は、若干の例外として配置されているに過ぎない。一方で、課長登用によりいったん他大学等の課長になった人を一時的にではあれ、もともと働いていた大学に戻すというケースは一定数見られ、これは採用大学や本人の希望が実現した例と考えられる。

　以上の内容から、この間の国立大学事務局幹部職員の昇進構造については次のようにまとめることができよう。

　（1）1959（昭和 34）年から組織的に行われた、国立大学事務局の職員

を文部省に転任させる慣行が、国立大学→本省→国立大学幹部職員という育成キャリアとして定着した。

(2) 一方で、文部省の定員にも限りがある中で、国立大学の新設や組織拡大による部課長職の増加に対応するため、1964（昭和39）年から始められた課長登用によって幹部職員になる者も着実に増えていった。

(3) 本省転任者や課長登用者が国立大学の幹部職員になるルートが確立し、文部省による全国的な人事異動が行われる中で、採用された大学で幹部職員として勤務する者の割合が減っていった。

第四項　昇進の管理

歴代任用班主査へのインタビューから明らかになったのは、法人化前の国立大学事務局幹部職員の人事異動にのみ注目すれば、文部省の人事課任用班が企業の場合の本社人事部の機能を果たし、各国立大学は事業部や事業所的な位置付けになっていた、ということである。八代充史（1992）は、大手企業の人事部門の組織を①本社にのみ人事部門があるタイプと②本社のほかに事業部や事業所に人事管理を担当するセクションがあるタイプに分類した上で、前者のタイプでは従業員の配置・異動管理は本社人事部によって集権的に行われていること、後者のタイプではかなりの部分がラインの各部門に委ねられている、としている。文部省と国立大学を併せて見ると、各大学に人事課あるいは人事も担当する庶務課がある後者の②のタイプでありながら、事務局幹部職員の配置・異動管理については文部省が集中的に行っていたことになる。もちろん、幹部職員以外の事務職員については各大学内での異動が基本であり[95]、それらは各大学の判断に委ねられていることから、量的にはかなりの部分が各大学に委ねられており、国立大学の場合も八代の分類に当てはまると言える。また、八代は本社人事部門が集権的な①のタイプは企業規模が数千人と少ないことなども挙げており、事務職員が2万人を超える国立大学の場合、事務職員の配置・異動管理のかなりの部分が各大学の人事担当部署に委ねられている②のタイプとなることも八代の分析と整合的で

ある。

　法人化前の国立大学事務局の幹部職員に限定すれば、その任命権を文部大臣が有し、配置・異動管理を文部省が集中的に行っていたため、八代（2002）の言う「部分均衡」と「全体均衡」がそれぞれに追及され、「異動の力学」が働くことになる。自分の管理範囲の業績に対して責任を負っているため、自部門の利益を最大化するために優秀な人材を抱え込もうとするライン管理職とは、国立大学の場合、各大学の執行部や事務局長であろう。ライン管理職が優秀な人材を抱え込もうとする理由は、配置転換に伴う人材の異動によって、新たに配置された者を育成することには、直接・間接の費用が伴うからとされている。これが「部分均衡」であるが、部分均衡を合計したものが「全体均衡」を達成する保証はない。したがって、自部門の利益最大化を指向するライン管理職に対して、全社的観点からヒトと仕事のマッチングを達成しようとするのが人事部門の行動原則である。国立大学の場合、これが文部省人事課任用班の行動原則に合致しよう。そしてこの場合、マッチングには短期的なものだけでなく、長期的な人材育成を念頭に置いたジョブ・ローテーションも含まれる、とされる。部分均衡を追及するライン管理職と全体均衡を追及する人事部門の間には葛藤が生じ、両者の利害の調整が必要とされる。

　文部省人事課任用班が、それぞれの大学が抱える課題などの情報収集と幹部職員（候補者を含む）の人物に関する情報収集を基に、国立大学全体を対象に適材適所の配置を考えることや、個々人の動機付けに配慮する（「希望を持たせる人事」「少しでも上に上がる人事」）一方で、各大学は自大学の利益を最大化するための人事配置を望むため、利害の調整が必要となることは、国立大学事務局幹部職員人事でも同様である。このような「全体均衡」と「部分均衡」の葛藤の存在は、内示後に大学や本人[96]から難色を示される例が年に10件に満たないくらいではあるが存在したことと、また、ごく稀に（一人の任用班主査在任中に0～2件程度）内示通りの人事を実施できず、内示後に差し替えた例があったことから明らかと言えよう。

　管見の限り、これまでこのような「部分均衡」と「全体均衡」に着目した

昇進管理の在り方に着目した公務員研究は川上（2013）による教員についてのもののみであり、本研究は国立大学事務職員のような行政職に位置付けられる公務職員についてその実態を明らかにしたところに意味があると考える。

注

33　これが言えるのは法人化前のデータからであり、法人化後はデータがない。しかしながら、法人化後に非常勤職員が減少したとは考えにくいため、このように記述した。

34　ここでの競争移動、庇護移動、トーナメント移動の理解については、小池編（1991）、竹内（1995）及び八代（2002）も参照した。

35　法人化前の国立大学が文部省の施設等機関であったことに重きを置けば、文部省を本社、個別の国立大学を事業所と見立て、国立大学事務局幹部職員を事業所の管理職と見立てることもできると思われれるが、ここではその関係性の問題は一旦横に置いておき、個別の国立大学における管理運営の責任者としての幹部職員を一般企業の管理職と見立てて論を進めたい。

36　小池・渡辺（1979）が、学歴や学校歴は企業における昇進の差に影響はするが、大卒あるいは銘柄校の卒業が昇進への近道になったり、それらの卒業者がそのまま実力者とみなされることはないことを賃金構造基本統計や会社職員録のデータから明らかにしていることからも、これはあくまでも「神話」であると言える。

37　実際に同書で扱っているのは、高級公務員の天下りと政界進出であるが、人的資源管理理論の視点で言えば、それらも退職管理として整理しうると思われる。

38　自治省は地方支分部局を持たないため、地方自治体の職員を移籍させていた。

39　一見、後述する本書の内容と矛盾するように思われるが、文部省に関する内容が掲載されている城山・鈴木・細野編（1999）の発行年当時の状況としてはこのように分類できる。

40　OECD（2005=2005）では、Career-based systems（終身公務員中心のシステム）とされ、Position-based systems（職位ごとに職員を補充するシステム）と対比されている。

41　キャリア官僚とノンキャリア公務員といった雇用区分の多元化は民間企業にも存在している。佐藤・佐野・原（2003）が 2002 年に企業を対象に行った調査（有効回答企業数は 547 社）によれば、正社員についての雇用区分が一つの企業が 44.1％、二つが 25.8％、三つが 16.5％、四つが 13.6％となっている。佐藤・佐野・原（2003）は、雇用区分の多元化が人事管理にもたらす新しい課題として、①人材活用方針や配置業務の性格などに応じて多様な人材活用策を適切に組み合わせること、②異なる雇用区分間の処遇の均衡、を挙げている。

42　このことは、大場（2006）がそのタイトルを「大学職員（SD）に関する研究の展開」としていることや、日本高等教育学会の紀要である「高等教育研究」がその第 13 集（2010）の特集タイトルを「スタッフ・ディベロップメント」としていることなどに端的に表れている。

43　本書でキャリアとは「人事異動などを通じた中長期的なスパンでの個々人の一連の

仕事経験」を意味する。こうした定義については、山本（2014）、小池・猪木編著（2002）などを参照した。

44　林（2008）は特に定義せずに「プロパー職員」という用語を用いているが、これは、人事交流などにより一定の期間他大学等で勤務することがあっても、基本的には採用された大学を中心に定年まで勤務する職員のことを意味していると思われる。

45　歴代任用班主査へのインタビューは、2011（平成23）年6月〜7月及び2012（平成24）年2月〜3月にかけて実施した。文部科学省大臣官房人事課の協力を得て、1966（昭和41）年から2004（平成16）年の間に任用班主査を務めた方13名のうち既に逝去された方1名を除く12名にインタビューの依頼をしたところ、10名の方に承諾をいただいた。9名については対面でのインタビュー、1名については電話によるインタビューである。

　10名のうち、最初の方の時期の3名は、戦後間もない時期に教育委員会に採用になりその後文部省勤務に転じた2名と、上級職試験を経て文部省勤務になった1名であったが、その後の時期の7名は初級又は中級職試験を経て国立大学に採用になり、その後転任試験を経ることなどにより文部省に転任した経歴を持ついわゆるノンキャリア公務員である。

　対面でのインタビューは、①任用班主査時代の仕事の内容（国立大学幹部職員人事、課長登用試験、本省転任試験など）、②文部省勤務を始めた経緯（本省転任試験の受験の有無やその内容など）といった質問項目（巻末参考資料①に掲載）を設定し、半構造化インタビュー（May 2001=2005：pp.176-178）の形式で行った。

　なお、1958（昭和33）年12月から1966（昭和41）年6月までの間に任用班主査の職にあった方々は、既に逝去されていることを確認した。

46　1997（平成9）年10月17日付で文部省訓令「人事に関する権限の委任等に関する規程」が改正され、課長補佐の任命権についても学長に委任された。この改正は、「いわば教育分野における規制緩和の一環で、人事事務処理の簡素合理化を図ることとともに、大学長等の権限を拡大するというのが目的（「官界通信」第2217号　平成9年11月6日）」と説明されており、教授等の任命権も併せて委任されている。

47　事務長は課長相当職であるが、大学の本部事務局ではなく、いわゆる部局事務を担当する各学部や研究所の事務室に置かれるポストである。

48　任命権の委任の範囲と実際に人事を担当するのが文部省か大学かという点について一致していない点が興味深い。国立大学事務局の一定の職位以上の職員を文部大臣任命とすることで職の威信を保っていたという見方もできるし、それらの職員の人事に関しては文部省が拒否できる状態を保っていたという見方もできよう。

49　この5班体制は2001（平成13）年の省庁再編まで続き、省庁再編後は総務班、企画班、任用班、給与班、審査班及び栄典班の6班体制となったが、2015（平成27）年現在は総務班、計画調整班、任用班、給与班及び栄典班の5班体制となっている。総務班は課内の総合調整等、計画調整班は職員の懲戒、分限、服務、人事評価等、給与班は給与、級別定数、退職手当、栄典班は栄典の推薦や伝達、表彰や儀式等が担当とされている。

50 なお、1980（昭和 55）以降、室長級の調査官という職が人事課に置かれ、任用班主査が兼務することが多かった。2005（平成 17）年以降は、調査官と任用班主査に別の人物が就くことが多くなっており、任用班主査の職務内容が増えたため、2 人で分担していることが推測される。
51 この裏付けとなるデータについては、その解釈とともに後述する（p.67-69）。
52 例外的に、1973（昭和 48）年以降もⅢ種（初級）試験合格者が若干名採用されている年もあるが、採用者はすべて女性で、主に秘書的な業務に従事している。
53 なお、1968（昭和 43）年に文部省の外局として設置された文化庁も、任命権者は異なるものの職員の人事は本省とほぼ同様に行われていたため、特に断りのない限り本章から終章までは「本省」に含める。
54 国立公文書館収蔵の人事異動上申書による。
55 文化財保護委員会は文部省の外局であったため、職員の任命権は文部大臣にはなく（国家公務員法第 55 条第 1 項）、この元任用班主査によれば、当時の人事は行政職の幹部職員を除き比較的独立性を持って行われていたとのことである。文化財保護委員会は、1968（昭和 43）年の文化庁設置の際に文部省文化局とともに文化庁に移り、文化財保護部となった。
56 ただし、この元任用班主査はその後、文化庁から文部省に異動し、本省転任試験を経て本省に転任した者と同様のキャリアを積んでいる。
57 東京学芸大学に保管されていた資料の一部で、通知の件名は「職員の推薦について（依頼）」である。
58 同上。件名は 1976（昭和 51）年以降は「本省内部部局等への転任希望者の推薦について（依頼）」となっている。
59 いわゆる筆頭課のこと。官房と当該局、あるいは他局と当該局の連絡・調整・交渉の窓口になる課。当該局内の人事や予算、法案作成に当たっての窓口ともなる。
60 2010 年 12 月 22 日に実施した文部科学省人事課担当者へのインタビューに基づく。
61 注 60 と同じ。1981（昭和 56）～ 1983（昭和 58）年度は 5 ～ 6 割、1984（昭和 59）年度～ 1994（平成 6）年度は 7 ～ 8 割。
62 本省転任者が転出する課長職は、複数の学部等を有する大学ではいわゆる本部事務局の課長職と部局の中でも病院等の課長を置く部局の課長職となる。組織が小さく課長相当職の事務長しか置かれていない部局への転出は見られない。
63 この点で、初級（Ⅲ種）試験合格者と中級（Ⅱ種）試験合格者で異なる人事管理はしていなかったとのことであった。
64 これらの人事異動の際、俸給表の格付けがどのように行われていたかについては、表 1-2 を参照されたい。
65 1995（平成 7）年に本省直接採用を開始した経緯については、当時の文部省大臣官房人事課任用班の係長 2 名への電話によるインタビュー（2015（平成 27）年 11 月～ 12 月に実施）に基づく。
66 文部科学省大臣官房人事課保管資料による。各年の資料が揃った本省転任試験に関する人事課長通知と異なり、こちらは昭和 47 年、昭和 49 年、昭和 55 年、昭和

57年、昭和59年、平成4年の通知のみに基づく。通知のタイトルは、昭和47年と49年が「国立学校等の課長（事務長）候補者の推薦について（依頼）」、昭和55年が「国立学校等の事務系課長候補者の推薦について（依頼）」、昭和57年と59年が「国立学校等の課長候補者の推薦について（依頼）」、平成4年が「国立学校等の課長等候補者の推薦について（依頼）」である。

67　国立大学には、建築や機械、電気・電子といった試験区分で採用され、主に施設整備や設備管理を担う職員（技官）がいた。これらの職員が課長に登用された場合には、本部事務局の施設課や施設部内の各課の課長、施設部長を務めることが常例であった。

68　ただし、例外的に毎年行われていた時期もあり、当時の主査は「課長登用者の人数が足りなくなったためではないか」と述懐していた。

69　貝谷（1995）は、本省勤務経験がないのに課長を1ポスト勤めただけで部長に昇任したことについて、「外様で、しかも課長歴一箇所での部長昇任は異例のことなので、多くの人が驚き、なかには面と向かって、『どんなコネがあったのか』と聞く人さえいた。(p.255)」と異例ぶりを表現している。また、「かつての同僚や、他大学からの来客は、『貴方は将来局長は無理としても部長にはなれるだろう』とか、『あなたもぼつぼつ転勤だろうが、まだ部長は無理だろうから、部制のない大学の課長だろうなあ』などと予想を述べ」られたことを述懐している（同書p.253）。

70　そのほかの部局事務には課長レベルである事務長が置かれることが多かった。また、旧帝国大学としての歴史を持つ大学などには一部ではあるが病院以外の部局事務に部長や課長が置かれることもあった。これらの場合、発令は文部大臣が行うが、実質的な人事は当該大学に事実上委ねられていた。

71　課長登用者の最初のポストが主に国立高等専門学校の課長であったように、大学等の事務局の規模に応じて、同じレベルのポスト間でも当該ポストに支給される管理職手当を考慮しつつ、次のような、いわば任用上の序列が関係者間で共有されていたようである。国立高等専門学校→単科大学（学部が一つで、本部事務局と学部事務が一体）→小規模総合大学（学部が二〜三）→大規模総合大学→旧帝国大学。

72　元任用班主査によっては「了解を得る」という言い方を避けて、「相談した」という表現をする場合もあった。国立大学の幹部職員の人事を行うのは大臣官房に属する人事課であり、高等教育局ではないという職制の建前と、各国立大学のおかれた状況や当面する課題などを熟知している高等教育局に相談しなければ適切な人事とならない恐れがある実態とのジレンマがあったためと思われる。

73　本項で明らかにした幹部職員の人事異動のやり方は、平野（2006：pp.8-9）に示された企業の事例と共通性が認められる。かつて日本の大規模小売業で地域カンパニーの人事部長を務めていた平野は、異動する者に関わる評判や、潜在能力や志にまで立ち入った人物情報の収集と、適切な仕事にマッチングさせるための仕事の内実に関する正確な知識が人事担当者に求められる能力だと述べる。また、一つのポストを埋めるためのそれに連なる芋づる式の異動を「ライン」と称し、あらかじめ関係者の了承を求めるが、了承が得られない場合には「ライン」を一から練り直さなければならな

い、とも言う。

74　奏任官、判任官などの戦前の官吏の区分については、武藤・申編（2013：p.18）の整理を参照。

75　「東京帝國大學五十年史　上冊」pp.505-510 及び pp.944-945

76　戦前の文部官僚の人事や経歴については歴史研究においてその一部が明らかになっている（鄭 2005、藤野 2009、武石 2017、松谷 2017）が、管見の限り、戦前や戦後早い時期の国立大学事務職員についての文献は見当たらなかった。

77　札幌、仙台、名古屋、大阪、広島、高松、福岡の 7 地域で、いずれもその地域の国立大学の構内に置かれていた。

78　このデータが、前節で示した図 2-6 のグラフの基になっている。

79　実際に、猪股・木原（1998）は、大学外へ異動した者（本省転任者や課長登用者を含むと推測される）を追えておらず、データの範囲に限界がある。

80　本省転任では、文化庁勤務も文部省勤務と同等と取り扱われていたことから、文化庁勤務も文部省勤務とみなして分類を行った。

81　第三節第一項で明らかにしたように、これらの者のうち一部のものは、国立大学の課長に転任した後にもう一度文部省に戻り課長補佐等として勤務するが、ここでは国立大学事務局採用職員の三つのキャリア・パターンごとの昇進構造の違いを分析することに主眼を置いたため、本省転任者の中での昇進実態の違いを明示するための分類は行わなかった。

82　『国立学校幹部名鑑』には、個人の現在の役職だけでなく、働き始めてからのほぼすべての経歴がその職に就いた年月とともに記載されているため、各年版を見るだけで過去のある時点でその個人がどのような職についていたかが分かるようになっている。そのため、このような置き換えが可能となった。

83　図書館の事務を担当する組織は部局事務として見られることが多いが、図書館は全学的な研究教育の支援をする組織であること、現在はほとんどの大学が部制を採り、事務長ではなく部課長を置いていることから、今回の分析では対象に含めた。

84　このような生え抜きの課長が 2 人いる大学も、規模の大小にかかわらず 6 大学あった。

85　生え抜きの人材が配置されているのは 11 大学で、1967（昭和 42）年に比して半分以下に減っている。11 大学のうち、2 大学で 2 名、1 大学で 4 名配置されている。

86　2 人配置している大学が 1 校ある。

87　大きな失敗や病気などの理由でトラックを外される例もあることは想定される。

88　1990 年代後半以降は部長までになるので、動機付けの調達機能は低下したと思われる。

89　旧帝国大学としての歴史を持つ大学などには、学内勤務だけで到達できるポストとして部長職もあったことは、注 70 を参照。

90　事務長については、注 47 参照。

91　もっとも、ここでの最上位のポストは国立大学事務局の長である事務局長であり、国家公務員としてそれ以上のポストが用意されているわけではない。第一章の表 1-2 で見たように、国立大学の事務局長の俸給表上の格付けは、本省課長相当である。

92　個人の間にインセンティブの多様性が存在することについては、前掲の Simon（1997=2009）を参照。
93　第三節第一項で述べたとおり、この時期の本省直接採用者も、本省転任者と同様のキャリアを積んでいる。
94　課長登用者の被推薦要件は、1984（昭和59）年以前が50歳以下、以降が42歳以上50歳以下であり（本章第三節第二項）、おおむね45歳前後と考えると、1995（平成7）年頃に定年を迎えるのは1980（昭和55）年頃に課長に登用された者と思われる。その頃も課長の半数以上が課長登用者であったことから、事務局長職における課長登用者の減少は、昇進に要する年数によるタイムラグの表れではなく、昇進が難しくなったことの表れと解してよいと思われる。
95　各大学内の異動のほか、近隣の大学等との人事交流も各大学の判断で行われているのが通例である。
96　大学ではなく本人が難色を示す例は、部分均衡と全体均衡の葛藤とは言えず、組織と個人の葛藤ということになろう。本研究では対象としていないが、人事異動を巡る組織と個人の葛藤は一般に広く存在すると思われる。

第三章　国立大学事務局幹部職員の職務遂行能力とその開発

　国立大学事務職員が幹部職員になるためのファスト・トラックである文部省転任という仕組みが、職員の能力開発にどのように影響したかを明らかにすることが本章の目的である。

　そのため、国立大学事務局長経験者へのインタビューに基づき、事務局の幹部職員に求められる職務遂行能力[97]と、それらをどのように身に付けたかを明らかにする（第三節）。インタビューの結果、事務局長経験者は事務局幹部職員としての職務遂行能力を、仕事上の経験、特に本省勤務時の経験により身に付けていることが明らかになったため、文部省勤務を国立大学事務職員の能力開発に資するキャリアパスと位置付け、その実態を経年的に明らかにする（第四節）。

　それに先立ち、第一節において企業労働者や公務員の能力とその開発に関する先行研究をレビューし、前者には企業労働者の有する能力の内実やそれらがどのように開発されるのかについての研究蓄積があることに比べて、後者では組織の専門性と個人の専門性（能力）が未分化に論じられていることが多く、個人の専門性（能力）の内実を帰納的に明らかにし、その開発を論じる研究の進展がほとんど見られないことを示す。

　また、第二節では、本研究と対象が重なる高等教育研究における大学職員論において、大学職員の能力とその開発がどのように論じられてきたかを整理、分析する。大学職員論自体が大学職員の職業としての地位向上を求める動きから始まったという面もあり、専門性（能力）の内実があいまいなままに専門職としての能力のあるべき姿が論じられ、能力開発の場として大学院

や学会、研修を重んじるという傾向があることを示し、その限界を指摘する。

第一節　企業労働者や公務員の能力とその開発に関する先行研究

　本節では、第一項において企業労働者の能力やその開発に関する先行研究、第二項において公務員の能力やその開発に関する先行研究を整理する。さらに両者を比較することにより、後者がこれまで公務員個人の能力やそのための能力開発の在り方をインタビュー等に基づき具体的に明らかにしてこなかった中で、本研究が公務労働について初めてその点の解明に取り組むものであることを示したい。

第一項　企業労働者の能力とその開発

　企業労働者の能力を論じる場合に前提となっているのは、能力それ自体を観察することはできず、能力はそれを利用して何かをすることによってはじめて有無と程度が分かるということと、企業が従業員に求めるのは仕事に関係した能力、つまり職務遂行能力である、ということである[98]（佐藤・藤村・八代 2011）。

1. 一般的能力と企業特殊的能力

　職務遂行能力は大きく2種類に分類して論じられる。一つは、どの企業でも通用する能力（一般的能力）であり、もう一つはある特定の企業でしか通用しない能力（企業特殊的能力）である。この考え方は、労働者の生産性の差異が労働者の知識や能力の差異に由来し、それが教育や職業訓練といった投資行動の結果だと想定して教育や訓練の経済的意義に着目した人的資本（Human Capital）理論における一般訓練と特殊訓練の議論から導き出されてきた（赤林 2012、Becker 1975=1976）。

　人的資本理論は、労働経済学や教育経済学で用いられる基本概念の一つで、教育や訓練の経済的意義や賃金格差を説明する際に広く用いられる。まず、労働者の賃金に格差があることが常態であることから、労働者の生産性に差

があると想定する。そして、生産性の差異が労働者の知識や能力の差異に由来し、それが教育や職業訓練といった「投資」行動の結果だと想定するならば、投資水準の社会的な効率性や所得格差縮小のための経済政策の介入の是非を議論することができる、とする。労働者の知識の増加や能力の向上に投資すれば生産性が高まり、そのことによって企業利益の増加や経済成長が実現できるという考え方を基に、人の能力向上への投資効果を測ったり、その結果としての賃金分布を分析したりする研究が行われている[99]。この理論が人的資本という用語を用いているのは、経済学で用いられる土地や機械などの固定資本、原材料などの流動資本などと同様に、人への投資が企業や国の生産性を高めることに着目しているためと思われる。

　この議論では、どのような企業に勤務しても役に立つ汎用的な能力である一般的能力を高めるのが一般訓練であり、その企業にとってのみ役立つ特殊な能力である企業特殊的能力を高めるのが特殊訓練であるとされる[100]。一般的能力は転職しても価値は低下しないので、もしある企業が労働者に一般訓練を行っても、それは多くの企業にとっても有用なものとなる。このため、一般訓練に投資する主体はもっぱら労働者であり、その費用（＝一般的能力への投資費用）も労働者が負担[101]し、企業から支払われる賃金を得ることによって回収する。一方、企業特殊的能力は転職すると低下する。特殊訓練はしばしば、非定型的・非体系的な形で企業内において行われる。また、その費用（＝企業特殊的能力への投資費用）や便益は、企業と労働者によって分配され、雇用関係を継続的なものにするという特徴があるとされる（Becker 1975=1976、小塩 2002）。

　Becker（1975=1976）でも、「多くの職場訓練は、完全な特殊訓練でもなければ完全な一般訓練でもない」とされており、この分類は現実の訓練や能力を二分するためにではなく、訓練の機能や能力の多様性を説明するために設けられたものと理解できる。佐藤・藤村・八代（2011）でも、経理の仕事の例を挙げながら、どのような仕事を担当するかによって企業特殊性の度合いは異なるとされている。

　久本（1999）は、日本の製造業における技能継承問題を検討するにあた

り、この分類をさらに細かく、汎用技能、職種専用技能、業界専用技能、企業専用技能の四つに分類し、Becker以来の二分法における企業特殊的能力の中に汎用技能以外の三つの技能が含まれていると指摘する。職種の例としては、事務系として営業、経理・財務、人事、法務、販売、技術系として機械、電気、化学、土木、建築などを挙げ、業界の例としては鉄鋼業（高炉作業）、オーディオメーカー（組立ラインの保全作業）、製薬業（新薬知識の必要な営業マン）を挙げている。久本（1999）は、労働者の持つ技能の主要な部分は、職種専用技能と業界専用技能であり、同一業界で優位に立つための業界専用技能をめぐっては企業間競争が生じるが、すでに業界に普及している業界専用技能の継承・保持については業界団体が主要な役割を果たす必要があると結論付ける。本書の関心からは興味深い分類であるが、久本（1999）ではそれらの技能の内実やその育成に関して事例等を基にした検討は行われず一般論に留まっており、また、管見の限り、それ以降この4分類に基づいた論究は続いていない。

次に、このような分類の議論を離れて、具体的な能力の中身と、その能力開発の在り方を探究する一連の研究を見ていきたい。

2. 企業労働者の職務遂行能力と能力開発

具体的な能力の中身とその開発に関する一連の研究の日本における嚆矢は、小池（1989）であろう。小池（1989）は、生産ラインの労働者（いわゆるブルーカラー）の観察結果から、そこには「ふだんの作業」と「ふだんとちがった作業」があること、「ふだんとちがった作業」には①変化への対応と②異常への対応があること、それらに良く対応できる職場は時間当たりの労働効率が高いこと、を見つけ出している。ここでの変化としては新製品の登場、製品構成の変化、生産量の変化、生産方式の変化、労働者構成の変化が挙げられている。また、異常への対応としては、検査して不良を取り除くこと、異常の原因を推定すること、原因の推定に基づき直すことが挙げられている。このような変化と異常への対応を小池は知的熟練[102]と呼び、その内容を機械の仕組み、生産の仕組みについての理解であるとした。そのよう

な熟練を身に付けるためには、一つの職場や関連の深い隣の職場との間で、易しい仕事からより難しい仕事へと進み、キャリアを形成し、昇進していくことが必要であると結論付けた。それにより、生産のしくみを幅広く経験して生産の流れが理解できるようになることが重要だとされた。

　小池は、大卒ホワイトカラーについても調査を進めた（小池編1991、小池・猪木2002）。小池編（1991）では、大卒ホワイトカラーの人材開発に着目し、六つの分野（技術者、営業分野、総合商社、銀行、製造業事務系、人事部門）ごとに、日本の企業におけるキャリア形成について事例研究を行った。その結果、ホワイトカラーのキャリアには部門間異動による横の広がりがあること、一般に「ジェネラリスト」と言われる大卒ホワイトカラーであるが、実際には部門間異動も専門性を基底において行われており、幅広い専門性を身に付けた「スペシャリスト」であることを指摘した。その上で、「スペシャリスト」であるにもかかわらず幅広い専門性を身に付ける理由として、①多様性への対応、②変化への対応、③関連の深い領域間の相互作用による重層的効果が期待されることを挙げている。

　さらに小池・猪木（2002）では、日米英独の企業の事例分析とその比較及び日米独の企業の部課長を対象にしたアンケート調査分析に基づき、ホワイトカラーに必要な技量は「不確実性をこなす技量」であるとした。その技量を身に付けるため、各国ともホワイトカラーのキャリアについては、①やや幅広い1職能型ないしは②主とする職能に加えて副とする職能も経験する型が優位であることを導き出し、その理由として、「不確実性をこなす技量」は、まだよく分からない問題を処理することだから、多様な問題に取り組む経験が重要であるため、と説明する。日本でも管理職になると他の職能に異動するようになることや、英米の経営幹部候補（いわゆるファスト・トラック）は最初から複数の職能を経験することなども指摘し、組織の経営者層を育成するためには、ひとつの職能に限定されない、組織全体に関連する不確実性を処理する能力とそれを育成するためのキャリアパスが必要になると述べる。一方で、英米で見られる他企業から管理職へ直接採用される者は、得意分野（セールスポイント）の鮮明な、狭い1職能型であることも明らか

にしている。

　このように、小池が「不確実性をこなす技量」としたものを、さらに分類して論じたのが山本（2014）である。山本は、小池が能力開発のために必要と指摘したやや幅広い1職能型と主とする職能に加えて副とする職能も経験する型をあわせて「複数職能型」と呼び、それにより形成される、職能分野を横断する知識や経験を「幅広いスキル」として、それには二つのタイプがあることを大手重機メーカーの職場を事例として指摘した。一つは、幅広く知ることの焦点が組織の活動の「部分」にある広がり方である。これは、隣接部門とのコンフリクトを解決し統合の程度を高めるために、両部門のマネジャーにはお互いに相手部門の活動、関心事、価値観に関する知識や経験が求められる、というものである。もう一つは、幅広く知ることの焦点が組織の活動の「全体」にある広がり方で、組織の上位階層ほど重要になる統合や調整のためのスキル、具体的には、所属企業の組織や事業を全体として思い描く幅広い視野や、企業内の職能部門間の相互依存関係の理解などである。さらに、後者の幅広いスキルを身に付けるためには、小池が指摘する「複数職能型」だけでなく、組織全体の活動に関わる仕事[103]に従事することも役立っていることを明らかにした。このことは、ロイヤル・ダッチ・シェルやモービルなどのいわゆるオイル・メジャー8社を対象に調査したGrant（2003）において、企業の経営計画の策定を行う本社企画部門への配属は、全社レベルの経験及び企業や組織を鳥瞰するような視野を与えるのに役立ち、経営幹部候補（fast track）の育成にも利用されていると指摘されていることとも重なる。

　能力開発に限定されてはいるが、佐藤・藤村・八代（2011：pp.186-194）は、50歳代半ばから60歳代の20人以上を対象にしたインタビューを基に、能力開発の五つのポイントを以下のように指摘している。

　　(1) 若いときに自分を成長させてくれるような仕事にめぐりあったこと
　　(2) 早い時期に、仕事上の目標となる先輩や上司をみつけたこと
　　(3) ある程度実務を経験した後、仕事全体が見渡せるようなポジショ

ンに異動になったこと
（4）新しい仕事を任されたときに、関連の資料を読みあさるなど寝食を忘れて勉強したこと
（5）仕事を進めていくうえで、常に中長期の目標をもっていること

　山本（2014）や Grant（2003）が指摘したことは、この3番目のポイントでもあると言えよう。
　ここまでの研究は、企業労働者一般を対象に、具体的な能力の中身とその開発の在り方を論じているが、いずれにおいても、人事異動や昇進を通じて経験した仕事の内容や幅が、身に付けられる能力に影響を与えると考えられていることを指摘したい。

3. 企業管理職の職務遂行能力と能力開発

　企業労働者一般を対象とした研究に加えて、管理職に対象を絞った研究も少なくない。
　元山（2013）は、Hill（1992）を基に、現場の実務を自分の努力によって達成することが中心である担当者と管理職の違いを、組織的な目標や課題を設定し、その達成に向けて部下や他部署をうまく使いながら成果をあげていくことへと意識を変えなければならないことであるという認識を示す。そして、管理職への移行期において新任管理職が直面する諸課題に着目し、中間管理職33名を対象とした管理職への移行の事例を分析した。そこで管理職務遂行に関わる課題として浮かび上がってきたのが、①日常のタスク管理、②戦略やビジョンの設定、③部下の活用や育成、④ネットワークの構築であった。①日常のタスク管理は、本来、管理職として部下に対して的確な指示を与えたり、部下の仕事ぶりをチェックしたりすることが必要であるにもかかわらず、仕事を放任したり、部下に任せっぱなしになってしまう新任管理職が多く見られた。②戦略やビジョンの設定についても、自分が預かる組織の長期的なビジョンや戦略を打ち出すことも管理職の重要な役割であるが、全社的な方向性と連動した長期的な展望を示すことができなかったり、

目先のことに終始してしまったり、部下に目指すべき方向を提示できないことが新任管理職の課題として挙げられた。③部下の活用や育成も多くの新任管理職が躓く移行課題であり、部下を過剰に管理したり自分の考えを押し付けたりなど、部下の育成やキャリア形成への配慮が欠けてしまったりするといった課題が見られた。④ネットワークの構築に関しては、管理職の仕事が部下だけでなく上司や経営幹部、同僚、他部門など多様なステークホルダーに依存しているにもかかわらず、何でも自分1人でやろうとして失敗したり、上層部や他部門の協力をうまく引き出せなかったりという課題が挙げられた。元山（2013）は、インタビューに基づいて新任管理職としての課題や失敗を引き出すことにより、逆に、どのような能力が管理職として求められているのかを明らかにしていると言えよう。

金井（2013）や谷口（2013）は、リーダーとして有効な行動をしかるべき状況でとれるようになるためには、そのような行動を学べるキャリア上の経験の場が、教育上の研修の場以上に重要である、と論じる[104]。金井は、リーダーシップの研修を企画・実施する企業であるロミンガー社が、経営幹部としてうまくリーダーシップを発揮できている人にとってどのような出来事がそうなるまでに有益であったかを調べ、経験と薫陶と研修がそれぞれ70％、20％、10％のウエイトであることを紹介し（金井 2013：p.262)、この数値を厳密なものと捉えることはできないが、リーダーシップを身に付けるには、経験そのものが一番重要であるとして、いくつかの日本のケースを紹介している。また、金井は、リーダーシップ研究の自分史を振り返り、リーダーシップ開発に関しては、質問紙で調査する以上に、リーダーの語る仕事上の経験の物語を収集することが大切であり、そうでなければ見えないものがあるとも指摘する。

谷口（2013）は、経験学習に関連する研究領域のレビューを行い、キャリアと経験学習に関する整理を試みている。その中で、仕事経験自体の質的な要素については、インタビュー調査を主体としてきた「一皮むけた経験研究」が、リーダーたちを調査することによって、それらの経験を①職務課題、②修羅場、③他の人とのつながり、④その他重要なイベントの四つに分類し

てきたことを紹介している。この4分類は、アメリカおよび日本における研究蓄積により、両国ともに企業における個人の仕事経験のカテゴリーとしてほぼ同様にあてはまるとされている。

　このように、金井（2013）と谷口（2013）は、リーダーシップ開発の在り方に焦点を置いて経験の重要性を論じているが、リーダーシップの内実についてはほとんど触れていない。金井（2013）や谷口（2013）と同様に、リーダーシップの開発には経験が重要であるという認識に立ちながら、リーダーシップに必要な能力と、その能力と経験の関連を探究したのが松尾（2013）である。

　松尾（2013）は、管理職の成長には仕事上の経験が必要であるとしつつ、これまでの経験学習研究では、経験の類型に重点が置かれるあまり経験によって獲得される能力が十分に検討されてこなかった、また、「一皮むけた経験研究」において経験の内容についてはある程度までは解明されているものの、どのような経験を積むといかなる能力を獲得することができるのかについては曖昧なままである、と指摘する（同書 p.19, 76）。この点の解明に取り組むために、松尾は売上高1兆円近い大規模製造業A社の部長及び事業部長に対する自由記述調査と質問紙調査を実施し、その後、中堅・大手企業11社の課長クラスの管理職に対する質問紙調査、2名の部長クラスの管理職へのインタビュー調査を行った。これらの調査を分析した結果、管理職の成長を促す経験類型としては、①変革に参加した経験、②部門を超えた連携の経験、③部下育成の経験の三つを、また、能力類型としては、①目標共有力、②情報分析力、③事業実行力の三つを整理した。それぞれ詳細は、以下の図 3-1 及び図 3-2 のとおりである。

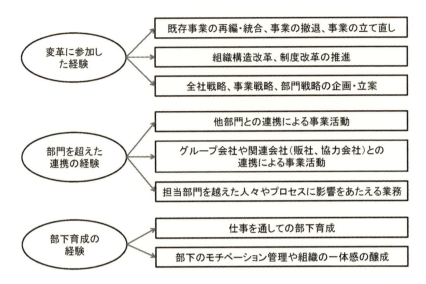

図 3-1　管理職の経験類型

出典：松尾（2013）p.48　「[図表 1▶5] マネジャーの経験類型」

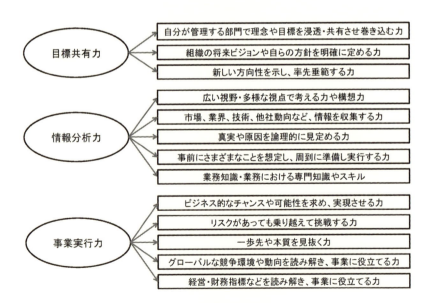

図 3-2　管理職の能力類型

出典：松尾（2013）p.77　「[図表 2▶6] マネジャーの能力類型」

さらに松尾（2013）では、統計分析の結果と自由記述データの分析を基に、経験と能力の関係性について以下のような解釈を行った。第1に、情報分析力と目標共有力が高いマネジャーほど、事業実行力も高い。これは、事業を実行する上で、現状の理解とメンバーの方向付けが欠かせないためである。第2に、部門を越えた連携と部下育成の経験が、情報分析力を高めている。これは、外部と連携することによって自部門だけでは得られない多様な情報に触れる機会が増え、多角的に物事を考える力が鍛えられるためとされる。第3に、三つの経験すべてが目標共有力に影響を与えている。これは、他者を動機付け、変革イメージを描き、多様なプレイヤーを統合することを通して、方向性やゴールを共有する能力が磨かれるためとしている。最後に、事業実行力と直接的に関係しているのは変革に参加した経験のみであった。これは、大きな視点で組織を変えるという取組みを通して、新しい価値を生み出さなければならないという意識や覚悟が醸成されるためと考えられている。このような経験と能力の関係性については、**図 3-3** のように示されている。

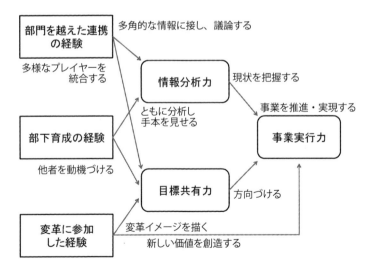

図 3-3　経験と能力の主な対応関係と解釈

出典：松尾（2013）p.106　「[図表 3▸4]経験と能力の主な対応関係と解釈」

以上のように、企業労働者や企業管理職の具体的な職務遂行能力の中身とその開発の在り方については、多様なアプローチの先行研究があるが、仕事上の経験が職務遂行能力の開発に有効であるということは共通に認識されている。その上で、どのような経験がどのような職務遂行能力の開発に結び付くのか、そもそも管理職にはどのような職務遂行能力が必要なのか、という点については、管見の限り、現時点では議論の収斂は見られていない。ここまでに紹介してきた先行研究を最大公約数的にまとめれば、職務遂行能力の開発に結び付く経験としては、以下のものが挙げられよう[105]。

(1) 自らの主とする職能に加えて、異なる複数の職能を経験すること
(2) 組織全体（全社レベル）の活動に関わる仕事を経験すること
(3) 新規プロジェクトの担当や失敗案件の立て直しなど課題のある職務を経験すること
(4) 事業に失敗したり仕事を希望通り進められないなどの修羅場を経験すること
(5) 部門を越えた連携など、価値観の異なる人とのつながりを経験すること
(6) 部下の育成を経験すること
(7) 組織や制度の変革の推進を経験すること

　また、管理職に必要な職務遂行能力についても同様にまとめれば、以下のようになろう。

(1) 自らの預かる組織の戦略やビジョンを設定する力
(2) 上司や経営幹部、同僚、他部門など多様なステークホルダーの協力を引き出す力
(3) 部下を活用して日常のタスクを管理する力
(4) 部下を育成する力
(5) 多様な情報を収集し、それを基に的確に判断したり構想したりする力

(6) 事業を前に進めるためにリスクを乗り越えて実現する力

　経験の「(5) 部門を越えた連携など、価値観の異なる人とのつながりを経験すること」と職務遂行能力の「(2) 上司や経営幹部、同僚、他部門など多様なステークホルダーの協力を引き出す力」や、経験の「(6) 部下の育成を経験すること」と職務遂行能力の「(4) 部下を育成する力」は重なる部分があるが、ここでは、経験とそれによる職務遂行能力の開発が、明確には二分できない可能性があることを指摘するにとどめておきたい。

第二項　公務員の能力とその開発

　前項において企業労働者の能力とその開発に関する先行研究を見てきたが、本項では公務員の能力とその開発に関する先行研究をレビューして企業労働者を対象とした研究と比較した場合の違いを明らかにする中で、本研究の意義を明らかにしたい。

1. 官僚制における専門性

　行政学において公務員の能力が論じられる場合、それはもっぱら官僚制の有する専門性を問うという形で行われてきたと言える。そのため、官僚制という仕組みあるいは官僚組織の専門性（組織の専門性）と、個々の公務員の職務遂行能力、つまりは個々の公務員の専門性（個人の専門性）が未分化のまま論じられてきているという傾向が見られる。

　これはそもそも、マックス・ウェーバーが、専門知識こそが官僚制的行政が優越する重要な手段である、としたこと（ウェーバー 2012：p.45）に由来するものと思われる。また、ウェーバーは「官僚制的行政は、知識による支配を意味する。これこそは、官僚制に特有な合理的根本特徴なのである。専門知識に由来する強大な権力的地位にとどまらず、官僚制（または、それを利用する首長）は、職務上の知識、すなわち、職務上の交渉をつうじて獲得されるか、『文書に精通した』実務知識によって、その勢力をさらにいっそう増大させようとする傾向がある。『職務上の秘密』－その専門知識にたい

する関係は、技術的知識にたいする商業経営上の秘密に、ほぼ匹敵する－という概念は、唯一のといえないまでも、とにかく官僚制に特有な概念であるが、それは、このような勢力をえようとする努力に由来するのである。(前掲書 p.48)」と述べ、専門知識とともに実務知識が官僚制の権力的地位を補強するものであるとも指摘した。この実務知識は、専門知識が企業における技術的知識だとした場合、「商業経営上の秘密」であると書かれている。

　マックス・ウェーバーの官僚制における専門知識と実務知識の特徴は、官僚制的行政は知識による支配であり、専門知識と実務知識は官僚制が優越するための重要な手段であり、それらが官僚制の権力的地位を保証しているという、いわば官僚制の有する権力、あるいは政治的影響力が議論の対象となっていることである。

　このようなマックス・ウェーバーの官僚制論を踏まえて、官僚制に求められるのは専門知識と実務知識（執務知識とも訳される）であるとされてきたが、その双方の知識が「専門性」という言葉で括られてきた。そのことは、真渕（2010：p.8）において官僚制の権力の源泉がその有する専門的知識にあり、それはウェーバーの言う専門知識に当たる専門知と、実務知識に当たる現場知に区分できる、と説明していることにも見られるし、藤田（2008 pp.278-280）において、専門性の高い行政組織に必要な知識や能力を、以下の三つに分類していることにも見られる。

（1）先端の科学的・専門的知見。基本的には大学や研究機関など、行政の外部に存在する外部の研究者を審議会や委員会等の非常勤の委員として任命したり、任期付き任用で確保したり、外部研究機関への調査（検査）の委託などにより調達する。
（2）外部から調達してきた知見の内容を理解する能力。その専門領域の内容が理解できるという、「専門的リテラシー」と呼ぶべきもの。行政職員の科学的・専門的側面において求められる能力。
（3）主に行政実務経験によって涵養されるような、職務遂行上の管理的側面における能力。例えば、法案や文書の作成、進行管理、組

織管理、資源調達、関係部局や外部との調整や支持調達などに関わる能力。行政職員によって担われる能力。

　このうち、(2) と (3) は行政職員に求められる能力であるが、(1) は行政職員に求められる能力ではなく、組織としての専門性を高めるための方策であると言えよう。もちろん、一般的には、専門性の高い行政組織を支えるのは個々の行政職員の高い能力であるということが一定の蓋然性をもって言えるので、専門性の高い行政組織について論じる際に個々の行政職員の能力を持ち出すことも自然なことではあるが、それらの違いが明示されることなく論じられていることが、議論の深化の障害になっている可能性をここでは指摘しておきたい。

　組織の専門性と個人の専門性が未分化に論じられる背景には、官僚制の政治的影響力を論ずる際には、専門性が組織に蓄積されるのか個人に蓄積されるのかがさほど大きな問題と受け止められてこなかったという官僚制研究の関心の所在が透けて見える。曽我（2016）では、人的資源管理論で個人の能力を指す場合にもっぱら使われる「技能」という用語を、「府省庁の組織全体の技能の方向性（p.214）」と使っていることに端的に見られるように、組織の専門性とほぼ同義に使用しているように思えるし、伊藤（2011）のように、今日の自治体は個別行政分野に関する専門的な知識や技術を高度化するだけでなく、地域の課題を総合的な観点から解決するために政策の質を高めていくことが求められており、そのために、「専門性を属人的に調達するだけではなく、行政分野間の総合や民間部門との連携をも視野に入れて、行政組織全体として専門性を蓄積していくことが求められる（p.16）」と、むしろ組織の専門性に重点を置く研究もある。

　一方、企業労働者についても、八代（2011a）のように、市場で競争している企業においても専門性は競争優位の源泉であり、公務の場合と同様に専門性が重視されるとしつつ、長期雇用と年功賃金が一体となってきた日本型組織では、技能を伝達された者が自分を押しのける心配がないため、上位者から下位者への専門性の伝達が促進されやすいことを根拠に、日本型組織で

は専門性が組織に蓄積される、とする論者もいる。この論は、長期雇用と年功賃金がリンクした組織では、既に専門知識や技能を有している者がそれらを後輩に伝達しても、後輩が競合他社に転職する心配も比較的少なく、当該組織内で自分より先に昇進したり賃金で追い越されたりする心配もないため、組織内での専門知識や技能の伝達・共有が行われやすいことを示しているものと理解できる。

行政としての成果は個人として挙げるものではなく組織として挙げるものであることを考えれば、組織の専門性の内実を明らかにし、それを高めるための検討や議論を行えばそれで良いという考え方もあろう。しかしながら、序章第三節で述べたように、企業労働者については「『人的資源』の開発やマネジメントのあり方、言い換えれば Human Resource Management が、企業経営の競争力を左右する（佐藤・藤村・八代 2011）」とされて人的資源管理が論じられていることを公務労働に置き換えれば、個々の公務職員の専門性の在り方が、組織の専門性の高さを左右することになる。このため、個々の公務職員の専門性の在り方を論ずることも重要である。

学界において組織の専門性と個人の専門性が未分化に論じられてきたことと歩調を合わせるように、行政実務においても個人の専門性（個々の公務員の職務遂行能力）は捉えきれてこなかったことを金井（2006）が端的に指摘している。それは、戦後、日本の公務員制度に導入されたものの、未実施のままとされている職階制の状況や、2001（平成 13）年 12 月に閣議決定された公務員制度改革大綱により提案された能力等級制の挫折に表れているとする。これらの原因として金井（2006）は、「任用や格付けに当たって『基準』となるべき職務遂行能力が、具体的には分析しきれなかった」ことを挙げている。田邊（1993）も、主に国のキャリア官僚に着目して人事決定を規定する組織及び組織環境等の構造についての分析枠組みを考察する中で、行政官が組織内での職務を遂行し経験を積むことによって学習を重ね能力を高めていくことを指摘しつつも、その能力については一方に認識能力、論理構成力、判断力という極があり、他方に人的なネットワークの形成と維持に関する能力という極があるということを示すにとどまっている。キャリア官僚

の人事異動と専門性の関係に取り組んだ驛（2013a、2013b、2014）も、大蔵省、財務省、金融庁を対象とし、局長級以上の幹部職員の局長となった局内における課長や課長補佐としての勤務経験の有無に着目して、スペシャリスト的人事異動が行われていることを明らかにしたが、スペシャリストとしての専門性の内実には触れていない。最近の実務の動きとして注目されるのは、2017（平成29）年4月に内閣官房内閣人事局が本省の課長・室長向けに「管理職に求められるマネジメント行動のポイント」を示したことである[106]。マネジメント行動のポイントとして、①リーダーとしての行動（方向性の提示、創造的な組織づくり）、②成果を挙げる組織運営（判断・調整・優先順位付け、コミュニケーション、組織力の発揮）、③資源の有効活用（人材育成、ワークライフバランスとダイバーシティ、コスト意識）、④組織の規律（組織の規律維持）の4領域に分けて示している。職務遂行能力全体ではなく、組織管理に関して採るべき行動に限ったために策定が可能であったとも考えられる。内閣人事局では、今後、これに基づいた人事評価の実施方法の見直しや人事評価とは別の多面観察（360度フィードバック）の試行の実施などを検討しており（瀧澤2017）、運用の動向を注視したい。

　公務員の職務遂行能力を分析することの難しさは日本だけの問題ではないことを藤田（2014、2015）は示唆する。両論文は、2005年以降の公務員制度改革において行政職の公務員の専門性の内容に踏み込んだ英国の事例を論じている。特に藤田（2015）は、これまで専門性の内容に関わる検討や議論が置き去りにされてきたという認識の下、英国の事例を論じることによって個々の公務員の専門性の内容を明らかにしようと試みている。

　同論文が取り上げる英国における改革では、いわゆるジェネラリストが、スペシャリストとの対比との関係で「何れのスペシャリスト集団にも属さない＝何の専門性も持たない職員」という意味合いを帯びるようになった状況を改革するために、「ポリシー・プロフェッション（大臣への助言や政策形成などに携わる職員）」と「オペレーショナル・デリバリー・プロフェッション（政策執行に携わる職員）」という二つのグループが、行政内部のプロフェッション・グループとして新設された。

同論文は、その中でも「ポリシー・プロフェッション（大臣への助言や政策形成などに携わる職員）」に着目する。これらの職員が「政策形成に寄与するためには、個別の政策領域における政策課題を把握し、それに対する解決方法としての政策案の提示に資するような、一貫した論理や情報の体系を内容とする政策知識が不可欠であると同時に、執務知識ないし経験的知識と称されるような知識（スキル）や能力も重要である。すなわち、大臣の意向を的確に把握することから始まり、豊富な人脈を駆使して他の関係者の態度を把握し、ロビー活動やロビイストに上手く対応し、関係者が受容しうる『落としどころ』をタイミングを見計らいながら提案（助言）するなど、政策プロセスの進行管理や調整の能力、政治的情勢に関する敏感さ、あるいは円滑な人間関係を築ける能力などが必要とされる」が、後者の執務知識は「『暗黙知』のままにされ、定式化されてこなかった」。

　同論文が注目するのは、英国の改革において「ポリシー・プロフェッション」の知識やスキルの標準化・体系化の作業が行われ、「政策スキル・知識の枠組」として公表されたことである。この「枠組」では、大臣を支援するための成功する政策の要素として「証拠：確かなエビデンス・ベースの開発と利用」、「政治：政治的文脈の理解と管理」、「実施：立案当初からの執行状況の想定」という3要素が挙げられ、これら三つのすべての要素を考慮し、均衡させるべき、とされた。しかしながら、同論文はこの改革に懐疑的である。この「枠組」は職員がスキルを向上させるための指針を示しているに過ぎず、抽象的表現にとどまるという限界があると指摘し、政治的要素を含む能力や、三つの要素の均衡を図るスキル（＝定式化できないスキル）こそ、他のプロフェッションや外部機関に依存できない、ポリシー・プロフェッション独自の専門性であり、Off-JT型の研修プログラムによる習得も困難、と結論付ける。

　同様の問題に、Noordegraaf et al. (2013) もアプローチしている。同論文は、オランダ政府の戦略官を対象に専門性の在り方を論じ、組織に所属する管理職や戦略担当者については、医者や教師などのいわゆる専門職とは異なる、結合的な専門性（Connective Professionalism）が見いだせる、とする。同

論文の問題関心は、管理職や戦略担当者の仕事は多義的で外部の関係者に依存する度合いが高いので、均一の職務遂行能力や職務の領域を確定することが難しいが、それは専門性がないということではないのではないか、というものである。知識（What they know）、同一性（Who they are）、能力（How they work）を一定程度統制できているのがいわゆる専門職であるとし、組織に所属する戦略担当者としてオランダ政府の戦略官を対象に、知識・同一性・能力の実相をインタビューを基に明らかにしようと試みた。その結果、戦略官の専門性は、職務の分野と、仕事の文脈や知識、同一性、能力、また、戦略官個人とその所属組織と外部の関係者といったすべての事柄の関係性によって決まるよりダイナミックなものであり、結合的な専門性と言える、と結論付けている。

このように、公務職員個人の専門性の内容に関わる検討や議論は結局のところ定式化できない、ということになってしまうのであろうか。企業労働者の職務遂行能力とその開発に関する議論を援用することで、公務職員個人の専門性（職務遂行能力）についてもその開発についてもより深く論ずることができるのではないか、というのが本書の関心である。

2. 専門性と職務遂行能力

以後の議論を進める前に、「専門性」と「能力」の意味するところの違いを明確にしておかなければならないであろう。この点で参考になるのが、前掲の藤田（2008）と伊藤（2012）である。伊藤（2012）は、藤田（2008）も参照しながら、実際の行政活動において求められる専門性は一義的に定まるものではないとしつつ、以下の三つの捉え方を示す。

① 「行政」という営み自体に専門性を見出す場合。行政を政党政治とは一線を画した「ビジネス」として遂行していく経営管理能力。ウェーバーの「執務知識」にあたるもの。
② 行政官僚制の内外を通じて通用する高度な科学的・技術的知見。ウェーバーの「専門知識」にあたるもの。

③　現代における科学技術の革新と専門分化が著しいことを反映し、現代の行政官に求められる、専門家の知見や議論を行政実務に媒介する「専門的リテラシー」能力。

　同論文では、個々の公務員の専門性ではなく、行政が組織として求められる専門性に議論の重点が置かれてはいるが、①と③では個人の職務遂行能力に着目している。また、②にあたるものは、藤田（2008）と同じく、学会や研究教育機関を結節点とする専門家のネットワークによって支えられているとしており、公務員個人の能力とは切り離されているように見える[107]。
　このため、本書においては以後、行政をビジネスとして遂行していく経営管理能力や、専門家の知見や議論を行政実務に媒介する専門的リテラシーのような、行政職員個人の職務遂行能力に着目して論を進めることとし、「専門性」ではなく、「能力」ないしは「職務遂行能力」という言葉を使うことをここで改めて確認しておきたい[108]。
　また、ここで、公務員個人の能力にも関連すると思われる専門性を対象とした先行研究における知見として、時代による専門性の変化について触れておきたい。まず、前述したように、伊藤（2012）は、現代における科学技術の革新と専門分化が著しいことを反映して、公務職員に「専門的リテラシー」が求められるようになったとした。また、1955年に農林省に入省しその後水産庁長官まで務めた佐竹五六は、その著書（佐竹1998）の中で、いわゆるキャリア官僚について、1945年から60年後半については国政の基本的方向付けとその執行を官僚固有の使命とする強烈な自負心と使命感を持った国士型官僚が主であったが、1970年代からはリアリスト官僚が登場した、と説明する。国士型官僚にとっては、統計数値の分析や実態調査などを通じて事柄の客観的な実相を明らかにするとともに、組織のパラダイムとなっている一定の理念によって現状を評価し、これを理念から導かれる理想の状態に誘導するための措置案を策定することがオーソドックスな方法であった。一方、リアリスト官僚は、理想の状態について論じることは極力省略し、問題処理に関して発言力を有する利害関係団体などのキーパーソンの意向を確

かめ、極力既往の制度の論理に即した形で利害関係団体の受容しうる試案をまとめ、円滑に処理手続きを進める。この変化の理由は、いわゆる55年体制の確立と経済発展による政策課題の変容にあると説明する。これは、キャリア官僚の実感に基づく専門性の変化と位置付けられよう。

地方公務員についても、その専門性の時代による変化が論じられている。出雲（2011）は、「都市自治体の持つ専門性が、狭義のものからそれを備えたうえでの広義の専門性（行政分野の専門知識を持つことを前提としながら、自治体全体として関係部署と連携し、地域の課題を解決していく総合力）に移行している」と述べる。また、林奈生子（2013）は、地方自治体職員について、先行研究や自治省の報告書などに見られる専門性の説明を整理し、①地方自治法制定初期（1947年〜1950年代中頃）、②中央地方協調期（1950年代中頃〜1960年代中頃）、③変動転換期（1960年代中頃〜1970年代中頃）、④行政需要移行期（1970年代後半〜1980年代）、⑤第一次分権改革期（1990年代）、⑥現代（2000年〜2010年）の六つの時代に区分できると分類している。

本書においては、これらの先行研究が指摘する、時代によって専門性（求められる職務遂行能力）が変化し得るという認識を踏まえて論を進めていきたい。

3. 公務員の能力とその形成に関する先行研究

ここまで、行政学における「専門性」の議論を基に論じてきたが、前項でレビューした企業労働者の能力とその開発に関する先行研究で示された研究手法等に基づき、公務員を対象に行った研究も少ないながら存在する。

中村（2004）は、六つの地方自治体（二つの都道府県、一つの政令指定都市、二つの市、一つの町）を対象とした事例研究を行った。同書は、日本企業のホワイトカラーがそれまで一般的にジェネラリストと思われていたことに対し、小池編（1991）や今田・平田（1995）などが、人事異動分析を基に、ホワイトカラーが①やや幅広い1職能型か②主とする職能に加えて副とする職能も経験する型の部門間異動を専門性を基底に行う幅広い専門性を身に付けたスペシャリストであることを実証的に明らかにした、と述べた上で、地

方公務員一般については、ほぼジェネラリスト的に異動していることを指摘した。同書が主な対象としたのは首長部局の行政職で、都道府県ではスペシャリスト的異動をしているところと、ジェネラリスト的異動をしているところが一つずつで、市町はすべてジェネラリスト的異動であった。同書は、市民の効用の増加という目標を達成するためには、スペシャリストを養成していくキャリアが必要だと結論付ける（同書p.203）。スペシャリストかジェネラリストかという点については、林（2014）や前田（2016）も、前者は東京都の幹部職員、後者は岡山県の幹部職員の人事異動を分析することによって、様々な部門を異動するジェネラリスト的異動ではなく、同部門内での異動を軸とするスペシャリスト的異動が見られることを明らかにしている。ただ、これらはいずれも、ジェネラリストとスペシャリストの能力の内実には立ち入っていない。

　稲継（2006）も地方公務員に焦点を当て、その人事行政の在り方、特に人材育成について論じている。同書は、公務員制度改革の動向、職員構成の高齢化、地方分権といわゆるNPM改革の進展により、地方自治体に人事システム改革が求められている、との認識を示す。そのような変化が、地方公務員に求められる能力にも変化を生み、従来求められていた「事務処理能力」や「前例踏襲能力」ではなく、以下のような四つの能力を持つことが要請される、とする。

① 組織の共通の目的（自治体の基本方針、経営方針、トップの施政方針）を理解し、行うべき目的を自分で設定できる課題設定能力
② その目的を達成するための、自分の任務を遂行する専門性や最後までやりとげる責任感
③ 他の人と協力して目的を達成するための対人能力
④ 目的達成の際に起こる問題を克服する問題解決能力

　そして、これらの職員として求められる能力と、職員個々人が現に有している能力との間のギャップを埋めることが人材育成の目標であり、人材育成

の基本は「自学」(自己学習、自己啓発) であるとする。同書が「自学」を重要と考える理由は、以下のように述べられている。

「『(自治体職員である) あなたは、今まで、どのような時に一番成長しましたか？どのようなことがあなたの能力を向上させたと思いますか？』
　この質問に対する答えの集積が、人材育成への取組みのための重要な情報となる。筆者が各所でインタビューした結果では、『職場で責任のある仕事を任されたとき』『先輩や上司から課題を与えられてそれが達成できたとき』『上司からほめられたとき』『重要だと思える仕事を任せられ、勤務時間だけでなく夢に出てくるほど仕事に没頭していたとき』『研修で他の自治体や異業種の人と交流したとき』『仕事を離れた会合で、異なる組織の間での仕事のやり方の違いを学んだとき』などといった答えが多かった。そのようなときに、がむしゃらに仕事に打ち込み、創意工夫をし、他の自治体の事例を調べ、土日には図書館や書店で調べものに没頭し、業務の改善や新たな政策提案を行う努力をするのである。」

その上で、「自学」のプロセスに刺激を与えられる人事管理の在り方が重要と述べ、その観点から採用・研修・人事評価の現状を分析し、改善の方向性を示している。

地方公務員に求められる能力と、その開発の在り方を人事管理と結び付けて探究している同書は、前述した企業労働者の職務遂行能力と能力開発に関する研究と対象とする範囲は重なっているものの、少なくとも二つの課題が指摘できる。一つは、能力を社会の変化から演繹的に措定していることである。企業労働者についての研究では一般に、労働者へのインタビューや観察を基に帰納的に導き出している。もう一つは、採用・研修・人事評価について示されている改善の方向性が、同書で示された四つの能力を身に付けるためにどのように有効かが具体的に示されておらず、その関係性が不明な点である。

一瀬（2012）は、小池（1991）、今田・平田（1995）と同様の手法で、人事異動の観点から警察官の技能形成を明らかにしようとする。警察官を国家公務員のキャリア組である「警察官僚」と地方採用警察官に分け、それぞれに異動の状況を分析している。その結果、「警察官僚」は、「官房系（総務・警務）業務」と「その他業務と出向経験」で3分の2のキャリアを保有している一方で、3分の1の経験として「特定の専門分野」を保有しているという結果を導き出し、それは自治体警察を含めた警察組織全体をマネジメントするための必須技能である「総合的判断力」を警察庁が国家組織として蓄積するためであるとした。また、地方採用警察官については、逮捕状を請求できる警部の階級まではキャリアの幅を狭くし、専門性を深める技能形成が行われ、より上位の階級である警視からは、組織をマネジメントする必要があることからキャリアの幅を広げて、変化への対応が的確に行えるような技能形成手法が採られていることを確認した。同論文は、警察官全体を対象にしてその異動の在り方を実証的に明らかにした点では、公務員を対象とした人的資源管理論として画期的なものである。一方で、小池和男の企業労働者の技能形成に関する一連の研究が、もともと生産ラインの労働者を観察し、その作業の中に「ふだんの作業」と「ふだんとちがった作業」があること、「ふだんとちがった作業」には①変化への対応と②異常への対応があること、それらに良く対応できる職場は時間当たりの労働効率が高いこと、を見つけ出したところから始まっていることと比べると、一瀬（2012）の成果は、警察官に求められる能力について一般的に述べているにとどまり、観察やインタビュー等の裏付けがないため、その内実にどこまで迫っているかについては疑問が残ると言わざるを得ない。
　先に引用した田邊（1993）が、行政官が組織内での職務を遂行し経験を積むことによって学習を重ね能力を高めていくことを指摘し、驛（2013a、2013b、2014）がキャリア官僚の人事異動と専門性の関係に着目していることは、人事異動や昇進を通じて経験した仕事の内容が能力開発につながると論じられてきた企業労働者の場合と共通する視点を有しているが、具体的な能力について論じられていないことは前述のとおりである。

4. 公務職員研究としての本研究の意義

　以上のような公務員の能力とその開発に関する研究を、企業労働者を対象とした研究と比較すると、繰り返しになるが、次の3点が指摘できよう。

① 組織の専門性と個人の専門性（能力）が未分化に論じられているため、個人の専門性（能力）に関する研究の蓄積が未だ少ないこと。
② 個人の能力に着目した研究の場合でも、その内実を観察やインタビューに基づき明らかにしたものは管見の限り見当たらないこと。
③ このため、能力開発の在り方についての議論が深まっていないこと。

　本研究では、国立大学の事務職員という、2004（平成16）年度に国立大学が法人化されるまでは国家公務員であった職員を対象に、その能力を当事者へのインタビューに基づき明らかにするとともに、それらの能力がどのように開発されたのかについても考察することとしており、公務職員の能力とその開発の在り方に関する研究の進展に寄与できると考える。

第二節　大学職員の能力とその開発に関する先行研究

　本研究が対象とする国立大学事務職員については、高等教育研究における大学職員論の対象の一部ともなっているため、大学職員論において能力とその開発がどのように論じられてきたかをレビューする必要がある。第二章第二節で既に述べたように、大学職員論自体が、これまでは大学職員の専門性の向上や専門職化、専門職としての在り方について論じるものが多かった。これは、1990年代以降、大学に改革を求める外からのプレッシャーが強くなる中、大学の経営強化のために大学職員の専門性を向上させていくことが必要だという認識が大学経営担当者あるいは事務職員といった実務家に共有され、その人々を中心に大学職員論が論じられ始めたことと無関係ではないと思われる（大場2006、羽田2010）。以下、大学職員論における先行研究に

ついて、本章での関心に基づきレビューすることとしたい。

1. 大学職員論の視点

　実務家が論じるという大学職員論の特徴の一つについて、伊藤（2010）は、1997年の大学行政管理学会をはじめとする大学職員のイニシアチブによる専門学会・研究会の設立、あるいは2000年以降に相次いだ大学職員を主要なターゲットとする大学院プログラムの設立が大きく後押しした、とする。大学行政管理学会は、「プロフェッショナルとしての大学行政管理職員の確立を目指して、まずは『大学行政・管理』の多様な領域を理論的かつ実践的に研究することを通し、全国の大学横断的な「職員」相互の啓発と研鑽を深めるための専門組織として」[109]活動を行っており、同学会の大学人事研究グループは、これまでに2冊の書籍（「大学人事」研究グループ編 2004、2009）をまとめている。この書籍以外にも、大学職員論の分野では、山本・村上・野田（2005）、福島（2010）、秦（2013）、青山ほか（2013）、井原（2015）ほか、実務家による論考が数多く刊行されている。

　このように実務家を中心に大学職員論が論じられ始めた動機として指摘されるのが、大学の経営強化のためには「教授会自治」さらにいえば「教員自治」の伝統的大学運営に代わって職員の大学経営参画を進めるべきであり、そのためには職員の能力向上を図っていかなければならない、という職員の地位向上論的な立場である。そのような立場は、例えば、山本（2009）で示された図（図3-4）に典型的に表れている。

　山本（2013）においても、「職員論は、第一に職員の学内外での立場の向上あるいは位置付けの確立と、第二にそれにふさわしい能力開発ないし複雑高度化する大学経営を担うに必要な職能開発のあり方の、大きな二つの観点から進められ発展を遂げてきた」と解説されている。

　私学高等教育研究所が私立大学協会加盟校382校の常任理事ないしは事務局長等を対象に行った事務職員の力量形成に関する調査においても、職員の能力向上の必要性が読み取れる。職員の力量や職場の在り方での不足点や課題として挙げられたのは、「現状に対する危機感が希薄である（60.2％）」、

第三章　国立大学事務局幹部職員の職務遂行能力とその開発　169

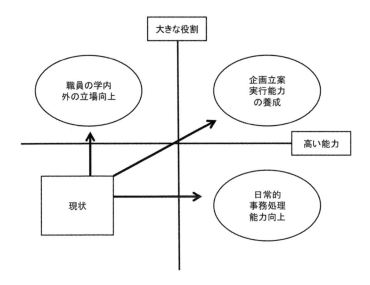

図 3-4　大学職員問題を考える視点

出典：山本（2009）p.99

「職員の専門性が欠けている（46.8％）」、「現状に満足し、改善意識が不足している（46.3％）」などであった（私学高等教育研究所 2010）。

　なお、大学職員あるいは職員とは誰を指すのか、ということがたびたび議論の俎上に挙げられている（大場 2014）。一つの議論は、大学職員と言った場合、教員も含むのか、というものである。法令（学校教育法第 92 条）では、大学の職員は学長や教員を含んだ者の総称として用いられている。一方で、文部科学省学校基本調査では、教員と職員に区分されて集計されており、一般的にも、大学職員と言った場合には教員以外の職員として用いられている。これに対して、アメリカの状況や日本の大学における経営強化などの必要性から、大学職員論は教員を含んだ包括的な職員を対象とした研究であるべきとする論者もいる（舘 2008）。実際には、大学職員論の多くは、多かれ少なかれ対象領域の曖昧さを認識しつつ、教員・職員の区分を前提として議論を展開している。

　もう一つの議論は、教員を除いた場合でも、大学職員は多様であるにもか

かわらず、その全体が論じられていない、とするものである。羽田は、大学職員論において、「教育・研究を支える技術職員、教務・学生系職員、非常勤職員はほとんど触れられていないか視野にない（羽田 2009)」、「大学職員は業務上の差異（教育研究支援から人事管理まで多様)、職階の差異（部課長など中間管理職から単純作業に従事する職員まで多様)、雇用形態の差異（正規職員、非常勤、派遣、パート）という三重の多様性がある（羽田 2013)」、と指摘している。これらの議論や指摘からは、大学職員を論ずる場合には、少なくともその対象範囲を明示して論ずるべきであるとの示唆が受け取れる。

2. 大学職員論における専門性

次に、大学職員論における専門性の論じられ方を整理したい。ここでは、論者が実務家か研究者か、という視点と、管理運営能力を論じているのか専門職としての能力を論じているのか、という視点に基づいて整理を試みる。

まず、大学職員である実務家が専門性を語るものとしては、大工原（2004)、山本・村上・野田（2005)、福島（2010)、秦（2013)、青山ほか（2013)、井原（2015）が挙げられる。例えば、福島（2010）は「大学職員の政策立案力量や大学運営力量、マネジメント力量を飛躍的に高めなければ、大学経営や運営が立ち行かなくなってしまう」と述べ、秦（2013）は「『大学職員の専門性』とは、多くの大学において通用する高度な業務力や専門的思考力、大学個別の組織文化や特性に対応する能力、大学人ジェネラリストとしての能力などを持ち合わせた上で、これらを効果的に機能させることのできる能力である」とする。想定する職位レベルを四つに分類（初任者、部下を指導し自らも仕事を分担する立場、課長クラス、最上位クラス）して比較的詳細に大学職員に求められる資質・能力の試案を示した大工原（2004）も、「期待される資質試案」として提示しており、いずれも、あるべき姿を示すことに留まっていると言わざるを得ない。青山ほか（2013）は、大学職員の専門性についてはさまざまな定義が可能であり、一概に能力を規定することはできないとし、モデル枠組みとして①一般的能力、②大学（業界）固有の素養、③組織最適化能力、④担当分野、担当業務に関する知識・経験の四つのレベルがあ

ることを示しつつ、大学職員の専門性には、個人と組織の目的や位置付け、相対的な比重の置き方により異なる様々な要素があると述べる。規範的な議論は脱しているものの、このモデル枠組みを導出したプロセスが明らかになっていない点に課題が残ると思われる。大学職員論を語る実務家は、概して職場で高い能力を発揮し、なおかつ大学行政管理学会などの大学を超えたネットワークにも参加する高い志を有する大学職員であり、これらの実務家の実感から発せられるあるべき大学職員の姿は貴重な情報ではあるが、実証的な検証を経るべきものと思われる。

研究者が専門性を論じる論考の数は少なく、ここでは、福留（宮村）（2004）、寺﨑（2010）に言及したい。

福留（宮村）（2004）は、私立大学の事務局長または人事課長を対象としたアンケート調査を基に、大学職員に求められる能力を職務ごとに明らかにしている。アンケートは、14の具体的能力と9の職務領域（入試関係、教務・学生関係、就職関係、学術関係、社会サービス関係、国際交流関係、管理運営関係、情報関係、図書館系）を設定して行われており、求められる能力は職務ごとに多様であることが明らかになっている。求められる能力の全体的な傾向としては、重要と考えられる能力の上位から、①情報を収集する力（55.4％）、②幅広い視野から職務を見通すことのできる力（54.1％）、③特定の専門的な知識（50.8％）、④情報を分析する力（45.8％）、⑤問題点を見つけて解決方法を見いだす力（45.8％）などが挙げられている。

寺﨑（2010）は、大学職員に開発されるべき能力と獲得されるべき知見と教養を併せて「大学リテラシー」と名付けて、初任者あるいは中堅程度の職員を想定しつつ、三つのリテラシーがあると論ずる。第一は、大学という組織自体の特性の理解、平たく言えば大学は企業・官庁その他の諸組織とどこが共通しどこが違うかという点に関する知識と見解、第二は、勤務する大学そのものへの理解、第三は政策理解、具体的には高等教育政策、大学政策、学術政策等を中心とする政策全般の理解、とする。加えて、現場が求める能力として最も重要視されているのが企画能力であることに触れつつ、その内実が明らかでないことや、それはいかにして形成されるのかという難しい問

題があることを指摘する。

　これらの論考では、アンケート調査に基づいたり、より俯瞰的な視点から論ずるなど、実務家の語るものよりも一般化されてはいるものの、「求められる能力」や「開発されるべき能力」という課題設定が行われており、実際に大学職員がどのような能力を身に付けているのか、あるいは少なくとも優秀とされる大学職員が身に付けている能力はどのようなものか、といったような現実を明らかにしているとは言い難い。

　大学職員の専門性に関する論考をレビューするもう一つの視点は、管理運営能力を論じているのか、専門職としての能力を論じているのか、というものである。管見の限り、後者を論ずるものがほとんどである。

　専門職としての能力を論じる最近の論考として、大場（2013）を例に挙げよう。大場は、専門職化が今日の大学職員の重要論点の一つであるとし、それは、大学の機能拡大や経営高度化の必要性を反映したものとする。また、職員の専門職化[110]は米国で顕著であり、同国の大学では管理運営の諸業務に従事する専門職員が多く採用されていること、管理運営や教育研究支援業務の専門化は、程度の差異はあるものの、米国以外のアングロ＝サクソン諸国やその他の国において広く見られる現象であると述べる。ここでの専門職化は、それを支える養成課程（大学院等）、流動性を伴う労働市場とそれに対応した給与・社会保障体系、領域別の専門職団体によって支えられるものであると定義されている。大場は、能力開発の在り方については、専門職には「長期教育により獲得する理論・知識」と「倫理的規範の存在」が必要とされることに鑑み、OJTで得られる実践に加えて、大学院教育を始めとする組織・系統立てられた教育の機会が幅広く提供され、それを利用する機会が職員に対して与えられることが重要であろう、と述べる。加えて、高度の専門職は自律性・自由裁量を必要とし、外部との関係が不可欠であって、従来の人事の在り方で職員を育成することは適切ではないとし、内部の職員に対して外部採用者に要求される専門性を養成するような仕組み－例えば自律性の下での外部の専門性養成活動への積極的参加や関連領域の学位取得－を設けつつ、適切な処遇を考慮した上で、高度専門職につながるようなキャリ

アパスを設けることが望ましいとする。一方で、能力の内実については、管理運営・教育研究支援に求められる専門性は高度かつ多岐に渡っていると述べるのみにとどまっている。

　大場（2013）は、管理運営や教育研究支援業務という大学職員の多くが関わる仕事内容を挙げ、それらの業務に従事する大学職員の専門職化、言い換えれば、大学職員全般の専門職化を論じている。一方、従来の教員の職務や職員の職務の範囲に収まり難い新たな職務が生じてきていることや、図書館や情報などの専門性の高い職務の高度化を背景に、それらを担当する職員の専門性を論ずるものもある。井下（2015）はカウンセラーやライブラリアン、今田（2015）はそれに加えてプログラム・コーディネーターやインターンシップ・コーディネーター、IR（Institutional Research）専門職などを挙げている。

　管理運営能力を論じるものとしては、前述した福島（2010）が「大学職員の政策立案力量や大学運営力量、マネジメント力量を飛躍的に高めなければ、大学経営や運営が立ち行かなくなってしまう」と述べている。また、前述の福留（宮村）（2004）が調査の中で挙げた14の具体的能力は、重要と考えられた順に以下のとおりであり、これらも専門職としての能力というよりは管理運営能力あるいは汎用的能力と言えるものが多数を占めている[111]。

① 情報を収集する力（55.4%）
② 幅広い視野から職務を見通すことのできる力（54.1%）
③ 特定の専門的な知識（50.8%）
④ 情報を分析する力（45.8%）
⑤ 問題点を見つけて解決方法を見いだす力（45.8%）
⑥ 意見を的確に判りやすく伝えるプレゼンテーションの力（34.2%）
⑦ 定められたことをミスなく短時間に処理する力（32.9%）
⑧ プロジェクトを企画立案する創造力（32.3%）
⑨ 相手の立場や気持ちを適切に感じ取る力（31.8%）
⑩ 同僚と協調して職務を遂行する力（22.5%）

⑪ やる気（19.8%）
⑫ 人の能力を的確に判断して仕事に活かすマネジメントの力（19.2%）
⑬ 仲間の中で率先して仕事を遂行していこうとするリーダーシップ（16.1%）
⑭ 体力（8.1%）

このような大学職員論における専門性の議論の内容からは、行政学における官僚の専門性の議論と同様、専門性が多義的に用いられている上に、それが未分化な状況が垣間見える。

なお、大学職員の職能開発について詳細に提言を行った中央教育審議会の答申「学士課程教育の構築に向けて（2008年12月24日）」でも、大学職員の能力については以下のように述べている。

「高度化・複雑化する課題に対応していく職員として一般的に求められる資質・能力には、例えば、コミュニケーション能力、戦略的な企画能力やマネジメント能力、複数の業務領域での知見（総務、財務、人事、企画、教務、研究、社会連携、生涯学習など）、大学問題に関する基礎的な知識・理解などが挙げられる。

　加えて、新たな職員業務として需要が生じてきているものとしては、インストラクショナル・デザイナーといった教育方法の改革の実践を支える人材が挙げられる。また、研究コーディネーター、学生生活支援ソーシャルワーカー、大学の諸活動に関する調査データを収集・分析し、経営を支援する職員といった多様な職種が考えられる。国際交流を重視する大学であれば、留学生受入れ等に関する専門性のある職員も必要となろう。

　これらの業務には、学術的な経歴や素養が求められるものもあり、教員と職員という従来の区分にとらわれない組織体制の在り方を検討していくことも重要である。

さらに、財務や教務などの伝統的な業務領域においても、期待される内容・水準は大きく変化しつつある。それぞれの大学において、新旧様々な業務について、職員に求められる能力とは何かを分析し、明確にしていくことが求められる。」

　この引用した部分の第一パラグラフは従来型の職務に求められる資質・能力、第二パラグラフは新たに生じてきた職務の内容、とその区別を意識して書かれているように読める。第一パラグラフでは汎用的な能力とともに管理運営能力について言及している一方、第二パラグラフでは従来教員も職員も担ってこなかった役割・職務内容について言及しているという違いも、後者がまだ新しい職務内容であり、そのために必要な資質・能力の分析には至らなかったことを表しているとも言えよう。

3. 大学職員論における能力開発

　次に、大学職員論において、能力開発についてどのように論じられているかを見てみたい。大学職員論においても専門性という用語が使われていることが多いため、引用する際には専門性と言及する場合もあることをあらかじめお断りしておきたい。

　前述した福留（宮村）（2004）は、私立大学の事務局長または人事課長を対象としたアンケート調査を基に、大学職員に求められる能力を職務ごとに明らかにするとともに、求められる能力とその学内研修での養成可能性についても検討している。求められる能力の全体的な傾向として、重要と考えられる能力は、①情報を収集する力（55.4％）、②幅広い視野から職務を見通すことのできる力（54.1％）、③特定の専門的な知識（50.8％）、④情報を分析する力（45.8％）、⑤問題点を見つけて解決方法を見いだす力（45.8％）などと認識されている。一方で、これらの能力を学内研修で身に付けられるかどうかを尋ねたところ、①情報を収集する力（27.9％、7位）、②幅広い視野から職務を見通すことのできる力（27.0％、8位）、③特定の専門的な知識（25.8％、10位）、④情報を分析する力（19.3％、11位）、⑤問題点を見つけて

解決方法を見いだす力（33.6%、2位）と、必要とされる能力として重視される項目は、おしなべて学内研修によって養成できる能力とは捉えられていない傾向を明らかにした。

山本（2009）では、国公私立大学の職員を対象としたアンケート調査において、能力開発の方法として①大学院（修士課程）での訓練、②既存のものを含む各種研修、③何らかの形での専門資格の付与の三つの中から、どれが有効かを択一式で回答を求めたこととその結果が紹介されている。結果は公立大学が②各種研修と答えるものが多かった以外は、拮抗したものとなっている。山本編（2013）では、「関係学会の発足、職能開発を目指す実践的な大学院プログラムの実施、各種の講演会や啓発活動の隆盛などに見られるように、少なくとも能力開発のインプットの機会は飛躍的に増大している」との評価が示されている。また、福島（2010）や青山ほか（2013）でも、能力開発の場として①大学・大学院、②学会（大学行政管理学会）、③大学関係団体等外部の団体における研修などが挙げられている。

これらに加えて、小林（2015）や夏目（2015）が紹介するのは、大学間連携に基づく能力開発の在り方である。研修やフォーラム、研究会の開催を複数大学で協力して行っていこうというものであり、小林の紹介する四国地区の例も、夏目が紹介する名古屋の例も、いずれも教員の能力開発とともに取り組んでいることが共通点として挙げられる。

このように、能力開発の方法については、大学院での学修や学会での研鑽、外部団体の実施する研修や大学間連携に基づく取組に集約する論考が多く、企業労働者の能力開発で重要視される職務を通じた能力獲得について論じるものはごく少数である。

なお、前述した中央教育審議会の答申「学士課程教育の構築に向けて（2008年12月24日）」では、以下のように、学会での活動や大学院での学修のほかに、職務を通じた能力開発についても言及されている。

「専門性を備えた大学職員や、管理運営に携わる上級職員[112]を養成するには、各大学が学内外におけるSD（Staff development＝職員の能力開発：

引用者)の場や機会の充実に努めることが必要である。
　職員に求められる業務の高度化・複雑化に伴い、大学院等で専門的教育を受けた職員が相当程度いることが、職員と教員とが協働して実りある大学改革を実行する上で必要条件になってくる。」

「◆ 教員と協働する専門性の高い職員の育成に向け、SDの機会と場を充実する。
　学内でSDの充実を図るとともに、職員の自己啓発(例えば、関連する学会活動や研究会への参加、大学院での学習など)の努力を積極的に奨励・支援するとともに、職能開発の成果を適切に評価する。職場内研修(OJT)として、大学経営への参画を通じ、職員が能力を発揮する機会を確保する。」

　職務を通じた能力獲得について論じる数少ない論考として、寺﨑(2010)や中島(2011)が挙げられる。寺﨑は、大学職員の能力開発の場としては「①人事異動(職務移動(ママ)・部署移動(ママ))、②階層別研修、③外部委託あるいは専門団体による講習・研修、④大学院進学、⑤専門団体あるいは他大学への出向」という五つのステージがあることを挙げ、その特長やメリット・デメリットを論じている。実務家の語りからは出てこない、あるいはともすると能力開発を妨げると断じられている人事異動や出向が挙げられているが、寺﨑はその理由を、「部署移動(ママ)こそ最も典型的なSD」だと考える人事担当管理職が少なくないことや、出向経験者の意見に基づく、としている。一方で、寺﨑は人事異動を能力開発の場として位置付けることの限界として、「『専門性形成』という課題には適合性を欠いている」ことを挙げており、大学職員論が専門職化を志向してきた影響がここにも垣間見える。実務家経験もある秦(2013)も、能力開発の方法について、研修が重要であり、人事異動が大学職員の専門性育成を妨げる、と述べる。にもかかわらず、秦氏個人の経験として、20年間財務・経理の仕事を本務として担当していた中で、学内の改革プロジェクトや評価・監査業務、中期計画策定などの他部署にも関わる

仕事にも関わったことを通じて自身の能力が育成された、と紹介しており、様々な仕事を担当する経験の重要性を示唆しているとも読める。

　中島（2011）のアプローチは、本研究と同じく、管理職の能力獲得においては経験を通じて学ぶことが重要であるという一般的なホワイトカラー管理職の議論を、大学職員に適用してみようとするものである。優秀な管理職として推薦された1名の部長（国立大学）と6名の課長（国立大学1名、私立大学5名）にインタビューを行い、大学職員に必要な経営管理能力や、その獲得につながった経験を析出している。大学管理職の能力獲得プロセスにおける経験の重要性を具体的に明らかにした、管見の限り初めての研究であり、本研究にとっても参考になる。ただ、7人それぞれの経験とそこで獲得した能力の析出が散発的に示されるに留まっており、能力の全体像を捉えることを試みていないことが、本書の関心からは限界として挙げられる。

4. 専門性と能力開発に関する大学職員論の課題

　ここまでに見てきたように、専門性の内実が曖昧なままに専門職としての能力を論じる、という傾向があることと、能力開発の場として大学院や学会、研修を重んじる、という傾向があることは、職員の専門職化を志向し、その学内外の立場向上を図るという大学職員論の基本的な立場とも関連して、職業としての地位向上を求める一種の運動論と見えてしまうことも否めない。

　そのような状況を伊藤（2010）は「『研究』と『実践』との価値の混用」と指弾しつつ、同時に「学術研究としてのSD論もまた現場に対する有用性をほとんどもっていない」と指摘する。

　最も早く大学職員論の課題を指摘したのは羽田（2009）であろう。羽田（2009）は、主に国立大学職員を対象にした大学職員論を対象とし、職員の資質・能力向上は国立大学の運営にとって不可欠だという認識を示しつつも、専門職化の議論については、従来の職員では対処できない専門性を必要とする業務もあるが、全分野で専門化が起きているわけではなく、特定の職務分野以外ではむしろ求められているのは汎用的な能力であることを指摘する。また、羽田（2010）においても、大学職員論が専門化を万能処方箋のよ

うに論じていることを重ねて批判している。また、羽田（2013）では、能力育成について、アメリカの事例を参照することにより大学院教育に注目が払われてきたことについて、アメリカと異なり、日本の雇用は新規学卒者の一括雇用と企業内での配置転換とOJTの組合せによる職能形成を図ってきたことを指摘し、専門性の向上→専門職化という図式のみを描くのではなく、日本の文脈での能力育成の在り方を明らかにすることが重要であると指摘する[113]。

また、加藤（2010）は、依然として有効なSDプログラムの在り方について解明できていないのがSD論の現状である、としている。

これらの課題を克服するためには、羽田（2010、2013）が指摘するように、大学職員の能力と能力開発について実証的・理論的研究を行うことが必要と思われる。

企業労働者の能力と能力開発を論じた先行研究の知見や方法論を踏まえれば、能力については、個人的・偶発的な経験に基づくあるべき論を論じるのではなく、インタビューや観察に基づき、どのような能力が実際に発揮されているかを明らかにすべきであろう。また、大学職員論で大学院教育や研修を重視して論じてきた能力開発についても、仕事上の経験の重要性に着目すべきと思われる[114]。

羽田（2013）が大学職員の多様性を指摘し、大場（2014）が大学職員の定義に共通理解がなく大学職員論の対象の特定が困難である中では研究に取り組む者が大学職員を定義して論を展開することが必要、と言及したことによるものであろうか、実務家の大学職員論において、職員を類型化する試みが現れてきている。例えば、国立大学の事務局長経験者である上杉（2015）は、大学職員の3類型（①特定の分野の専門性を高めていく職員、②多様な業務を経験しつつ組織のリーダーとなっていく職員、③定型的な業務を着実に遂行する職員）を示している。また、私立大学の事務職員から専務理事となった森島（2015）も、「事務職員には、全員に対して入職から5年から10年を目途にして、グローバル化に対応できるゼネラリストとして育ってほしいと考えている。その後、課長、部次長、役員という一つの太い幹としての成長パター

ンと、スペシャリスト（中略）として育つパターンがあると思い描いている（後略）」と述べている。

以上のような大学職員論の課題を踏まえれば、国立大学事務局の幹部職員に限定されてはいるが、企業労働者、とりわけ企業管理職の能力とその開発に関する先行研究を踏まえ、その能力と能力開発に関してインタビューを基に明らかにすることは、大学職員論の今後の進展にも貢献し得るものと思われる[115]。

第三節　国立大学事務局幹部職員に求められる職務遂行能力とその開発

本節では、国立大学事務局幹部職員として求められる能力とは何か、その能力はどのように開発されるのか、という問いに対する答えを解き明かしていきたい。

前節までの企業労働者や公務員、大学職員の能力とその開発に関する先行研究のレビューを通じて、企業労働者に関する研究に比して、公務員と大学職員を対象とした研究では、観察やインタビューを基に帰納的、実証的に能力を析出していない、仕事上の経験に基づく能力開発という視点に欠ける、という課題があることが浮き彫りになった。そこで、本研究では、国立大学事務局長及びその経験者に対するインタビューを実施することとした。

インタビューの対象としたのは、国立大学等に採用されて文部省に転任し、その後国立大学の部課長等を経て事務局長職に就いた者である。本章の中心的な関心は、前章第五節及び本章の冒頭で述べたように、事務職員の昇進に当たって設けられたファスト・トラックである文部省転任の仕組みが、「早い時点で組織の構成員の中から有能な少数の者をエリート的地位のために選抜」しただけでなく、「他の者から分離して集中的に専門訓練を施す」ことによりどのような能力の開発につながったのか、というものであるため、本省転任者を対象とした。前章第四節で見たように、2003（平成15）年時点で既に文部省勤務経験のない事務局長はいなくなっていたため、文部省勤務経験のない者を対象とすることは現実的にも困難であった。

ファスト・トラックは幹部職員を育成する仕組みであるため、このような手法で明らかになるのは、大学職員全般に求められる能力ではなく、幹部職員の能力に限定されていることをあらかじめ述べておきたい。本省転任者の中でも事務局長経験者を対象としたのは、部課長までしか昇進しないものに比べて、国立大学事務局幹部職員としての能力が高いと評価された者である蓋然性が高いためである。

インタビューの対象には、現に事務局長職にある者と既に退職した者の両方を含み、事務局長の経験があれば、国立大学での部長経験がない者も含むこととした[116]。また、それぞれが得意とする職務分野によってインタビューの内容に偏りが生じないように、文部省での主な勤務経験が、大臣官房人事課、同会計課、初等中等教育局、高等教育局の者から2名ずつ、計8名を対象とした。事務局長職として勤務した大学数は3名が二つ、5名が一つである。二つの大学で勤務した者のうち、その組み合わせが単科大学と中規模総合大学であった者が2名、小規模総合大学と中規模総合大学であった者が1名である。一つの大学のみで勤務した者は、単科大学が3名、小規模あるいは中規模総合大学が2名である。

企業労働者の能力や能力開発に関する研究でも対象企業やインタビュー対象者は匿名としているため、インタビューは匿名を前提とすることで依頼し、行った。

インタビューは、あらかじめ質問項目を示して行った半構造化インタビューである[117]。

まとめるに当たっては、部長職にのみ着目した回答がほとんど得られなかったため、部課長[118]と事務局長という区分でまとめることとした。

第一項　部課長の職務遂行能力とその開発

1. 国立大学の部課長職の職務遂行能力

まずは、事務局長経験者に対して「国立大学の課長として求められる役割や能力」及び「国立大学の部長として求められる役割や能力」について尋ねた回答から、職務遂行能力の整理を試みる。

経験した部課長職が異なることもあり、多様な内容ではあるが、複数の人が言及する職務遂行能力もある。ここに挙げられた内容の中で、結果として重要なのは勤務した大学のために資金を獲得したり、課題を解決するために実行力を発揮したりすることだと思われるが、そこに向けての流れを考える

表3-1　国立大学の部課長職の職務遂行能力

	インタビューへの回答の要約	職務遂行能力としての整理
A氏	現場の指揮官としての能力。具体的には、自分の所掌する事務の全体像を把握できる力。毎日やらないといけないことでも、その意味を常に考えること。 国の施策を良く理解し、大学の方向性を踏まえて安定的な資金を獲得できる力。そのために情報共有をスピーディーに行えること。 部下職員の現状（業務の理解、その処理速度、職員同士の事情など）を常々把握すること。	全体像を把握する力 現状を把握し、分析する力 情報収集力 資金獲得力 情報共有力
B氏 【課長】	交渉も含めた実行力、フットワークの軽さ、コミュニケーション力。主計課長の時、新しい入試方法導入のための予算獲得やセンターの設立、教員養成の学部学生の定員削減に伴う組織改編、大学院の改組など、文部省と大学を行ったり来たりしながら、実現に向けて奔走。 一人一人を大事にする姿勢。大学の教職員からの相談に対して、一つ一つ、どうすれば良くなるかということを心がけて対応。	交渉力 実行力 機動力 コミュニケーション力 一人一人を大事にする姿勢
B氏 【部長】	調整力。学長の思いを実現させるための調整力。学長の思いを100%実現するのが難しくても、事務局の中で対応できるかどうかを調整した上で、このくらいなら実現できますがいかがですか、と学長に提案するという仕事が大きかった。具体的には、人事担当部長として、事務局職員の育成。他大学への職員の派遣、海外の協定校への出張への同行など。他の部にまたがる問題については、他の部長とも調整した。 また、調整力を発揮するためには、自分から情報を取りに行く、という情報収集力も大事。	調整力 情報収集力
C氏	主計課長として、予算獲得や大学の組織改革に対し、どれだけ積極的に動けるかを学長や教員から期待された。また、事務局の上司（局長や部長）には、本省の動向や情報を適時適切に提供することが求められた。新しい独立大学院の設立や、学部の学科増という改革に関われた。そういったことを実現する上では、情報収集力、交渉力、文書作成能力が必要とされた。	資金獲得力 機動力 情報収集力 情報共有力 交渉力 文書作成力
D氏	適切かつ迅速な判断を行うこと。 部下からの相談を待つことなく、事前に課題を把握し、検討の必要性や解決策などの示唆・指示を行うこと。具体的には、例えば、病院が赤字体質だという場合に、当該大学病院の人員構成や外部委託費などのデータが他の同規模の大学病院と比較してどうか、というような観点から改善策を探る、というようなこと。 本省における各種施策・事業に関する知識の部下や上司への伝達。 学内外の関係者との調整力・交渉力。	判断力 改善提案力 情報収集力 情報共有力 調整力 交渉力

第三章　国立大学事務局幹部職員の職務遂行能力とその開発　183

と、いくつかの段階に分けることができる。

　まず必要なのは、現状を把握したり、全体像を把握したりすることであろう。そうすることによって改善すべき点や課題を見つけ、それを自らが有する政策知識と結び付けたり、他大学の取組などを参照したりすることなどに

	インタビューへの回答の要約	職務遂行能力としての整理
E氏	入試疑惑があり、マスコミ対応が求められた。事務局内と、委員会の構成員の先生など主だった先生方との調整、聞かれそうな質問に対する答えの準備（想定質問とその答弁作成）などを行った。 文部省との交渉や、文部省以外でも対外調整を任された。バス路線が廃止されそうになった際のバス会社や市との交渉など。	マスコミ対応力 調整力 交渉力 対外折衝能力
F氏	課の置かれている状況を把握した上で、必要であれば先頭切って、最終的には会計課長であればお金を取るし、総務課長であれば全体調整を行うなど、それぞれのミッションに応じて、責任者として成し遂げるということ。会計課長で言えば、予算の取り方、誰もが納得するような説明の仕方、どこを押せば一番効果的か、というのが分かっていること。 会計課長の時、いろいろやって（土地購入、教室整備など）、学長から6年分ぐらいの予算が付いた、と言ってもらった。 納得してもらえる説明をするためには、今の学校教育法ではこうなっている、とか、政策がこうなっている、という政策的な知識を、細かくなくても良いが、おおよそは分かっていないといけない。 困ったときに電話一本で本省と話がつくとか、そういう調整が出来る、ということが大学から期待される。調整能力というか対外折衝能力。これは、県などの自治体との間でも期待される。	現状を把握する力 実行力 情報収集力 企画提案力 政策知識 調整力 対外折衝能力
G氏	部課長として、それぞれのポストで様々なこと（文部科学省等行政機関対応、マスコミ対応、来客対応、寄付金集め、ボヤ対応、近隣住民対応、学内調整等）に臨機応変に対応することが求められた。いずれへの対応も、学内外の関係者との調整力・交渉力が必須であった。また情報収集も大切であることから、自己の能力を補うため、おもてなしの心で人脈づくりを心がけた。 優秀な部下に恵まれたこともあるが、部下が仕事をしやすいように心がけるとともに、コミュニケーションを欠かさないよう定期的にイベント等を企画した。 知識やプレゼン能力が十分あったとは言えないが、わかりやすい資料の作成を心がけたことにより、その点についてもある程度周囲の信頼を得ることができたように思う。 部課長時代、2年前後で他機関に異動させられたが、その間に組織の長（学長）等の意向を汲んだ予算確保や事業等の推進を何か一つだけは実現できるように取り組んだ。	臨機応変な対応力 調整力 交渉力 情報収集力 コミュニケーション力 担当案件に関する知識 資料作成力 プレゼンテーション力
H氏	主計課長として、大学が実現したいこと（医療短期大学部の4年制化）を、予算を配分するところ（文部省）の意向（政策の動向や社会的要請）とも上手くすり合わせて実現することを求められた。大学がこうしたい、というのを、いかに役所・役人に対して、学術的な面とは違った意味（政策の方向性との整合性とか、今でないといけない理由とか）で理解してもらえるようにする、ということでもある。	資金獲得力 情報収集力 企画提案力 実行力

よって、改善や新規取組の提案ができることになる。提案を提案に留めず実行するためには、調整、交渉、対外折衝が必要であり、それらが上手くいくことによって、資金が獲得できたり、組織の改組などが実現できる。また、調整、交渉、対外折衝を行う場合には、機動的で臨機応変な対応をしなければ上手くいかないであろうことは容易に想像ができるし、その際にも情報収集[119]や政策知識が重要になることもあろう。

もちろん、着任前に既に提案の内容が前任者や学長を含む上司などによって決められている場合があるなど、いつでもこの段階を踏むわけではないであろうが、概略を示せば図3-5のようになろう。

ここで着目しておきたいのは、対外折衝という場合には、E氏やF氏のインタビューに見られるように、地方自治体や民間企業など、文部省以外の組織との折衝も含まれることである。もちろん、主な資金提供者が文部省である以上、文部省との折衝が多いことは想定できるが、大学が直面する多様な課題を解決するために文部省以外の外部の組織と折衝しなければならない場合にも、その役割を果たすことが求められていたと思われる。

また、この資金獲得や課題解決のための実行に向けての流れの中には位置付けられなかったが、「大学の教職員一人一人を大事にする姿勢（B氏）」、「部下が仕事をしやすい環境づくり（G氏）」など、組織を円滑に運営する能力も、部課長として必要なものであろう。

2. 国立大学の部課長職の職務遂行能力の開発

次に、前述した能力について、「どこで、誰の下で、どのような経験から身に付けたと考えるか」という問いに対する回答から、どのような経験が職務遂行能力の開発に寄与したと自己分析しているのかを明らかにする（表3-2）。

これらの内容を、職務としての経験かどうか、職務として経験した場合はその時期がいつか、という観点に基づき①学生時代等、職務外の経験、②本省転任前、③本省勤務時、④課長勤務時の四つに区分するとともに、当該経験によって主に身に付けたと考えられる職務遂行能力によって区分したのが、

第三章　国立大学事務局幹部職員の職務遂行能力とその開発　185

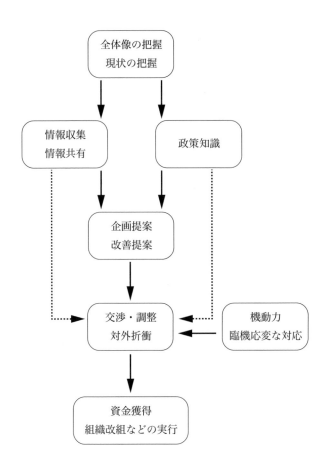

図 3-5　国立大学の部課長職の職務遂行能力とその構造

表3-2 国立大学の部課長職の職務遂行能力の開発につながった経験

	インタビューへの回答の要約	職務遂行能力の開発につながる経験
A氏	大学生の時に、好奇心旺盛で、アルバイトを10種類以上やっていたことも影響していると思う。初めてのことで分からないことがたくさんあるときに、勘所をつかむことが大事だけれども、それはいくつものアルバイト先でいろんな上司に触れて培われたように思う。 また、課長としてのものの見方は、結局課長職を経験する中で身に付けたとも言える。 業務を処理するスピード感とか柔軟性は、本省での仕事経験によって身に付けたと思う。また、情報収集力は、人脈を背景としており、本省で培った人脈では、一本の電話やメールで遅くとも1日あれば情報が寄せられるので、大きい。	・学生時代の多様なアルバイト経験 ・課長職として働く経験 ・スピード感や柔軟性を求められる本省での仕事経験 ・本省勤務時に培った人脈
B氏 【課長】	本省で働いていた際に仕事でつながっていた仲間が本省内の色々な部署にいて、情報や予算が欲しい場合に、訪ねるべき相手の顔がすぐに浮かぶ状況だった。 また、本省の人事課にいたことによって、47都道府県全部とは言わないかもしれないが、いろいろな大学や機関に人脈があったことも大きい。 一人一人を大事にするということも本省人事課の勤務で培った。例えば、給与班で昇格定数とか級別定数を担当し、大学職員である船員や用務員の給与を少しでも上げようと一人一人人事院と交渉した。どうすればこの人の給与を上げられるかということを考えることを通じて学んだことは大きかった。	・本省で一緒に働いた仲間とのつながり ・本省勤務時に培った全国の国立大学等の職員との人脈 ・一人一人を大事にすることが求められた本省での仕事経験
B氏 【部長】	国立大学法人法の法案の際に、人事課の担当者として文科省幹部に随行して、国会議員に説明に行ったり、国会答弁資料を作成したこと。 また、高等局にいた時、公務員の給与減額措置に伴い国立大学法人も人件費削減（5%、年1%）の対応が求められた際、普通の独法は決算ベースで削減していくということになっていたが、国立大学は教員が辞めた後にすぐに埋めないという慣行が昔からあって、毎年3,000人くらい欠員があり、決算ベースで削減されたら大変なことになるため、財務省や総務省に説明して、予算ベースにしてもらった。その時は本当に戦いという感じで、最後財務省に行って、もうここまでで限界、という時に、当時の人事課長にもう一回行ってきて、と言われてまた行ったり、とか。結果的に予算ベースにしたことを中期目標計画にも証拠として書いて、大学への影響をなるべく少なくはできた。 そういう、諦めることが許されない状況の中で調整力が磨かれたと感じる。 受け身ではなくて、自分から情報を取りに行く情報収集力については、常日頃から、深くなくてもいいけど、いろいろなことに興味を持つこと、好奇心が大事。	・本省勤務時に、幹部の国会議員への説明に随行したり、国会答弁資料を作成した経験 ・本省勤務時に、財務省や総務省と厳しい交渉をした経験 ・常日頃、いろいろなことに興味を持つこと
C氏	本省の主任・係長時代に上司（課長以下）の薫陶を受けた。会計課勤務経験のある先輩で、既に大学の局長や部課長になっている人からも大学の状況等について話を聞いた。全国の国立大学に会計監査等で出張に行った際、部課長の仕事のやり方や動き方を直接見て学んだ。 文書作成能力は、本省勤務経験の中で、国会答弁資料の作成など文章を書く経験を積むことにより鍛えられた。	・本省勤務時の上司・先輩の薫陶 ・全国の国立大学の部課長の仕事ぶりを直接見聞したこと ・本省勤務時に文章を書く経験を積んだこと

第三章　国立大学事務局幹部職員の職務遂行能力とその開発　187

	インタビューへの回答の要約	職務遂行能力の開発につながる経験
D氏	本省勤務時代、会計課で予算を担当していた時に、国が新しい施策を実現するやり方の全体が分かるようになった。審議会を立ち上げて、提言をもらって、それを法令や通達、予算としてどのように実現していくか、という流れ。そのため、国会審議やマスコミ報道の内容を、大学に関わる施策や予算としてどう展開してくるか、という目で見ることができ、アイデアを練ることができる。 仕事を進める中で、様々なレベルの上司（係長、課長補佐（主査）、課長、審議官、局長（官房長））からいろんな指摘をもらうことで、いろいろな見方（観点）を学び、多面的に物事を見るということが身に付いた。特に、大学にはいないいわゆるキャリアの職員の鋭い意見や判断には非常に刺激を受け、勉強になった。 文部省には全国立大学から情報が集まるということも視野の広さという点で大きい。自分の大学しか知らないと、文部省にこういう分野に力を入れたい、と言って予算を要求した際に、あちらでもこちらでもやっているのに何故貴学に予算をつけなきゃいけないんですか、と問われても答えられない。	・本省勤務時に国の新規施策の実現方法を学んだこと ・本省勤務時に上司から多角的な指摘を受け、多面的に物事を見ることが身に付いた ・本省勤務時に全国の国立大学の情報に触れ、視野の広さを培ったこと
E氏	本省勤務時代、特に係長時代の経験。大蔵省とのやり取りの中で、大臣間の覚書とか、応答要領を作ったりしたこと。 育英奨学の仕事をしたときに阪神・淡路大震災が起こり、被災した子を新たに採用するため、当時の育英会史上初めて事業費に補正予算を取ったり、国会答弁資料を作成したりした。	・本省勤務時、大臣間の覚書などの重要な資料の作成に携わった経験 ・本省勤務時、新しい予算を獲得した経験
F氏	本省勤務時代、局の筆頭課の総務係長をしていて、予算も人事も総括を担当していたので、予算の取り方、誰もが納得するような説明の仕方、どこを押せば一番効果的か、ということを鍛えてもらった。 各局の筆頭課の総務係長会議とかで他の係長と顔見知りで、きちんと説明して納得してもらえると、予算を判断する主査や補佐以上の人に説明するタイミングなどの情報をもらえたり、使えそうな予算を回してもらえたりした。	・本省勤務時、予算を取るための説明の仕方や、どの部署の誰に説明すれば効果的か、などを鍛えてもらった経験 ・本省で一緒に働いた仲間とのつながり ・説明して納得してもらえれば予算がもらえるという成功体験
G氏	若くして課長にしてもらったため、管理職にふさわしい能力は、課長ポストに求められる仕事をしていく中で、様々な経験から少しずつ身に付いてきたように思う。 本省係員の頃、係長の代わりに仕事をさせてもらい、直属の上司や局内のみならず省内の多くの先輩から薫陶を受けた。また係長就任当初、国会答弁資料の作成でミスをするなどの苦い経験もした。本省時代に鍛えられたことがその後のポストで大いに役立ったように思う。	・課長職として働く経験 ・本省勤務時の上司・先輩の薫陶 ・本省勤務時に国会答弁資料を作成した経験
H氏	大学課の国立大学担当の係（各大学から要求を聞いて、それを調整して、大蔵省に持って行く担当）で係員から係長になっていく過程で、全国の大学の状況も分かるし、予算要求のテクニック的なことも身に付けた。	・本省勤務時、全国の国立大学の状況が分かるポストを経験したこと ・本省勤務時、国立大学の予算をとりまとめて大蔵省に要求する仕事を担当し、予算要求のテクニックを身に付けたこと。

表3-3である。

これを見ると、部課長職の職務遂行能力の開発につながった経験は本省勤務時に集中していることが分かる。このことにより、ここでは、本省勤務こそが部課長職として務まるための職務遂行能力を形成する重要な時期と示唆されることを指摘したい。

第二項　事務局長の職務遂行能力とその開発

1. 国立大学の事務局長職の職務遂行能力

今度は、事務局長経験者に対して「国立大学の事務局長として求められる役割や能力」について尋ねた回答から、事務局長職の職務遂行能力の整理を試みる（**表3-4**）。

部課長職同様、多様な内容ではあるが、複数の人が言及する職務遂行能力もある。ここで着目したいのは、部課長職では挙げられなかった内容である。

もちろん、部課長職で挙げられた内容は、「機動力・臨機応変な対応」を除けば、局長職に必要な職務遂行能力としても挙げられている。勤務する大学のために資金を獲得したり、課題を解決するために実行力を発揮したりすることは、局長職においても必要なことであろう。

一方、部課長職では挙げられなかった職務遂行能力は、判断・決断に関するものと、組織管理に関するものとに二分できる。

判断・決断に関するものとしては、6名が判断力・決断力を挙げており、学長の判断のサポートまで含めれば、7名が言及している。判断・決断を行う立場の者として、その判断・決断に伴う責任を取る覚悟を挙げた者もいる。部課長と比べ、事務局における最終決定者であり、学長を支える大学執行部の一員であるという権限の大きさに由来するものであろう。

組織管理に関する内容も多く挙げられた。事務局の統括が求められる、人事管理能力や組織活用力が必要である、指導力やリーダーシップが求められる、コンプライアンス意識が求められる、といった内容である。事務局の統括や人事管理能力、組織活用力については主に事務局組織を対象とした内容であるが、リーダーシップについては教員出身者も含めた大学執行部内での

表 3-3 国立大学の部課長職の職務遂行能力の開発につながった経験
（経験した時期等と職務遂行能力の内容で区分）

	学生時代等、職務外の経験	本省転任前の勤務経験	本省勤務経験	課長としての勤務経験
現状を把握する力	多様なアルバイト経験			
情報収集力	常日頃、いろいろなことに興味を持つこと		勤務時に培った人脈	
			一緒に働いた仲間とのつながり（2）	
			全国の国立大学等の職員との人脈	
機動力			仕事にスピード感や柔軟性を求められた	
企画提案力 改善提案力			国の新規施策の実現方法を学んだ	
			上司から多角的な指摘を受け、多面的に物事を見ることが身に付いた	
			文章を書く経験を積んだ	
			国会議員への説明に随行したり、国会答弁資料を作成した経験	
			全国の国立大学の情報に触れ、視野の広さを培った	
			全国の国立大学の状況が分かるポストを経験	
交渉力 調整力 対外折衝能力			予算を取るための説明の仕方や、どの部署の誰に説明すれば効果的かなどを鍛えてもらった	
			財務省や総務省と厳しい交渉をした経験	
資金獲得力 実行力			大臣間の覚書などの重要な資料の作成に携わった経験	
			新しい予算を獲得	
			国立大学の予算をとりまとめて大蔵省に要求する仕事を担当し、予算要求のテクニックを身に付けた	
その他			上司・先輩の薫陶（2）	課長職として働く経験（2）
			国会答弁資料を作成した経験	
			全国の国立大学の部課長の仕事ぶりを直接見聞	

注）（ ）内の数字は、同じ内容を挙げた人数を示す。

表 3-4　国立大学の事務局長職の職務遂行能力

	インタビューへの回答の要約	職務遂行能力としての整理
A氏	事務局職員の統括（事務職員が教員出身の理事などにあやふやなまま案件を相談しないようにするといった意味で。人事権を持つ者として）。財源の確保。業務展開力。	事務局の統括 資金獲得力 業務展開力
B氏	決断力と判断力。事務的なことは最終決定しなければならない。また、学長に判断してもらわなければいけないものは判断のために必要な情報も含めて学長に相談する。はじめのうちは丁寧に学長に相談していたけれども、学長もいろいろな情報を得なくてはならない人だから、聞いても聞かなくてもいいようなことはこちらで判断して、整理して簡単に報告する場合もあれば、報告もしない場合もある。時間がない中で、情報をどう取捨選択するかも大事なこと。 また、判断するための情報が足りない、分からないという時は、文科省の人でも他大学の人でも、分かる人に聞いてなんとかやる、ということも重要。	決断力 判断力 情報収集力 学長の判断のサポート 情報の取捨選択 実行力
C氏	役割は、大学の運営改善、学長のサポート、事務職員の指導・養成。能力は、アイデア豊かな企画力、積極的な発言力、全体を見て落としどころを決める調整力（＝バランスの取れた判断力）、情報収集力、指導力、人事管理能力、部下を信頼し仕事を任せる力（＝組織の力をフル活用する力）など	企画提案力 学長の判断のサポート バランスの取れた判断力 情報収集力 指導力 人事管理能力 組織活用力
D氏	的確に学長の補佐をする。そのためには、担当分野の業務の内容をしっかりと把握し常に改善提案を意識すること、実行や意思決定のための他の役員や教職員との調整を行うこと、調整・説得するための関連知識（政策の内容や法令等の知識）を十分有していることが重要。 課長とのポジション・パワーの違いは、実行力。やる、やらないを決められるポジションにいる。 また、大学運営に関しては、時として他の執行部をリードしていかないといけない場面もある（大学の機能強化や第三期に向けた交付金の確保）。 強いコンプライアンス意識（教員の慣習に縛られない）。事務局職員を統括すること。また、事務局職員とのコミュニケーションや健康管理への配意。	学長の判断のサポート 全体像を把握する力 改善提案力 調整力 政策や法令等の知識 実行力 リーダーシップ コンプライアンス意識 事務局の統括 人事管理能力 組織活用力

	インタビューへの回答の要約	職務遂行能力としての整理
E氏	政策の流れを理解して、大学のやりたいことをその流れに乗せる展開を考え、実行につなげるために調整すること（歯車を回転させる役割）。課長時代との違いは、仕事の幅が広がったこと、学長に相談すべきもの（方向性や機微なもの）以外、学長から自分に判断を任されたことは自分で判断するようになったこと。学長に判断を仰ぐときには、複数案を提示すること。また、万一学長の判断が社会的批判を浴びる恐れがあるときには、学長に率直にそのことを伝える役割を果たさないといけない。	政策知識 実行力 調整力 学長の判断のサポート 判断力 コンプライアンス意識
F氏	課長は課の所掌、部長は部の所掌の範囲で誰よりも一番わかっている、という思いでやっていたが、局長になると全部で、マネジメントの幅が広がる。人に任せなければいけないことも増えるが、懸案事項については、進行管理については押さえている。 また、学長を支える一番手という意識で仕事をしている。学長の判断を仰ぐまでもない案件は自分のところで判断し、必要に応じて報告するが、学長に判断をしていただかなければならない案件については、判断しやすいような材料をそろえて判断を仰ぐ。 自分で判断しなければならない時には、一般の人に今の自分の判断を説明して、8割方の人に正しいと言われるような判断をしたいと心掛けている。去年こう判断したから、とか、誰からこう言われた、ということではなく、ニュートラルな判断をし、その責任は自分が取るという覚悟で。	事務局の統括 判断力 学長の判断のサポート 責任を取る覚悟
G氏	学長はじめ関係者を説得できるプレゼンテーション力・交渉力。 大学の発展や学生の利便性向上のためのアイデアをたくさん出せる企画提案力と情報収集力（下から上がってくる情報だけでなく自ら情報を持っておくこと、あるいは聞いたら情報を提供してくれる人脈を全国に持っておくことが、企画提案力につながる）。 事務局長になると責任も重くなるが、部下からは、本人が考えている以上に、格段に権力が強い立場と見られるようになるので、部下が提案や相談がしやすい雰囲気づくりに努めるなど、組織を活性化させるための企画や工夫をし、部下の提案や相談に対して適切に判断することが必要。 すべてにスピード感をもち、場合によっては責任をとって辞めるくらいの覚悟をもって決断・実行する力。	プレゼンテーション力 交渉力 企画提案力 情報収集力 組織活用力 責任を取る覚悟 判断力 実行力
H氏	事務局の総括が求められる。また、判断力。いちいち学長に相談するわけにもいかないし、学長に何を相談して、何を事務局長限りで決めるか、という仕分けをきちんとしないといけない。 また、学長の信頼を得ないといけない。学長の信頼を得られないと、部下に迷惑がかかる。	事務局の統括 判断力 学長の信頼

リーダーシップへの言及もあり、また、コンプライアンス意識についても教員組織に関する内容への言及もあった。前者については、事務局の長であるという立場から必要とされる能力であり、後者は大学執行部の一員であるという立場から必要とされる能力と言うことができよう。

これらの概略を示せば図3-6のようになる。

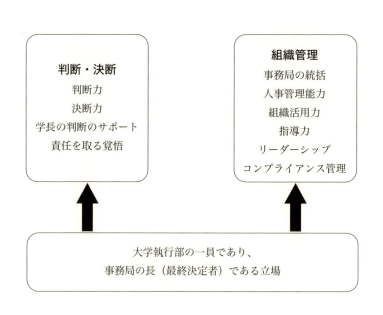

図3-6　国立大学の事務局長職の職務遂行能力とその構造

2. 国立大学の事務局長職の職務遂行能力の開発

　次に、前述した能力について、「どこで、誰の下で、どのような経験から身に付けたと考えるか」という問いに対する回答から、どのような経験が職務遂行能力の開発に寄与したと自己分析しているのかを明らかにする（**表3-5**）。

　これらの内容を、職務経験が本省か本省以外かという視点と、事務局長に固有と思われる職務遂行能力の内容によって区分したのが、**表3-6**である。

　これを見ると、部課長職の職務遂行能力の開発につながった経験が本省勤務時に集中していたのと異なり、本省以外の国立大学や施設等機関での部課長職などの経験も、事務局長としての職務遂行能力の開発に結び付いていると考えていることが分かる。

　部課長職における結果と併せて考えれば、部課長職において主に求められる職務遂行能力はその多くが本省勤務により培われているが、その後事務局長になるためには、部課長職において様々な経験を積んで、判断力や決断力を培っていかなければならないということになろう。

表 3-5　国立大学の事務局長職の職務遂行能力の開発につながった経験

	インタビューへの回答の要約	職務遂行能力の開発につながる経験
A氏	民主党政権下で、本省と国立大学の職員の人事異動が問題になった際、本省の人事課で国大協における理事の審査の仕組み作りに携わったことなどの経験。	・本省勤務時、新しい仕組みの創設に携わった経験
B氏	判断や決断は、それまで培ってきた経験を踏まえて行っている。そういう意味では、直近の6年間の部長時代に判断した経験が一番役に立っていると思うが、それも部長になるまでの間のいろいろな経験があってこそ、だと思う。	・事務局長になるまでの様々な仕事経験
C氏	本省でのいろいろなポストの経験を含む、それまでの職務経験。本省で会計検査院の窓口を長くやっていたことによって、大学からいろいろな相談を受け、できるだけ大学が困らないように、解決策や逃げ道を探してきた。そのようなことを通じていろいろなケースや解決方法を経験したことも大きいかもしれない。また、それまで経験したポストで仕えた優秀な上司を見て、その人の素晴らしい点、優れた点を学び見習った。部下を信頼し仕事を任せるという点については、本省や独立行政法人勤務などで出会った優秀な上司から学んだ。部下の話をよく聞き、自分の思いも部下に伝えて、コミュニケーションを図り、そうすることで信頼関係を作って任せられる人に任せていく。	・事務局長になるまでの様々な仕事経験 ・本省勤務時に、国立大学の様々な課題解決をサポートした経験 ・優秀な上司の優れた点を見習ったこと
D氏	課長のところで述べたことと基本的には同様であるが、部下の指導や高度な判断をするために、大学の課長や本省の課長補佐や室長としての勤務の過程の中で、経験を積み重ね（場数を踏み）、担当する職務や上司の指導などにより知識や判断力を身に付けたと考える。	・事務局長になるまでの様々な仕事経験 ・職務を通じた知識や判断力の習得 ・上司の指導による知識や判断力の習得
E氏	本省勤務時代の仕事の仕方。上司からの仕事の振られ方。手取り足取り教わったのではなく、丸投げで方向性だけ示されて、創意工夫して書類を上げて、こうではないと言われて、というその繰り返しの中で。ポストや仕事の内容によって違うから、その時々でちゃんと情報集めて、ちゃんとした判断して、提案しろ、ということを何度も経験させられた。 また、本省の仕事は、世の中にすごく影響が大きい（奨学金のための借り入れの数字を間違えたら毎月の支給ができなくなるとか、安全情報の伝達漏れがあったら在外教育施設の派遣教員や児童生徒の命に関わるような影響も出かねないとか）、恐ろしい世界。危機感、緊張感、使命感は持たざるを得なかった。そういった緊張感を持ちながら、アンテナを張って、情報を集めて対応していったことが大きい。それは上司が叱咤激励してくれる中で学んだが、職場文化とも言えると思う。	・本省勤務時の、自分で情報を収集し、判断し、提案する、という仕事のやり方を繰り返し経験したこと ・世の中への影響の大きい本省の仕事に、危機感、緊張感、使命感を持って取り組まざるを得なかった経験 ・いずれも、上司に鍛えられたが、そういう職場文化だった

第三章　国立大学事務局幹部職員の職務遂行能力とその開発

	インタビューへの回答の要約	職務遂行能力の開発につながる経験
F氏	本省勤務時代、主任か係長だった時に、上司から、一つ上の役職になったつもりで判断してみなさい、と言われ、心がけた。また、これも本省勤務時代の上司で、照会が来た時に、さてどうしましょうか、という上げ方だけはやめなさい、とりあえず自分の係なり課としてどう判断したら良いのか三つの案を考えて、そしてそれぞれにメリット、デメリットを付けて、その中で自分はこれが良いと思います、という上げ方をしてくれ、と言われ、それも心がけた。そういう経験の蓄積で身に付けたと思う。	・本省勤務時に上司から言われ、自ら判断して提案するという仕事のやり方を繰り返し経験したこと
G氏	本省勤務時代の上司である課長の了解を得る際に、大学の要求を蹴る案件の説明より、前向きに対応する案件の方が通りやすかったので、常にどうしたら実現できるかを前向きに考えるようになった。 その上司の影響も大きいが、国立大学の課長の時に大企業のトップから「人脈を広げるよう借金してでも多くの方々と付き合いなさい」というアドバイスを受け、頼まれたり誘われたりしたら基本的に断らない、という姿勢も培われた。 本省では、過酷で厳しい勤務環境であったので、若手職員が潰れないように、各係を回って声をかけたり、勤務後に楽しいイベントを企画したり、工夫するようになった。 また、本省では基本的に権限の強い仕事に携わっていたが、1年間だけ、ほとんど権限がなく、アイデアだけが勝負の、それまでの人脈や経験が生かせない職場を経験したことも勉強になった。 施設等機関の部長時代（広報も担当）に、不祥事に関するマスコミ対応を行った。通算4時間にわたる記者会見となったが、その最初の90分をほぼ一人で対応した。記者から罵倒され続け、その場で飛び降りて自殺しようかという考えも頭をよぎるくらい追い込まれた。この経験で、記者にはとにかく事実だけを話すこと、記者の誘導的な質問に不用意に答えてはいけないことなどを学ぶとともに、一度死んだつもりで、その後は、何でもやってやろうという仕事の姿勢に変わった。	・本省勤務時の上司の影響を受け、常に前向きに実現に向けて考えるようになったこと ・本省勤務時の上司や大企業のトップから人脈を広げるよう助言されたこと ・本省勤務時に、厳しい勤務環境で部下が潰れないよう工夫したこと ・施設等機関の部長の時に、不祥事に係る記者会見を経験し、マスコミ対応を学んだこと
H氏	病院の事務部長の経験。病院の事務部長は病院の事務局長みたいなところがあり、研究に関わること（研究倫理や寄付制度）、国際交流、労務（ハラスメント含む）、給与、概算要求、会計検査院対応など、仕事の幅が非常に広い。いろんな案件が上がってくるので、それのさばきが出来るようにいろんなことに関する法律とか制度の仕組みを勉強せざるを得なくなって知識が広がった。	・国立大学の附属病院の事務部長の時に、幅広い仕事に関する知識を学んだこと。

表3-6　国立大学の事務局長職の職務遂行能力の開発につながった経験
（経験した場と職務遂行能力の内容で区分）

		本省以外の勤務経験	本省勤務経験
判断力 決断力		国立大学附属病院の事務部長の時に、幅広い仕事に関する知識を学んだこと	国立大学の様々な課題解決をサポートした経験
			職務を通じ、また上司の指導により、知識や判断力を修得
			自分で情報を収集し、判断し、提案する、という仕事のやり方を繰り返し経験したこと（2）
		事務局長になるまでの様々な仕事経験（3）	
責任を取る覚悟		施設等機関の部長の時に経験した不祥事に関するマスコミ対応	世の中への影響の大きい仕事に、危機感、緊張感、使命感を持って取り組まざるを得なかった経験
組織管理			厳しい勤務環境の中で部下が潰れないように工夫したこと

注）（　）内の数字は、同じ内容を挙げた人数を示す。

第三項　経験による職務遂行能力の違い

　前二項では、国立大学等に採用されて文部省に転任し、その後国立大学の部課長職を経て事務局長職に就いた者を対象に行ったインタビューを基に部課長と事務局長の職務遂行能力とその開発について論じてきた。一方で、前章で明らかにしたように、本省勤務を経ずに課長になるキャリア・パターンとして、文部省による課長登用により課長以上になる場合と、学内から課長級の職に登用される場合[120]とがある。

　第一項において、部課長職に求められる職務遂行能力の開発につながった経験として挙げられたのが主に本省勤務時の経験だったことを踏まえると、課長登用者と学内登用者にはどのような役割や能力が求められていたのかも明らかにしておく必要がある。

　このため、前二項と同じ事務局長経験者に、部課長や事務局長を務めた際

に、課長登用者や学内登用者との役割や能力の違いについて感じることがあったかと尋ねたところ、全員があった、と回答した。さらに、その違いはどのようなものだったかを尋ね、その回答をまとめたものが、**表3-7**である。

　総じて、能力は人による、という回答であった。これは、学内登用で幹部職員になる人は優秀であり、本省勤務経験者でもその経験を生かせずに仕事ぶりが良くない人もいる、という認識を表していると言えよう。

　一方で、仕事上の経験が異なるために、実際に発揮できる職務遂行能力が異なっているとも認識されている。全国的な情報の収集、文部省や他機関との調整や折衝、仕事のスピード感や企画提案力、実行力などについては本省勤務経験者の方が優れているとされる。課長登用者は、その専門とする分野において、知識や出身大学・他大学の経験に基づく情報を有している点で評価されており、学内登用者は、学内事情に精通していたり、学内の人脈がしっかりしているという点で評価されている。

　このことにより、本省勤務経験者、課長登用者、学内登用者の仕事上の経験の違いから、職務遂行能力にも違いが出ていること、つまり、第二章で明らかにしたキャリア・パターンの3区分に対応して職務遂行能力も異なることが明らかになったと言えよう（**表3-8**）。

表3-7 課長登用者や学内登用者と本省勤務経験者との役割や能力の違い

	インタビューへの回答の要約	課長登用者や学内登用者と本省勤務経験者との違い
A氏	仕事を通じて受けた訓練が違うため、業務の処理、情報の共有や伝達のスピード感や柔軟性に違いがある。 人脈を背景とした情報収集力にも違いがある。 また、本省との情報共有だけではなくて、大学が向かうべき方向にどうやったら行きやすいかというアイデアを出し、それを実践できるような能力については、課長登用者の中にもまれに本人の素養ですごい能力の高い人もいるが、環境で育つ部分があるので、本省勤務経験者の方が数が多い。	スピード感 柔軟性 学外の人脈を背景とした情報収集力 企画提案力 実行力
B氏	能力は、人による。本省勤務経験者がすべていいとも思わないし、大きな大学で内部で部課長に昇進した人は、誰が見てもおかしくないと思われるような優秀な人。 役割については、文科省から来た人には、文科省とのつながりというのが求められる。 課長登用で大学間を異動している人は、経理なら経理、学生課なら学生課のプロといった感じで、その大学だけに限らず、いろいろな大学の経理や学生課の内容を熟知して、それを現在の勤務大学で生かしてもらう、という感じで、実務のプロ。 内部登用の人は、学内のことはみんな基本的に知っている、学内事情に精通している（この件はどうしてこうなったのか、など）ということで、学内をどう収めるかというところで力を発揮してくれて、ありがたかった。特に教務関係は大学独自のカリキュラムや学生対応があるから、学内の人で一番精通している人がいれば良いと思う。	文部省からの情報収集 専門分野 学内事情への精通度
C氏	本省勤務経験がない人は総じて本省に行きたがらない、電話もかけたがらない、どこに連絡を取って良いかもわからない、といった状況だった。 また、本省勤務経験がない人は文章を書いたりメモを取ることが苦手な人が多かった。 加えて、人にもよるが、同じ分野だけしか経験のない部課長（課長登用者やプロパー職員に多い）は、得意分野は一生懸命取り組むが、そうでない分野については部下任せの人がいる。事務長も含め、大学の幹部職員になるのであれば、庶務・経理・教務などの全般にわたった管理能力が必要なので、いろいろなポストを経験した方が良い。	文部省からの情報収集 文書作成能力 専門分野 組織管理
D氏	施策を実現するやり方の全体への理解や、多面的に物事を見たり、視野を広く持つことは本省勤務経験者が優れていると思う。学内登用者は、学内の教職員や施設の状況、過去の経緯等に熟知している一方、視野が狭くなりがちで前例に沿った対応を行う。優秀な人も一生懸命やっている人ももちろんいるが、それまでの仕事の中身とか経験の違いによって、木を見て森を見ず、といったところがある。課長登用者は出身大学や他大学の経験を踏まえたより幅の広い知識を有しているが、本省勤務経験者は、さらに視野が広い。 また、本省や他機関との調整力についても、本省勤務経験者の方が積極的であり優れていると感じる。	全体像の把握 実行力 視野の広さ 学内事情への精通度 文部省や他機関との調整力 スピード感

	インタビューへの回答の要約	課長登用者や学内登用者と本省勤務経験者との違い
D氏	ただし、視野の広さは、大学生え抜きの職員でも、一時期だけ本省勤務を経験する（短期併任や研修生）ことで身に付けられる感じがする。生え抜きの職員は学内の事情はすごく詳しいが、本省勤務経験者は、学内事情を知らないからこそ教員に対等な感覚で何でも言えるようなところもあるのではないかと感じる。 また、事案処理の感覚。本省勤務経験者は1～2日で対応するが、生え抜きの職員は1～2週間かかる。学長に何か言われると本省勤務経験者はすぐ自分で取りかかろうみたいな意識になるけれども、生え抜きの職員はそういう訓練をされていない。 ただし、本省勤務経験者がすべて能力も人格も良いという訳ではなく、本省で勤務しても、そこから得る人とそうではない人がいるのは確か。	
E氏	課長登用者は、その専門性を生かされて異動していると感じる。入試系だったら入試の専門家。その専門を生かしているという意味で、その人にとっても周りの人にとっても良いこと。仮に他の課長を務めたら、本人にとっても組織にとっても良くないだろう、という感じ。学内登用者も専門分野があるので、専門分野を生かしたポストであれば生きる。キャリアを踏まえた適材適所が必要。	専門分野
F氏	学内登用者は優秀だし学内事情を良く知っている。ただ、調整や対外折衝は苦手な人が多い。それぞれに役割があり、それぞれに必要とされるポストがあるという印象。適材適所。 生え抜きの職員は教員とずっと付き合っていかなければならないので、教員から言われてもなかなか言い返せない。その代わりを自分のような者が憎まれ役になってやれれば良いと思っている。	学内事情への精通度 調整力 対外折衝力
G氏	本省勤務経験のない国立大学等の職員の中にも優秀な職員が多くいるため、能力の違いはさほどないように思う。学内登用者の場合、会計系職員から学務系課長に登用されるなど、実力が発揮しづらい環境におかれるケースもあり一概には言えないが、本省勤務経験者の方が、本省での大学行政の経験がない者を含めて、人脈を活用して前向きに仕事を行っている者が多いと思う。 また、人脈を背景とした情報収集力の違いから、企画提案力・実行力にも違いがあるように思うが、両者に期待される役割が異なっており、学内にバランス良く配置されて、事務業務が遂行されていると思う。	学外の人脈を背景とした情報収集力 企画提案力 実行力
H氏	能力に違いはないが、役割の違いを感じた。本省勤務経験者には、本省との交渉、他大学での勤務経験や全国に広がる人脈を通じた全国の大学の情報（他の大学での参考になる取組など）、法律や制度（学校教育法、国立学校設置法、学問の自治、東大ポポロ事件）についての理解が求められていると感じた。 学内登用者の素晴らしいところは、昔からその大学にいるので、大学の歴史やら、昔こんなことがあって今こういう風になっているんだという経緯に詳しいことと、学内の人脈がしっかりある、というところ。	文部省との交渉 学外の人脈を背景とした情報収集力 政策知識 学内事情への精通度 学内の人脈

表3-8 国立大学事務局幹部職員のキャリア・パターンと職務遂行能力

	特徴的な職務遂行能力
本省転任者	全国的な情報の収集
	文部省や他機関との調整や折衝
	仕事のスピード感
	企画提案力
	実行力
課長登用者	専門分野の知識
	専門分野に関する出身大学や他大学での経験に基づく情報
学内登用者	学内事情への精通
	学内の人脈を生かした対応

　違いは生じてはいるものの、部課長職は財務、総務、教務、学生、国際、研究支援、病院等様々な分野に渡っているので、「それぞれに役割があり、それぞれに必要とされるポストがある（F氏）」「適材適所（E氏）」という形で人事が行われれば、それぞれが力を発揮できることにも言及があった。

　また、本省勤務経験者の利点として「教員に対等な感覚で何でも言える（D氏）」「（生え抜きの職員が教員から言われてなかなか言い返せないことを）自分のような者（本省勤務経験者）が憎まれ役になってやれば良いと思っている（F氏）」など、教員と対等に渡り合えることが挙げられている一方で、学内登用者は「学内をどう収めるかというところで力を発揮（B氏）」していることが挙げられていることも興味深い。本研究では、大学の第一義的な存在意義である教育研究を直接担う教員ではなく、事務職員、それも幹部職員の昇進構造と能力開発を対象としており、教員と職員の関係性には立ち入っていない。しかしながら、このことは、大学職員論と関わって論じられることの多いいわゆる教職協働[121]の在り方についても、大学職員が発揮している

能力を具体的に明らかにすることにより示唆が得られることを示しているように思われる。

　さらに、本省勤務経験者の方が優れているとされる職務遂行能力は、第一項において部課長職に求められる職務遂行能力として挙げられたものと重なるものが多く[122]、勤務大学における資金獲得や組織改組などの実行は、本省勤務経験者を欠いては難しいことが示唆されている。

　これは、東京大学大学院教育学研究科大学経営・政策研究センター (2010) の行った国公私立の大学事務職員約 6,000 人を対象とした調査で、仕事の内容で大きいウエイトを占めているものの上位 1 位が「学生や教員への対応 (63.7%)」、2 位が「パターンが決まった職務の実施 (48.9%)」となっている一方、最下位が「新規事業の企画・開発 (15.9%)」となっていることからも支持されるものと思われる。両角 (2015) では、この結果を管理職 (部長・次長・課長等)、初級管理職 (課長補佐、係長・主任等)、一般専任職員別に分析しており、一般専任職員に限ると「学生や教員への対応」が 66%、「パターンが決まった職務の実施」が 59%、「新規事業の企画・開発」が 10% と、より定型的な仕事が中心になっており、初級管理職では全体とほぼ同じ比率となっている。本省勤務経験者との仕事上の経験の違いは明らかであろう。

　ただし、仕事上の経験の違いを埋める方策について言及している事務局長経験者がいることにも注目しておきたい。それは、「視野の広さは、大学生え抜きの職員でも、一時期だけ本省勤務を経験する (短期併任や研修生) ことで身に付けられる感じがする (D 氏)」「大学の幹部職員になるのであれば、庶務・経理・教務などの全般にわたった管理能力が必要なので、いろいろなポストを経験した方が良い (C 氏)」というものである。事務局長職に固有の職務遂行能力である判断力や決断力、組織管理に関わる力は、本省勤務時の経験だけでなく、本省以外でのいわば中間管理職である部課長としての勤務経験でも開発され得るという第二項における知見を踏まえれば、これらの方策によって、課長登用者や学内登用者が本省勤務経験者との仕事上の経験の違いを埋めて部課長職を経験し、判断力や決断力、組織管理に関わる職務

遂行能力を身に付け、事務局長職まで務まる可能性も十分にあるということではないだろうか。この点については、第四章において法人化後の変化を論ずる際にさらに深めてみたい。

第四節　能力開発に資するキャリアパスとしての文部省勤務の実態

　前節では、事務局幹部職員に求められる職務遂行能力が、仕事上の経験、特に本省勤務時の経験により身に付いたことを明らかにした。事務職員の昇進に当たって設けられたファスト・トラックである文部省転任の仕組みが、「早い時点で組織の構成員の中から有能な少数の者をエリート的地位のために選抜」しただけでなく、「他の者から分離して集中的に専門訓練を施す」ことにより管理職としての能力開発につながったということである。

　そこで、本節では、国立大学事務局幹部職員の能力開発に資するキャリアパスと位置付けられる文部省勤務に着目し、本省転任者が文部省の中でどのようなキャリアを歩んでいたのかなどの実態を経年的に明らかにする。

　第二章第三節で、国立大学に採用された職員が本省に転任するプロセス等を明らかにした。そこでは、元任用班主査へのインタビューにより、それらの者は本省転任後、当初配属された局で係員→主任→係長と勤めて、国立大学の課長に転出するのが通例であること、係長への昇任は31〜33歳、国立大学の課長への転出は38〜40歳だったことが明らかになっている。

　これまで繰り返し述べてきたように、文部省は、1973（昭和48）から1995（平成7）年までの22年間にわたって、国家公務員試験Ⅰ種（上級）試験合格者以外については、計画的な本省直接採用を行わず、Ⅱ種（中級）試験やⅢ種（初級）試験合格者のほとんどを国立大学等に採用された者の中から確保してきた。本節では、文部省職員について、そのポストと初職に着目して分析することにより、文部省職員の構成を明らかにし、国立大学事務局に採用されて本省に転任した者が本省の職との関連でどのようなキャリアを歩んでいたのかを、具体的に明らかにしたい。初職に着目することにより、国立大学等に採用された者が文部省のどのレベルの役職に何人勤務していた

かが分かる。

本節で扱うデータは、文教ニュース社が発行する『文部省幹部職員名鑑』の昭和46年版、昭和50年版、昭和60年版、平成7年版、平成15年版である。最初に発行されたのが昭和46年版であり、本省主任以上の職員と国立学校以外の所轄機関の課長以上の職員を掲載していたが、昭和47年版からは国立大学を含む国立学校の部長級以上の職員も追加され、昭和48年版以降はさらに国立学校の課長級以上の職員も追加されて発行されている。平成12年版までのタイトルは『文部省幹部職員名鑑』であったが、平成13年～16年版は『文部科学省幹部職員名鑑』となり、平成17年以降は『文部科学省国立大学法人等幹部職員名鑑』となっている。

今回の分析では、文部省の係長、課長補佐、課長、審議官、部長、局長、次官の職を対象とし、その職に就いている職員の初職を調べる。

データを集める際には、専門的な職務を担当するため、国家公務員試験によらず、主に大学教員や学校教員の中から選考により採用される教科調査官や教科書調査官、視学官、社会教育官、体育官などの職は除いた。

また、文部省と科学技術庁が統合して文部科学省となった後のデータである平成15年版に関しては、本研究の関心が国立大学採用者のキャリアパスであること、昭和46年版からの経年のデータを扱うことから、旧科学技術庁の流れをくむ科学技術・学術政策局、研究振興局、研究開発局の職員は対象外[123]とした。一方で、対象とした局にも科学技術庁を初職とする者がおり、それらの者は本省採用という観点から、文部省・文化庁採用者と同様に扱った。

データ整理に当たっては、課長に加えて課長クラスの企画官、室長等を含めて「課長相当職」、課長補佐に加えて課長補佐クラスの専門員等を含めて「課長補佐相当職」、係長に加えて係長クラスの専門職員等を含めて「係長相当職」とした。

これにより、分析対象数は以下のとおりとなる。

1971（昭和46）年：局長以上7ポスト、部長相当職8ポスト、

　　　　　　　　　課長相当職 52 ポスト、課長補佐相当職 108 ポスト、
　　　　　　　　　係長相当職 281 ポスト、
　　　　　　　　　計 456 ポスト
　　1975（昭和 50）年：局長以上 8 ポスト、部長相当職 8 ポスト、
　　　　　　　　　課長相当職 59 ポスト、　課長補佐相当職 118 ポスト、
　　　　　　　　　係長相当職 310 ポスト、
　　　　　　　　　計 503 ポスト
　　1985（昭和 60）年：局長以上 8 ポスト、部長相当職 9 ポスト、
　　　　　　　　　課長相当職 79 ポスト、課長補佐相当職 120 ポスト、
　　　　　　　　　係長相当職 298 ポスト、
　　　　　　　　　計 514 ポスト
　　1995（平成 7）年：局長以上 8 ポスト、部長相当職 10 ポスト、
　　　　　　　　　課長相当職 97 ポスト、課長補佐相当職 161 ポスト、
　　　　　　　　　係長相当職 351 ポスト、
　　　　　　　　　計 627 ポスト
　　2003（平成 15）年：局長以上 9 ポスト、部長相当職 10 ポスト、
　　　　　　　　　課長相当職 95 ポスト、課長補佐相当職 255 ポスト、
　　　　　　　　　係長相当職 358 ポスト、
　　　　　　　　　計 727 ポスト

　なお、国立大学の幹部職員と同様、特に 46 年版に顕著な傾向として、戦時中である昭和 20 年より前や戦後の混乱期である昭和 20 年代前半に初めて職に就いた者が一定数いる。初職が軍関連の施設である者や、旧制の学校である者、台湾や旧満州の政府機関である者などをそのまま「その他」として分類してしまうと、戦前と戦後で大きく職の種類が変わったことを分析上そのまま取り込んでしまうことになる。このため、42 年版で初職が旧制の学校である者については、それらの学校を前身とする国立大学を初職とし、初職が「その他」の者については、改めて 1950（昭和 25）年 4 月時点の職を調べ、その職が置かれている機関を初職機関とした[124]。50 年版、60 年版

においても、同様にデータの修正を行った。50年版と60年版で初職が「その他」の者については、その時点から20年前の職を調べて初職機関とした。50年版では1955（昭和30）年、60年版では1965（昭和40）年である。

第一項　1971（昭和46）年

　1971（昭和46）年の事務次官は、1942（昭和17）年に朝鮮総督府に勤務し、1947（昭和22）年4月まで兵役を務め、同年8月に文部省での勤務を始めて以降文部省で働いている。官房長及び5名の局長のうち、5名は初職が文部省であり、1名は1947（昭和22）に公立学校の教員になった後、県での勤務などを経て、1951（昭和26）年に文部省での勤務を始めて以降文部省で働いている。この中に国立大学事務局採用者はいない。

　部長、審議官クラスの8名のうち、5名は初職が文部省である。残る3名のうち、2名は1947（昭和22）年に公立学校の教員になった後、県での勤務を経て1952（昭和27）年から文部省で働いており[125]、1名は1936（昭和11）年に東京大学に採用された後、1944（昭和19）年から文部省で働いている。後者は国立大学事務局採用者として位置付けられる。

　課長以下の職員は人数が多くなるため、以下、図表で示したい。

表 3-9　1971（昭和 46）年度　文部省　課長相当職

初　職					計
文部省・文化庁	国立大学	他省庁	国立大学以外の文部省の施設等機関	その他	
38	5	0	0	9	52
73.1%	9.6%	0.0%	0.0%	17.3%	100%

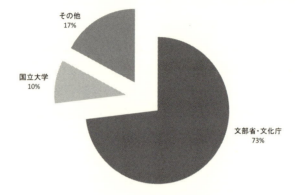

図 3-7　文部省　課長相当職の初職（1971）

表 3-10　1971（昭和 46）年度　文部省　課長補佐相当職

初　職					計
文部省・文化庁	国立大学	他省庁	国立大学以外の文部省の施設等機関	その他	
71	19	2	0	16	108
65.7%	17.6%	1.9%	0.0%	14.8%	100%

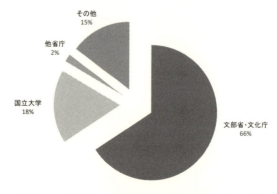

図 3-8　文部省　課長補佐相当職の初職（1971）

表 3-11　1971（昭和46）年度　文部省　係長相当職

初　職						計
文部省・文化庁	国立大学	他省庁	国立大学以外の文部省の施設等機関		その他	
129	103	1	1		44	278
46.4%	37.1%	0.4%	0.4%		15.8%	100%

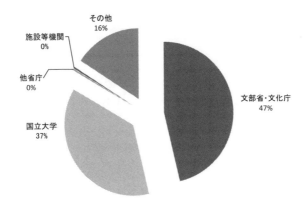

図 3-9　文部省　係長相当職の初職（1971）

部長・審議官クラスでは1人だった国立大学採用者が、課長相当職では5人、課長補佐相当職では19人、係長相当職では103人と増加し、その割合もそれぞれ10%、18%、37%と増加していることが分かる。

課長相当職の国立大学採用者5人のうち、1人は1939（昭和14）年に、4人は1950（昭和25）年〜1952（昭和27）年の間に大学から文部省に異動しているため、1959（昭和34）年以降のような組織的な本省転任ではなく、いわゆる一本釣りで本省に転任した者と思われる。これらの者がどのような試験を経て国立大学に採用されたかは不明だが、1959（昭和34）年より前に大学採用の六級職（上級職）合格者を一本釣りで文部省に転任させていたという元任用班主査の証言もあり、学歴が九州大学法学部、中央大学法学部、東京高等師範学校、京都大学文学部、東京大学工学部となっていること、課長相当職に就いている本省採用の者と初職年を比べても[126]大きな差は見受けられないことから、キャリア官僚としての処遇を受けていた可能性もあると思われる。

課長補佐相当職の19人のうち、文部省への異動が1959（昭和34）年より前の者が7人、それ以降の者が12人[127]である。後者は組織的な本省転任が始まった後に文部省へ異動してきた者であり、この時点では課長補佐相当職にまで昇進してきたことが分かる。

この時点では組織的に本省転任試験を始めてから12年が経過しており、係長相当職における国立大学採用者の割合が他の役職と比して多いのは、本省転任の慣行が定着してきたことを表しているとも言えよう。もちろん、第二章第三節で明らかにしたように、文部省の係長から国立大学の課長に転出した後に文部省の課長補佐に戻ってくる者とそうでない者がいることの影響もないとは言えない。いずれにしても、係長相当職では国立大学採用者が約4割を占めており、本省の人材として欠かせないウエイトを占めている。

なお、1960（昭和35）年から1972（昭和47）年までの間、文部省は初級職試験、中級職試験等の合格者の本省直接採用も行っていることから、この時点の文部省・文化庁採用者にはキャリア官僚だけでなく、ノンキャリア公務員も含まれる。

第二項　1975（昭和50）年

　1975（昭和50）年の事務次官は、1946（昭和21）年に文部省に採用されている。官房長及び6名の局長のうち、6名は初職が文部省であり、1名は1947（昭和22）に九州大学に採用になった後、1949（昭和24）年から県の教育長室、教育委員会秘書課に勤務し1952（昭和27）年に文部省での勤務を始めて以降文部省で働いている。初職は国立大学ではあるが、戦後の混乱期のことでもあり、前項で公立学校教員から県勤務を経て文部省で働き始めた事例と同様のケースであろう。

　部長、審議官クラスの8名のうち、5名は初職が文部省である。残りの3名のうち、1名は初職が外務省で、その経歴とポスト（ユネスコ国際部長）から外務省との人事交流による処遇と思われる。もう1名は1947（昭和22）年に公立学校の教員になった後、1949（昭和24）年から、2度の国立大学事務局での勤務を除いては、文部省で働いている。最後の1名は1952（昭和27）年4月に国立大学に採用された後、同年12月に文部省に異動している。組織的な本省転任が行われる1959（昭和34）年より前に異動しているため、いわゆる一本釣りによるものと思われる。前項の1971（昭和46）年には課長相当職に就いていた者である。前項でも述べたように、この者がどのような試験を経て国立大学に採用されたかは不明であるが、学歴が九州大学法学部となっていること、部長、審議官クラスに就いている本省採用の者と初職年を比べても大きな差は見受けられないことから、キャリア官僚としての処遇を受けていた可能性が大きい。

　課長以下の職員は前項同様、以下、図表で示したい。

表 3-12　1975（昭和 50）年度　文部省　課長相当職

初　職					計
文部省・文化庁	国立大学	他省庁	国立大学以外の文部省の施設等機関	その他	
48	3	0	0	8	59
81.4%	5.1%	0.0%	0.0%	13.6%	100%

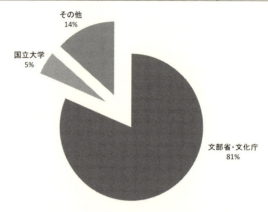

図 3-10　文部省　課長相当職の初職（1975）

表 3-13　1975（昭和 50）年度　文部省　課長補佐相当職

初　職					計
文部省・文化庁	国立大学	他省庁	国立大学以外の文部省の施設等機関	その他	
75	30	3	2	8	118
63.6%	25.4%	2.5%	1.7%	6.8%	100%

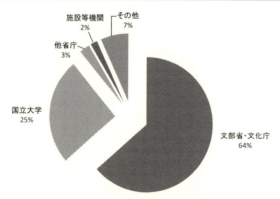

図 3-11　文部省　課長補佐相当職の初職（1975）

表 3-14　1975（昭和 50）年度　文部省　係長相当職

	初　職					計
文部省・文化庁	国立大学	他省庁	国立大学以外の文部省の施設等機関		その他	
122	154	5		4	25	310
39.4%	49.7%	1.6%		1.3%	8.1%	100%

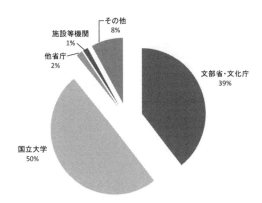

図 3-12　文部省　係長相当職の初職（1975）

1971（昭和46）年と比較すると、国立大学事務局採用者は課長相当職では3人（5%）と少なくなったが、課長補佐相当職では30人、係長相当職では154人、その割合もそれぞれ25%、50%となり、増加していることが分かる。係長相当職では、文部省・文化庁採用者よりも国立大学事務局採用者が多くなるという逆転も果たしており、本省転任試験による転任者の確保が順調に進んでいる表れと言えよう。課長相当職の3人は、1971（昭和46）年に課長補佐相当職に就いていた者で、本省転任が1959（昭和34）年以降の者である。本省転任者が課長相当職にまで就く年齢に達していたということであり、このことからも本省転任が慣行として定着してきたように見える。ただし、この3人については、どのような試験を経て国立大学に採用されたかは不明であるが、学歴が早稲田大学、京都大学教育学部、京都大学経済学部・文学部となっていること、課長相当職に就いている本省採用の者と初職年を比べても大きな差は見受けられないことから、キャリア官僚としての処遇を受けていた可能性もあると思われる。

　係長相当職の総数が増える（281から310）中で、文部省・文化庁採用者[128]の数自体はさほど変わらず（132から122）、国立大学事務局採用者の数が増えている（103から154）ことから、組織拡大に伴う人員増を転任者によりまかなっているとも言え、文部省の人材として一層欠かせない存在となっていると言えよう。

　このように本省転任の慣行が定着したことが、1973（昭和48）年以降の本省直接採用の中止に帰結したと考えられる。

　一方で、課長相当職で国立大学事務局採用者の割合が減っていることは、戦後30年を経て国家公務員制度が定着したことと併せて、本省において上級職として採用された者が課長クラスまで育ち、それ以外の試験区分のものや本省採用以外の者が課長相当職以上の職に就くことが難しくなってきたと考えるのが妥当であろう。

　量的には、本省転任試験を経て本省で働くこととなった国立大学事務局採用者のうち、およそ5分の1が再度課長補佐として本省で働き、さらに課長相当職として働く者はその10分の1となっている。

第三項　1985（昭和60）年

　1985（昭和60）年の事務次官は、1952（昭和27）年に文部省に採用されている。官房長及び6名の局長のうち、6名は初職が文部省である。残る1名は1953（昭和28）から日本放送協会で働き、その後1956（昭和31）年に文部省での勤務を始めている。以降、一貫して文部省を中心に働いており、厳密に言えば初職は日本放送協会ではあるが、1956（昭和31）年に改めて文部省に採用され、実質的には文部省が初職と考えられるケースであろう。
　部長、審議官クラスの9名のうち、8名は初職が文部省である。残る1名は初職が外務省で、その経歴とポスト（官房審議官（学術国際局担当））から外務省との人事交流による処遇と思われる。
　1975（昭和50）年までと異なり、ここまでのレベルの職には国立大学事務局採用者はいなくなった。
　課長以下の職員は前項同様、以下、図表で示したい。

表 3-15　1985（昭和60）年度　文部省　課長相当職

初　職						計
文部省・文化庁	国立大学	他省庁	国立大学以外の文部省の施設等機関	その他	
73	6	0	0	0	79
92.4%	7.6%	0.0%	0.0%	0.0%	100%

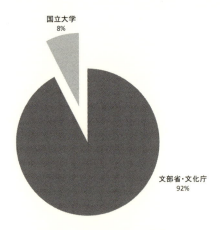

図 3-13　文部省　課長相当職の初職（1985）

第三章　国立大学事務局幹部職員の職務遂行能力とその開発　215

表 3-16　1985（昭和 60）年度　文部省　課長補佐相当職

文部省・文化庁	国立大学	他省庁	国立大学以外の文部省の施設等機関	その他	計
			初　職		
62	52	2	0	4	120
51.7%	43.3%	1.7%	0.0%	3.3%	100%

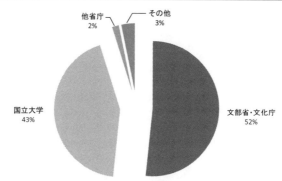

図 3-14　文部省　課長補佐相当職の初職（1985）

表 3-17　1985（昭和 60）年度　文部省　係長相当職

文部省・文化庁	国立大学	他省庁	国立大学以外の文部省の施設等機関	その他	計
			初　職		
69	180	3	30	16	298
23.2%	60.4%	1.0%	10.1%	5.4%	100%

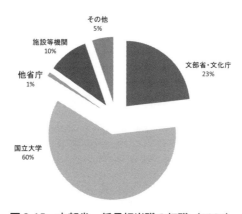

図 3-15　文部省　係長相当職の初職（1985）

1975（昭和50）年と比較すると、国立大学事務局採用者は課長相当職では6人（8％）に増え、課長補佐相当職でも52人（43％）、係長相当職でも180人（60％）と、数、割合ともに増加していることが分かる。

　1975（昭和50）年から一層、本省転任試験による転任者の確保が順調に進んでいる表れであり、上級試験合格者以外の本省直接採用が1972（昭和47）年を最後に行われなくなったことの表れでもある。係長相当職がやや減っている（310から298）中で、文部省・文化庁採用者の数が大きく減り（122から69）、国立大学採用者の数が増えている（154から180）ことから、本省転任者が文部省の人材の中核を占めるようになってきたと言えよう。

　これまでは、国立大学事務局採用者で課長相当職に就いている者については、その学歴や本省採用の者と初職年を比べても大きな差は見受けられないことから、キャリア官僚としての処遇を受けていた可能性もあると思われたが、この年に課長相当職に就いている者のうち、2名は高卒、1名は専門学校卒、2名が大学卒、1名が大学院卒であった。少なくとも高卒の2名についてはキャリア官僚ではないことが明らかであり、いずれも本省転任の慣行が始まった1959（昭和34年）に本省に転任している。初級職や中級職の国立大学事務局採用者が本省転任から約25年経って課長相当職に就く年齢に達したということであり、一層の定着が見られる。そのほかの4名についても、本省採用の者と初職年で10年程度の開きがあるため、キャリア官僚ではない可能性が高い。

　本省転任試験を経て本省で働くこととなった国立大学採用者のうち、課長補佐として本省で働く比率はやや増えている（5分の1から4分の1）が、課長補佐からさらに課長相当職として働く者は引き続き10分の1程度となっている。

第四項　1995（平成7）年

　1995（平成7）年の事務次官は、1962（昭和37）年に文部省に採用されている。官房長及び6名の局長もすべて文部省が初職となっている。1985（昭和60）年においても事務次官、官房長及び局長の初職が実質的に文部省

に限られていたこと、1985（昭和60）年の事務次官の採用年が1952（昭和27）年であったことから、1952（昭和27）年から1962（昭和37）年の10年の間に、戦後における文部省のキャリア官僚の採用が定着したと見ることができよう。

部長、審議官クラスの10名のうち、9名は初職が文部省である。残る1名は初職が外務省で、1985（昭和60）年と同様、その経歴とポスト（官房審議官（学術国際局担当））から外務省との人事交流による処遇と思われ、1975（昭和50）年のユネスコ国際部長から20年続く慣行と想定できる。

1985（昭和60）年に引き続き、ここまでのレベルの職には国立大学事務局採用者はいない。

課長以下の職員は前項同様、以下、図表で示したい。

表3-18　1995（平成7）年度　文部省　課長相当職

初　職					計
文部省・文化庁	国立大学	他省庁	国立大学以外の文部省の施設等機関	その他	
81	8	5	0	3	97
83.5%	8.2%	5.2%	0.0%	3.1%	100%

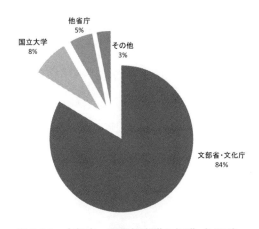

図3-16　文部省　課長相当職の初職（1995）

表 3-19　1995（平成 7）年度　文部省　課長補佐相当職

	初　職					計
文部省・文化庁	国立大学	他省庁	国立大学以外の文部省の施設等機関	その他		
42	89	3	16	11		161
26.1%	55.3%	1.9%	9.9%	6.8%		100%

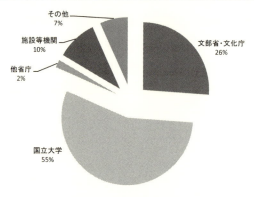

図 3-17　文部省　課長補佐相当職の初職（1995）

表 3-20　1995（平成 7）年度　文部省　係長相当職

	初　職					計
文部省・文化庁	国立大学	他省庁	国立大学以外の文部省の施設等機関	その他		
57	233	6	44	11		351
16.2%	66.4%	1.7%	12.5%	3.1%		100%

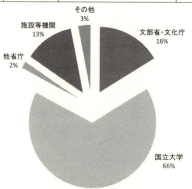

図 3-18　文部省　係長相当職の初職（1995）

国立大学事務局採用者は、課長相当職では8人（8%）で1985（昭和60）年と比べてほぼ横ばいであるが、課長補佐相当職では89人（55%）、係長相当職では233人（66%）と、人数、割合ともに増加している。この年には係長相当職だけでなく、課長補佐相当職でも文部省・文化庁採用者よりも国立大学事務局採用者が多くなるという逆転を果たしており、ますます国立大学事務局採用者が文部省勤務者の中での中核を占めるようになってきたことが現れている。

国立大学事務局採用者で課長相当職に就いている者8人については、この時点では本省採用の者と初職年が10～20年程度の開きがあるため、ノンキャリア公務員であることが明らかである。

1980（昭和60）年までに部長・審議官レベルに国立大学事務局採用者がいなくなり、課長相当職の国立大学事務局採用者からキャリア官僚のようなキャリアパスの者がいなくなったことに加えて、課長補佐相当職と係長相当職において国立大学事務局採用者が文部省・文化庁採用者を上回る割合を占めるようになったことから、本省転任試験の開始から約35年、初級職と中級職の本省直接採用の中止から約25年が経ったこの時点で、ノンキャリア公務員である国立大学事務局採用者とキャリア官僚である文部省・文化庁採用者という二元的な人事管理の姿がデータ上もはっきりと読み取れるようになってきたと言える。

本省転任試験を経て本省で働くこととなった国立大学事務局採用者のうち、課長補佐として本省で働く比率は増えている（4分の1程度から3分の1程度）が、課長補佐からさらに課長相当職として働く者は引き続き10分の1程度となっている。

第五項　2003（平成15）年

2003（平成15）年の事務次官は、1969（昭和44）年に文部省に採用されている。2001年（平成13）年に行われた中央省庁再編に伴い、文部省は科学技術庁と統合し、文部科学省となっており、その際大臣官房に次官級の文部科学審議官のポストが二つ設けられた。この時の文部科学審議官は一人が

文部省を初職としており、もう一人は科学技術庁を初職としている。本書では、国立大学事務局採用者に着目して論じているため、科学技術庁を初職とする者についても、本庁採用という観点から分析上は文部省と同列に扱うこととしたい。官房長、国際統括官を含む6名の局長級職員もすべて文部省または科学技術庁を初職としている。

部長、審議官クラスの10名のうち、8名は初職が文部省、2名は初職が科学技術庁である。1975（昭和50）年から続いていた、部長、審議官クラスでの外務省との人事交流はこの時点では見られなくなっている。

ここまでのレベルの職には国立大学事務局採用者はおらず、1985（昭和60）年以降の一貫した傾向が確認できる。

課長以下の職員は前項同様、以下、図表で示したい。

表3-21　2003（平成15）年度　文部科学省　課長相当職

初　職					計
文部省・文化庁・科技庁	国立大学	他省庁	国立大学以外の文部省の施設等機関	その他	
78	11	2	3	1	95
82.1%	11.6%	2.1%	3.2%	1.1%	100%

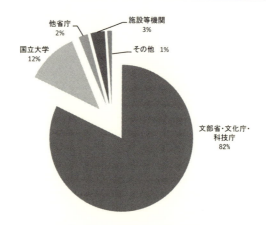

図3-19　文部科学省　課長相当職の初職（2003）

表 3-22　2003（平成 15）年度　文部科学省　課長補佐相当職

文部省・文化庁・科技庁	初　職				計
	国立大学	他省庁	国立大学以外の文部省の施設等機関	その他	
72	131	10	26	16	255
28.2%	51.4%	3.9%	10.2%	6.3%	100%

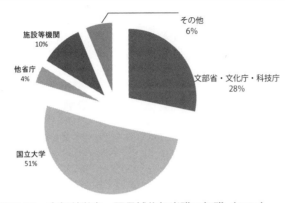

図 3-20　文部科学省　課長補佐相当職の初職（2003）

表 3-23　2003（平成 15）年度　文部科学省　係長相当職

文部省・文化庁・科技庁	初　職				計
	国立大学	他省庁	国立大学以外の文部省の施設等機関	その他	
58	231	7	47	15	358
16.2%	64.5%	2.0%	13.1%	4.2%	100%

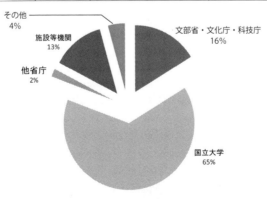

図 3-21　文部科学省　係長相当職の初職（2003）

1985（昭和60）年以降、部長・審議官レベルで国立大学事務局採用者はいなくなっているが、課長相当職では11人（12%）と1975（昭和50）年の3人（5%）から徐々にではあるが一貫して増えている。これは、国立大学採用者が主にII種（中級）またはIII種（初級）試験合格者であることから、部長・審議官レベルの手前に「ガラスの天井」が作られたものの、その数の増加や霞が関におけるキャリア制度に対する社会の批判などを考慮し、課長相当職まで処遇する数を増やしていったと見ることができよう。

　課長補佐相当職では131人（51%）と人数は増えているが、割合はやや減少しており、係長相当職では231人（65%）と人数、割合ともに横ばいである。本省転任試験の慣行に基づいて国立大学事務局採用者が中核として働く文部省の職員構成が、1995（平成7）年の時点までに完成し、その後安定的に続いたと見ることができよう。

　本省転任試験を経て本省で働くこととなった国立大学事務局採用者のうち、課長補佐として本省で働く比率は増えている（3分の1程度から2分の1程度）が、課長補佐からさらに課長相当職として働く者は引き続き10分の1程度となっている。

第五節　小括　―ファスト・トラックにより開発された能力―

　本節では、本章で得られた知見と含意を、まず、国立大学事務局幹部職員の能力とその開発という、本章における主要な問いに即して、次に、能力開発に寄与していることが明らかになった国立大学事務職員の文部省勤務に着目して、まとめることとしたい。

第一項　国立大学事務局幹部職員の能力とその開発
1. 企業労働者との共通点と相違点
（1）管理職育成に関する企業労働者との共通性

　小池（1989）は、いわゆるブルーカラーに関し、変化等に対応できる能力を「知的熟練」と呼び、それを身に付けるためには、生産のしくみを幅広く

経験して生産の流れが理解できるようになることが重要だとした。また、ホワイトカラーについても、「不確実性をこなす技量」が必要で、それを身に付けるためには多様な問題に取り組む経験が重要であり、組織の経営者層を育成するためには、一つの職能に限定されない、組織全体に関連する不確実性を処理する能力とそれらを育成するためのキャリアパスが必要になるとする（小池・猪木 2002）。山本（2014）も、組織の上位階層ほど重要となる統合や調整のためのスキル（所属企業の組織や事業を全体として思い描く幅広い視野や、企業内の職能部門間の相互依存関係の理解など）を身に付けるために、組織全体の活動に関わる仕事に従事することが役立っていることを明らかにしている。さらに、Grant（2003）も、企業の経営計画の策定を行う本社企画部門への配属は、全社レベルの経験及び企業や組織を鳥瞰するような視野を与えるのに役立ち、経営幹部候補（fast track）の育成にも利用されていると指摘する。

　国立大学が法人化されるまでは、国立大学の組織、人事や予算については文部省がとりまとめて制度官庁に要求したり、ルールを適用したりしており、ある意味本社的な機能を果たしていたと考えれば、このような企業における管理職育成の在り方は、国立大学の事務職員が本省転任により文部省勤務を経験して国立大学事務局幹部職員になるというキャリアパスと共通している。また、幅広い視野や国の施策の流れが分かるなど、文部省勤務経験のある国立大学事務局幹部職員の能力とも重なるところがある。国立大学事務局幹部職員にとってのファスト・トラックである文部省転任の仕組みは、企業労働者の管理職育成の在り方と共通しており、管理職としての能力を育成するキャリアパスであったと結論付けることができる。

(2) 管理職の能力と能力開発に関する異同

　管理職の能力と能力開発に関して企業労働者に関する先行研究が明らかにした内容と比較した場合、本章で明らかにした内容と共通するところと、異なるところがある。

　本章第一節第一項で引用した内容の再掲になるが、佐藤・藤村・八代（2011：pp.186-194）は、50 歳代半ばから 60 歳代の 20 人以上を対象にしたイ

ンタビューを基に、能力開発の五つのポイントを以下のように指摘している。

(1) 若いときに自分を成長させてくれるような仕事にめぐりあったこと
(2) 早い時期に、仕事上の目標となる先輩や上司をみつけたこと
(3) ある程度実務を経験した後、仕事全体が見渡せるようなポジションに異動になったこと
(4) 新しい仕事を任されたときに、関連の資料を読みあさるなど寝食を忘れて勉強したこと
(5) 仕事を進めていくうえで、常に中長期の目標をもっていること

　このうち、(1)〜(4)は事務局長インタビューにおいて指摘された内容と重なるが、(5)のような内容は聞くことができなかった。
　また、松尾（2013）は、管理職の経験類型として「変革に参加した経験」「部門を超えた連携の経験」「部下育成の経験」を挙げ、管理職の能力類型として「目標共有力」「情報分析力」「事業実行力」を挙げている[129]。このうち、「変革に参加した経験」「部門を超えた連携の経験」「部下育成の経験」と「情報分析力」「事業実行力」は事務局長インタビューにおいて指摘された内容と重なる。このことは、表3-8（p.200）で示したように、本省転任者、課長登用者、学内登用者の職務遂行能力の特徴がそれぞれ異なる中、本省転任者が身に付けた職務遂行能力が企業管理職と重なる部分が多いということであり、国立大学事務職員の昇進に当たって設けられたファスト・トラックである文部省転任の仕組みが、「早い時点で組織の構成員の中から有能な少数の者をエリート的地位のために選抜」しただけでなく、「他の者から分離して集中的に専門訓練を施す」ことにより管理職としての能力開発に役立ったことの証左とも言える。
　一方で、管理職としての「目標共有力」という話はほとんど出てこなかった。松尾（2013）が目標共有力として挙げているのは、本章第一節第一項の図3-2に挙げたとおり、「自分が管理する部門で理念や目標を浸透・共有さ

せ巻き込む力」「組織の将来ビジョンや自らの方針を明確に定める力」「新しい方向性を示し、率先垂範する力」である。

　このことから、企業の管理職と比して、国立大学事務局幹部職員には目標を定め、その共有を図り、目標実現に向けて働く力が求められていなかったことが指摘できる。その理由は事務局長インタビューからは明らかにできていないが、国立大学のトップは教員の中から選ばれることが常例となっている学長であること、大学の第一義的な存在意義である教育研究は教員が担っていることや、国立大学の目標実現のために予算の獲得や制度の変更が必要な場合には文部省との調整が必要であり、その過程で目標変更が避けられなくなることなどが推測できる。

　いずれにしても重なる内容の方が多く、管理職としての能力や能力開発については、企業労働者でも国立大学事務職員でも大きくは違わないと言って差し支えないであろう。目標に関する違いが、本研究におけるサンプル数の少なさによるものであるのか、企業管理職と国立大学事務局幹部職員との、あるいは公務に関わる幹部職員との本質的な違いなのかの判断は本研究の及ばないところであり、今後の課題としたい。

(3) 能力の多様性を説明するための新たな区分の必要性
　企業労働者の職務遂行能力については、一般的能力と企業特殊的能力とに分けて論じられ、一般的能力としては読み書き、パソコンの技術、語学力（英語の能力を含む）、専門知識・資格などが、企業特殊的能力としては企業独自の生産技術、インフォーマルに形成されていく熟練、商品知識、組織運営、人脈などが例として挙げられる（小塩2002、赤林2012）。国立大学事務職員の場合、特定の大学において求められる能力を企業特殊的能力と考えると、一般的能力については、当然大学事務職員にも求められるが業界横断的なものでもある読み書き、パソコンの技術、語学力（英語の能力を含む）といったものと、国立大学の事務職員に一般に求められる専門知識といったものに二分して考えることが可能である。このように二分して考えると、国立大学に共通して求められる「国立大学における一般的能力」あるいは「国立

大学特殊的能力」とでも言えるような能力の存在が示唆される。国立大学業界の中ではどの大学に勤務しても役に立つが、国立大学以外の組織や企業では役に立たない能力であり、一般的能力と企業特殊的能力の間に位置するような、いわば業界特殊的能力とでも言えるようなものである。

「国立大学特殊的能力」とは、文部省勤務経験者が一般に有している、情報収集力、政策知識、企画提案力、交渉力、調整力、機動力、実行力といったものと、課長登用者が一般に有している、専門とする分野の知識や情報であると言える。一方、企業特殊的能力としては、学内登用者が一般に有している、学内事情への精通だったり、学内の人脈ということになろう。

このような業界特殊的能力が企業労働者にも存在することは、久本(1999)が「汎用技能」「企業専用技能」とは別に「職種専用技能」「業界専用技能」という区分を提示したことから想定されるが、管見の限りこれまでは一般論に留まっており、「業界専用技能」の内実は論じられてこなかった。

本章第一節第一項における先行研究レビューの繰り返しになるが、転職しても価値が低下しない一般的能力を身に付けるための訓練に投資する主体はもっぱら労働者であり、その費用も労働者が負担[130]し、企業から支払われる賃金を得ることによって回収する。一方、転職すると価値が低下する企業特殊的能力を身に付けるための訓練はしばしば、非定型的・非体系的な形で企業内において行われ、その費用や便益は、企業と労働者によって分配され、雇用関係を継続的なものにするという特徴がある。

このような一般的能力と企業特殊的能力の議論を敷衍すれば、業界特殊的能力は、業界内の他の組織に勤務しても役に立つ能力であり、その業界内で転職しても価値は低下しない。もしある業界内の個別の組織が労働者に業界特殊的能力を高める訓練を行えば、それは業界内の多くの組織にとっても有用なものとなるため、その費用と便益は、個別組織と業界と労働者によって分配され、当該業界における人材確保に役立つということになろう。

国立大学幹部職員の場合、本省転任者（労働者）は文部省勤務で業界特殊的能力を主に身に付け、それによって将来的に事務局長になる道が開け、相対的に高い賃金を得る蓋然性が高くなるため、本省転任に伴う多忙や、全

国転勤に伴う転居等の負担を引き受けているとも言える。採用大学（個別組織）は若いうちに優秀な人材を引き抜かれるという負担を引き受け、文部省（業界）は全国的な人事異動の手間を引き受けていると言えるのではないか。

　課長登用者（労働者）は採用大学での勤務で一定程度専門知識を身に付けた後、他大学の勤務でさらにその知識の汎用性を高めるなど磨きをかけ、昭和の時代には事務局長、平成に入ってからは部長になる道が開けており、学内勤務だけよりも相対的に高い賃金を得る蓋然性が高くなるため、慣れない他大学における勤務という負担を引き受けているとも言えよう。採用大学（個別組織）は仕事のできる人材を他大学に送り出すという負担を引き受け、文部省（業界）は全国的な人事異動の手間を引き受けていると言えるのではないか。

　この場合の労働者の便益は前述したキャリア・コンサーン[131]としての説明が可能である。また、費用だけでなく便益も個別組織と業界と労働者によって分配されると思われるが、ここでは労働者の便益についてのみ言及した。個別組織（大学）と業界（文部省や他大学）の便益については次項で述べることとしたい。

2. 公務職員の能力の内実

　本章で明らかにした国立大学の部課長職と事務局長職の職務遂行能力は、公務員の能力として論じられてきたものの中に、どう位置付けられるのだろうか。

　藤田（2008）が専門性の高い行政組織に必要な知識や能力として示している3点と、伊藤（2012）が行政活動において求められる専門性として示している3点を改めて提示した上で検討したい。

　藤田（2008）は、次の3点を挙げる

(1) 先端の科学的・専門的知見。基本的には大学や研究機関など、行政の外部に存在する外部の研究者を審議会や委員会等の非常勤の委員として任命したり、任期付き任用で確保したり、外部研究機

関への調査（検査）の委託などにより調達する。
(2) 外部から調達してきた知見の内容を理解する能力。その専門領域の内容が理解できるという、「専門的リテラシー」と呼ぶべきもの。行政職員の科学的・専門的側面において求められる能力。
(3) 主に行政実務経験によって涵養されるような、職務遂行上の管理的側面における能力。例えば、法案や文書の作成、進行管理、組織管理、資源調達、関係部局や外部との調整や支持調達などに関わる能力。行政職員によって担われる能力。

伊藤（2012）は、次の3点を挙げる。

(1) 行政そのものの専門性。政党政治とは一線を画した「ビジネス」として遂行していく経営管理能力。ウェーバーの「執務知識」にあたるもの。
(2) 行政官僚制の内外を通じて通用する高度な科学的・技術的知見。ウェーバーの「専門知識」にあたるもの。
(3) 専門家の知見や議論を行政実務に媒介する「専門的リテラシー」。

　これらはその説明に若干の違いはあるものの、藤田の（1）が伊藤の（2）に、藤田の（2）が伊藤の（3）に、藤田の（3）が伊藤の（1）に相当するものと整理できよう。
　事務局長インタビューから明らかになった職務遂行能力は、「政策知識」が藤田の（2）と伊藤の（3）に該当するものであることを除いて、そのほとんどが藤田の（3）と伊藤の（1）に該当する能力と思われる。藤田が例として挙げる「法案や文書の作成、進行管理、組織管理、資源調達、関係部局や外部との調整や支持調達などに関わる能力」に出てこず、事務局長インタビューで挙げられたものは「全体像や現状の把握力」「情報収集力、情報共有力」「企画提案力、改善提案力」「機動力、臨機応変な対応」「実行力」「判断力、決断力」である。もちろん、藤田は例として挙げているだけでこれに

限られていると述べているわけではなく、また、もともと公務員個人に着目して述べているものでもないため、比較対象とすることが適切かどうかは留保すべきである。しかしながら、インタビューに基づいて具体的な能力の内容を整理した本研究により、一端ではあるが、能力の内実が明らかになったと言うことはできるだろう。また、インタビューを分析することにより、それぞれの能力の関係性を提示したことも、今後の議論の発展の一助になると思われる。

　一方で、藤田（2008、2014、2015）や伊藤（2012）が論じている主な対象は国の政策形成や執行に関わる、いわば霞が関で働く国家公務員であり、本研究が対象とするのは本省ではない機関の組織管理、いわばマネジメントを主な職務とする職員である。その能力は本省での勤務経験により身に付けているものの、能力を発揮する場が違うことから、求められる能力も異なる可能性があることは留保しておきたい。

3. 大学職員論の再考

　本研究は、大学職員論としては、その対象が国立大学の課長以上の幹部職員であるという点で限定的なものである。

　しかしながら、事務局長インタビューで明らかになったのは、企業管理職とも共通点の多い国立大学事務局幹部職員の能力の内実と、それが大学院や学会、研修によってではなく、仕事上の経験によって開発されたということである。

　これまでの大学職員論は、職種を問わずに専門化を万能処方箋のように論じたり、能力開発の場として大学院や学会、研修を重んじてきたが、羽田（2010、2013）が指摘するとおり、そのような議論は、実証的・理論的研究の蓄積を通じて改めて検証する必要があることが、本研究結果からも示されたと考える。

　実証的・理論的研究の蓄積を通じて改めて検証すべきと思われる例をもう一つ挙げたい。山本編（2013）は、国立大学の管理職について、「管理職という地位自体にある種の能力があった。それは官僚制のなせるわざであり、

当時の経営本部とでも言うべき文部省の動向に従い、かつ前例踏襲に心がけることによって、国立大学は結構うまく運営ができたものであった（p.4）」とし、「国立大学を例にとれば、旧来の事務局幹部は、公務員制度のヒエラルキーに支えられてそれなりの権限があり、これによってジェネラリストとしての務めを果たしてきた。(pp.103-104)」と述べる。しかしながら、事務局長インタビューからは、管理職としてむしろ前例踏襲ではないことに取り組む能力が求められ、それに応えてきたことが明らかになっており、管理職以外の職員についても、インタビューや観察に基づき、どのような能力が実際に発揮されているかを明らかにすることが必要であろう。

第二項　国立大学事務局採用職員の文部省勤務

1. 国立大学事務局採用職員の文部省勤務の実態と経年による変化

前節では、1971（昭和46）年から2003（平成15）年までの五つの時点を対象に、文部省の職位ごとにそこで働く職員の初職の状況を分析した。ここでは、それらを経年で見た上での知見を述べたい。

まず、職位が上がるにつれて、国立大学事務局採用者の占める割合が低下し、文部省採用者の占める割合が高くなることである。どの時点でも事務次官や局長クラスの職には国立大学事務局採用者はおらず、部長・審議官クラスでも1971（昭和46）年と1975（昭和50）年にそれぞれ1人いたのみである。また、どの時点でも係長相当職、課長補佐相当職、課長相当職と職位が上がるにつれて国立大学事務局採用者の占める割合が低下する。これは、時が経るにつれ戦後の国家公務員制度が定着していったことと併せて、本省に転任した国立大学事務職員は、主にⅡ種（中級）やⅢ種（初級）試験合格者であったことが理由として指摘できる。

つぎに、係長相当職と課長補佐相当職で一貫して国立大学事務局採用者の占める割合が増加していることが指摘できる。本省転任試験が開始され、組織的に国立大学事務局採用者を本省に転任させ始めたのが1959（昭和34）年であり、その時の職員はおおむね1970（昭和45）〜75（昭和50）年頃に国立大学の課長に転出し、1970年代後半に課長補佐に戻ってくることにな

るため、1985（昭和60）年以降の課長補佐のデータには、そのような職員のキャリアが反映されている。係長相当職と課長補佐相当職の割合の増加は、本省転任試験の定着によるものであり、1985（昭和60）年以降、係長相当職と課長補佐相当職では国立大学事務局採用者が文部省職員の中核として活躍していると考えてよいであろう。

　第二章第三節で採り上げた任用班主査のインタビューによれば、国立大学事務局採用者が文部省に転任すると、特段の支障がない限り国立大学等の課長に転出するが、そのうちもう一度文部省に戻って課長補佐を務めるものは一部であり、その中のごく一部が課長相当職まで務めることがある。係長相当職と課長補佐相当職における国立大学採用者の実数を比較すると、1971（昭和46）年と1975（昭和50）年が約5分の1、1985（昭和60）年が約4分の1、1995（平成7）年が約3分の1、2003（平成15）年が約2分の1となっており、インタビューの内容がデータでも裏付けられるとともに、課長補佐相当職まで務める者の割合が増えていたことも分かる。また、課長補佐相当職と課長相当職を比較すると、1971（昭和46）年が約4分の1だった以外は、1975（昭和50）年以降ずっと約10分の1が続いており、こちらもインタビューの内容を裏付けるとともに、課長相当職までの昇進は狭き門だったことが分かる。

2. 文部省の中核を担う本省転任者

　前節のデータ分析から、係長相当職では1975（昭和50）年以降、課長補佐相当職でも1995（平成7）年以降、国立大学事務局採用者が当該職位の過半数を占めていることが明らかになった。このような規模になると、これらの者に特定のポストを用意するということではなく、幅広い仕事を担わせることにならざるを得ないであろう。

　前川（2002：pp.176-179）は文部省のノンキャリア公務員の仕事内容の中でもステータスの高いものとして、課内の予算のとりまとめ、局全体の予算のとりまとめ、局内のノンキャリア人事のとりしきり、省全体の予算のとりまとめを挙げ、これらの職務をノンキャリア公務員が課長補佐や係長、時に

は室長として担当していると述べた。また、「文部省では、法規関係事務はキャリア、予算関係事務はノンキャリアというかなりはっきりとした棲み分けが行われている」とする。

事務局長経験者へのインタビューからは、予算関係事務以外にも幅広い仕事を経験していることが明らかになっている。国会答弁資料の作成や国会議員への説明などの国会対応、新しい制度作りや制度改革、問題発生時の処理対応などである。予算関係事務についても、予算要求だけでなく執行も行うし、その際には全国の大学等の状況についての情報収集が欠かせない。また、おそらくキャリア官僚と協働した上でのことだと思われるが、通常キャリア官僚が担当すると思われる国会対応や制度作り、制度改革にも携わっていることは、仕事の幅という点ではかなり広いと言える。

このように、20代前半から40歳直前までの約15年ほどをかけて複数のポストを係員、主任、係長として勤務し、人によっては再度課長補佐相当職や課長相当職として勤務する本省転任者は、質量ともに文部省の仕事の中核を担い、幅広い仕事経験を積んでいることが分かる。

文部省内のキャリア官僚とノンキャリア公務員の仕事内容に関してより詳細に明らかにすることは本研究の目指すところではない。田邊（1993）の言葉を借りれば、個人のキャリア形成という側面を軸として人事異動を捉え、個人のポストからポストへの異動の在り方を観察している本研究のような視点ではなく、ポストを定点として人から人への異動を観察できれば、詳細に文部省内のキャリア官僚ポストとノンキャリア官僚ポストの棲み分けが明らかになり、より具体的な仕事内容を描き出すことが可能になると思われることを、今後の研究の展開の可能性として指摘するにとどめたい。

3. 文部省の組織的なメリット

本章で明らかになった内容からは、国立大学事務局採用者にとっての文部省勤務が、国立大学事務局幹部職員としての能力開発につながる仕事上の経験として機能していた一方で、文部省側にもメリットがあったことが示唆される。II種（中級）及びIII種（初級）試験合格者について、直接採用ではな

く国立大学から転任させる文部省側のメリットとしては、文部省における優秀な人材の確保という点と、国立大学幹部職員の人事異動を文部省が行うことについての正当性の確保の2点が挙げられよう。

　試験合格者を面接のみで採用する場合と、その後実際に数年働いた者についてその勤務実績等を考慮して採用する場合とでは、後者の方が働きぶりに関する正確な情報が得られることは当然である。文部省としては、いったん国立大学事務局に採用された者を、本人の希望を前提としつつも、勤務実績を踏まえた大学からの推薦及び本省転任試験というさらなるスクリーニングを行う形で職員として確保できていたことになる。さらには、いったん転任した後でも、本省勤務が難しいと本人や周囲が判断した場合には、採用大学に戻すという運用も行われており、文部省が勤務実態の芳しくない職員を抱え込まなくても良い状況が作り出されていた。

　国立大学事務局幹部職員の人事異動を文部省が行うことについての正当性の確保という点については、以下のように説明できよう。戦前のように官と雇の違いがはっきりしていた中で官が文部省と国立大学を行き来することについては特段の疑念はなかったかもしれない。しかしながら、戦後新しい国家公務員制度が確立していく中で採用試験制度も整備されていき、Ⅱ種（中級）及びⅢ種（初級）試験合格者が文部省でも国立大学でも採用されるようになると、同じ試験に合格しているのに、文部省に採用されると国立大学の幹部職員までの道が開けており、国立大学に採用されると閉じられている、という状態は後者の動機付けの確保の点から課題があると思われたのではないか。Ⅱ種（中級）及びⅢ種（初級）試験合格者の採用を本省では行わず、国立大学等における採用に限定し、本省転任試験というスクリーニングを経て本省勤務を経た者が国立大学の幹部職員になるというキャリアパスを設けることで、国立大学幹部職員の人事異動を文部省が行うことに関する国立大学事務職員の納得性を高めることを図ったとも推測できる。これは、組織的な本省転任が1959（昭和34）年に開始された後、それだけでは拡大する国立大学事務局組織が必要とする幹部職員数が確保できなくなった際に、課長登用という新たなスクリーニングを設け、国立大学の事務職員として採用さ

れた者が幹部職員になれるキャリアパスをもう一つ作り、併存させたこととも符合する。

4. 国立大学と文部省の組織力向上の要としての本省転任者

　国立大学事務局採用者を本省に転任させ係長まで勤めさせた後に国立大学の課長に転出させるという仕組みは、一方で、早い時点で将来の管理職候補を選抜して幅広い仕事上の経験を積ませ、企業の管理職と同様の能力を身に付けさせるという点で、本人の動機付けになるとともに国立大学の組織力向上にもつながり、他方で、優秀な職員の確保が容易になるという点で文部省の組織力向上にもつながることが明らかになった。

　換言すれば、国立大学事務局の幹部職員の育成については、これまで国立大学と文部省が一体となって行っており、それが双方の利益（Win-Winの関係）にもなっていたということになる。このことが、本節第一項で述べた「業界特殊的能力」を高めることによる個別組織（大学）と業界（文科省と他大学）の便益と位置付けることができよう。

　次に明らかにしたいのは、このような状況が法人化後変化したのかどうかである。次章では、法人化後の変化を見ることとしたい。

注
97　本研究では、人的資源管理理論で一般的に使われる用語である「能力」と、仕事に関係した能力を意味する「職務遂行能力」を用いる（安藤 2008、佐藤・藤村・八代 2011）。類語に、「技能（小池 1981、松本 2003、一瀬 2012 ほか）」「熟練（小池 1981 ほか）」「技量（小池・猪木 2002）」「スキル（松本 2003、山本 2014）」や職務上の能力を意味する「職能」などがあり、それぞれ若干の違いがあると思われるが、本研究では仕事に関係した能力という一般的な意味で定義することで足りると考えた。
　また、「能力」と「知識」の関係については、両者を区分して論じる研究もある（松本 2003：pp.26-30）一方で、業務に関する「知識」を「能力」の一つとして位置付ける研究もある（松尾 2013：pp.80-82）。「能力」と「知識」の関係の探究は興味深いテーマではあるが、本研究の手に余る課題であり、また、行政学における官僚制研究においては従来から「能力」は「専門性」として論じられ、その「専門性」は「専門知識」と「実務知識（執務知識）」に区分されてきたことも考慮し、本研究では、業務に関する「知識」も「能力」の一つと位置付け、包摂して論を進めることとした。
　ただし、先行研究を引用する際には、原則として当該研究で使用されている用語に

従う。

98 例えば、経理を担当している従業員に企業が求めるのは、経理処理の能力であって、100メートルを10秒台で走ることのできる能力ではない、などと例示される。また、企業は様々なタイプの能力を持った従業員を必要としていることや、求められる能力は時代とともに変化していくことが議論の前提とされる。

99 赤林（2012）では、前者として、就学前教育、義務教育段階の学級規模、若年層の職業訓練のうち、どの政策が最も経済格差の縮小に寄与するかを論じたHeckman and Krueger（2003）、後者として、世代間での教育と所得の格差の固定化に関する分析を行ったBlack and Devereux（2011）などが紹介されている。

100 小塩（2002：p.37）や赤林（2012：p.10）は、「一般的人的資本」と「企業特殊的人的資本」という区分を用い、前者を「どのような企業に勤務しても役に立つ汎用的な技能やノウハウ（小塩）」「どの企業で雇用されても生産性を高める技能（赤林）」、後者を「その企業にとってのみ役立つ特殊な人的資本（小塩）」「当該企業でしか生産性を高めない知識や技能（赤林）」と説明しており、「資本」＝「能力」という図式を前提としているように思われる。しかしながら、本文で説明した人的資本理論が資本という用語を用いている趣旨からは、必ずしも「資本」＝「能力」という解釈をしているとは思われないため、本書では「一般的能力」「企業特殊的能力」とした。なお、小塩は一般的人的資本の具体例として読み書き、パソコンの技術、語学力、企業特殊的人的資本としてその企業独自の生産技術、インフォーマルに形成されていく熟練を、赤林は前者として英語の能力や専門知識・資格、後者として商品知識、組織運営、人脈を例示している。

101 Becker（1975=1976）の言う一般訓練により身に付けられる一般的能力は、学校教育によって育成される能力とも重なる部分がある。そのように考えた場合、義務教育などの公教育への投資は政府（国民の税負担）により行われているとも言える。

102 この小池の「知的熟練」論に関しては、野村正實（1993、2001）による批判と小池によるリプライ（小池1993）があり、「野村・小池論争」と呼ばれた（野村2001、石田2003）。批判の全容についてここでは立ち入らず、石田（2003）による論争の評価を紹介したい。石田は、野村（1993）は小池にとって重要な論点である熟練と生産性の関係についての批判として傾聴すべきものであり、その要点は（1）コスト低減をどのような分業体制の下で遂行するか、（2）その分業体制の中で直接生産労働者の役割とその役割を遂行するのに必要な技能水準をどう見るか、であるとする。その上で、野村（1993）の小池批判のエッセンスは「工場経営の側からの問題接近の必要性を問いかけたことにあり、小池の職場の観察は経営の規則の解明によって然るべく位置付け直されねばならない、ということを意味している」との解釈を示している。本研究では、このような小池の知的熟練論の限界を承知しつつも、企業労働者の能力とその開発の在り方を描き、その後の研究に大きな影響を与えたことに鑑みて引用している。

103 山本（2014）の事例である大手重機メーカーに関しては、幅広く知ることの焦点が「部分」にある例として営業部門、「全体」にある例として経営企画部門が取り上げられている。一方で、同論文では、総務・人事・財務などの管理部門の勤務を通じて幅広

く知ることが可能な、企業内の様々な人材や手続きなどに通じることも焦点が「全体」にある先行研究の一つとして挙げられており、同論文では企画部門も管理部門も「組織全体の活動に関わる仕事」として同等に位置付けられていると思われる。

104　このような議論は、「大部分の知的な仕事能力は、労働者が労働市場にはいるまえに習得するのではなく、雇用をみつけたのちに職場訓練（OJT）のしくみを通じて習得する」という考え方を中核とするサローの仕事競争モデルと通じるものがあろう（Thurow 1975=1984：p.97）。

105　これらの仕事上の経験が職務遂行能力の開発に結び付くという関連は、既にこれらの経験を乗り越えて管理職に就いている者への質問紙調査やインタビュー調査などから明らかにされている。このため、管理職にならなかった者については、これらの経験に出会わなかった人だけでなく、経験はしたけれども乗り越えられなかった、いわばふるい落とされた人もいることが想定される。とすれば、これらの経験は能力を開発する経験ではなく、能力の有無をスクリーニングする経験であるということになる。いずれにしても、これらの経験を経ると管理職として必要な能力を発揮することができるようになるという点では同じであるが、この視点の違いは経験と能力を論ずる際には常に留意が必要な点であろう。

106　内閣官房内閣人事局のホームページ（http://www.cas.go.jp/jp/gaiyou/jimu/jinjikyoku/kanri_kondankai/　最終アクセス日：2017.6.28）を参照。「管理職のマネジメント能力に関する懇談会報告書（平成29年3月21日）」を基に作成され、法的な位置付けは明示されていないため、報告書の概要をまとめた資料と思われる。

107　これは、久米郁男編（2009）において「専門知」とされているものと同様であり、「専門家によって、その専門家としての営みを通して形成され、蓄積され、専門家としての資格に基づいて表明される知（同書p.122）」であるため、現代においては行政組織が内部に十分に取り込むことは困難と考えられていると思われる。

108　なお、本章の冒頭でも述べたように、先行研究を引用する際には、原則として当該研究で使用されている用語に従う。

109　大学行政管理学会ホームページ（https://juam.jp/wp/im/juam/　最終アクセス日2015.7.23）より。

110　大場（2013）は、この根拠として、米国の統計資料において、経営・管理職員及び教員が全教職員に占める割合はほぼ一定して推移してきた一方で、教員外専門職（non-faculty professional）の占める割合が一貫して増加し、反対に一般職員（nonprofessional staff）の占める割合が低下したことを挙げている。教員外専門職の職務領域としては、管理運営、学事、渉外、学生業務など、いわゆる従来型業務が挙げられている。大場（2009）では、「専門職化」を「職員が『体系化された高度な知識を有し、知識社会で中心的位置を占める知識労働者』である専門職（プロフェッショナル）となること」であり、「大学院や専門職団体等が提供する専門的教育訓練を前提とするもの」としつつ、「文脈によっては、必ずしも知識の体系化といった段階に至らないまでも、幅広く職員の専門性向上を含んで議論を行って」おり、「その意味での『専門職化』は、時によっては職員の『開発』とほぼ同義である。」とする。ここ

第三章　国立大学事務局幹部職員の職務遂行能力とその開発　237

からも、能力開発の必要性を専門職化と結びつける地位向上論的な大学職員論の姿が垣間見える。
111　以下の（　）内の数値は、これらの能力を重要と考えた回答者の割合を示す。
112　「専門性を備えた大学職員」と「管理運営に携わる上級職員」がどの範囲を指すかは明示されておらず、二つのカテゴリーに区分されているのか、重なる場合もあるのかなどは不明である。
113　ここでは、羽田（2009、2010、2013）における大学職員論への指摘の中から、本章の関心に基づき、専門性と能力開発に関する指摘のみを取り上げている。羽田の指摘はより多岐にわたっており、①一部の国立大学職員論が前提としている、職員の能力向上や役割拡大により、大学の管理運営を教員が担う現状から職員が担うように変革していこうとする動きは、管理運営への教員参加が国際的な共通規範となっていることから考えると過剰な強調であり、むしろ教職協働論が必要、②大学職員論の前に大学の管理運営の全体構造を論じるべき、③教員に代わる専門性の高い経営職員像という突出した部分解が大学職員の単一解のように喧伝された最大の理由は、法人化の下での幹部職員のレゾン・デートル探しにあった、などと指摘している。この最後の指摘については、私立大学の事務職員であり、大学行政管理学会においてSD論を牽引していた福島一政氏の論考においても、「SDの目的とは、一言で言えば、『大学改革実現へのマネジメント業務のできる職員の能力開発』と考えている。その中には、業務領域や経験の違いを克服するための実務的な研修も含まれることは当然だが、実務を『こなす』力の『高度化』だけを目的にしているわけではない。大学職員が、経営や教学の全体的・個別的課題のプランニングからそれらの実現へのマネジメントまでの責任を担うことができる力量を身につけることが必要だということである。（福島 2010）」とあるように、専門性の高い経営職員像は国立大学職員論に限定されたものではないことに留意する必要があろう。
114　企業との比較で大学職員を論じたものとして吉武（2015）がある。ロミンガー社の調査を引用し、学習論に置き換えると仕事上の経験は経験学習になることなどに言及したり、関心の幅を広げることで、自分の会社、所属部門、自身の職務などを、社会との関わりや他との比較を通して客観的にとらえ直すことができるようになることの重要性を指摘するなど、企業労働者の能力やその開発に関する先行研究の知見に基づく論考である。しかしながら、おそらく紙幅や想定される読者の都合によるものであろうが、概説に留まっている。
115　なお、上杉（2013）は国立大学の事務局幹部として必要な力量について、「政府や全国の動向を把握したうえでの判断力や政策形成能力、大きな組織をまとめ動かしていくマネジメント能力、将来のあるべき姿を構想しつつ実態に即した具体策を考案できる企画力、学長や教員とともに議論し立案することができる大学に関する専門的知識能力などであろう」と述べている。これも、実務家の実感から発せられたあるべき大学職員の姿であり、貴重な情報ではあるが、実証的な検証を経るべきものと思われる。
116　部長職を独立行政法人のみで経験している者（2名）や、文部省で課長補佐から課長級まで昇進した後に部長を経ずに事務局長になった者（2名）が含まれる

ためである。

117　質問項目については巻末参考資料②として掲載している。半構造化インタビューの手法や論点については、May（2001=2005）を参照。

118　これらの者が経験する部課長職はほぼ大学本部事務局の部課長であるが、部局である附属病院の部課長を経験する者もいる。

119　文部省と大学との関係の中で見れば、組織論で言う「情報チャネル（Arrow 1974=2017）」や「対境担当者（山倉 1993）」と見ることもできる。

120　学内から課長以上への登用は、法人化前にもいわゆる旧帝国大学において若干の事例があったが、学内登用であっても任命権は文部大臣にあった。このことから、文部省大臣官房人事課との調整が必要であったことが想定できる。なお、本インタビューを実施したのが法人化後のことであり、また、対象者が法人化の前後を明確に区分せずに話した内容も含まれているため、特に学内登用者の役割や能力については、法人化後の内容も含まれている可能性がある。

121　教職協働は、教員と職員がお互いの違いを尊重し、目標を共有した上で役割を分担すること、などと解されている（大島 2014）。

122　第一項では、部課長職に求められる職務遂行能力を本省勤務経験者へのインタビューに基づき析出しているので当然の結果であり、この点に偏りがあることには留意が必要である。

123　もちろん、旧文部省系の部署と旧科学技術庁系の部署でのクロス人事は行われているものの、その数は多くなく、これらの旧科学技術庁系の局では職員も大多数が旧科学技術庁採用者である。旧科学技術庁ではⅡ種やⅢ種の採用の方法が旧文部省とは異なることから、経年でデータを扱い、国立大学採用者のキャリアについて分析する本書においては、平成 15 年度のみ旧科学技術庁採用の職員を多数分析対象に含むことは適切でないと考えた。

124　『文部省幹部職員名鑑』も、『国立学校幹部名鑑』同様、個人の現在の役職だけでなく、働き始めてからのほぼすべての経歴がその職に就いた年月とともに記載されているため、各年版を見るだけで過去のある時点でその個人がどのような職についていたかが分かるようになっている。そのため、このような置き換えが可能となった。

125　局長で 1 名、部長、審議官クラスで 2 名、初職が公立学校の教員で県での勤務などを経て文部省勤務を始めた者がいる。これらの 3 名はいずれも 1922（大正 11）年か 1921（大正 10）年の生まれで、公立学校の教員になった 1947（昭和 22）年は 20 歳代半ばだったこと、また、いずれも教員歴は 4〜5 年だったことなどから、このような公立学校教員→県勤務→文部省勤務というキャリアパスが確立されていたということではなく、戦後混乱期におけるアドホックな例と思われる。

126　大卒という学歴が同じで初職年が同じくらいであれば、年齢もほぼ同じではないかと推測した。

127　この 12 人は、1959（昭和 34）年〜1963（昭和 38）年の間に本省に転任している。

128　本省における初級職試験、中級職試験、上級職（乙）試験の合格者の直接採用は 1973（昭和 48）年以降いったん中止されたが、この時点の係長相当職を占めるの

はそれ以前の採用者がほとんどであることから、この時点の文部省・文化庁採用者にはキャリア官僚だけでなく、ノンキャリア公務員も含まれている。
129 松尾（2013）については pp.151-153 を参照されたい。
130 この費用の一部が義務教育などの公教育への投資によって政府により負担されていることは、注 101 を参照。
131 現在の業績や努力が、現在の直接的な報酬には反映されないが、将来の昇進見込みや給与に反映されるかもしれないという期待を持つことがインセンティブとして機能するというもの。詳しくは、第二章第一節第一項を参照されたい。

第四章　国立大学事務局幹部職員の昇進構造と能力開発の法人化による変容

　本章の目的は、国立大学事務局幹部職員の昇進構造と能力開発が、国立大学法人化によりどのように変化したのか、あるいは、法人化によっても変化していないことは何か、という問いに答えることである。

　第一節では、まず、高等教育研究において法人化後の変化を論じた先行研究を整理し、法人化が国立大学事務局幹部職員人事に与えた影響が十分には明らかになっていない状況であることを指摘する。第二節では、法人化後の国立大学事務局幹部職員人事は、行政学が論じてきた国の行政機関から地方自治体への出向人事と機能的には類似のものとなったことを前提とした上で、出向人事に関する先行研究を整理し、本研究の意義を述べる。第三節では法人化後の国立大学事務局幹部職員人事の制度と慣行について解明し、第四節では法人化後の国立大学事務局幹部職員の昇進構造、第五節では同じく能力開発の状況を明らかにする。

第一節　高等教育研究における法人化後の変化を論ずる先行研究

　国立大学は2004（平成16）年度から法人化され、2009（平成21）年度にその第一期中期目標期間が終わった。2010（平成22）年度から始まった第二期中期目標期間も、2015（平成27）年度で終わり、2016（平成28）年度からは第三期中期目標期間が始まっている。法人化移行前後は、様々なルールの変更等に大学関係者が膨大なエネルギーを費やさざるを得ず、第一期中期目標期間（6年間）の後半は中期目標の達成度についての初めての評価を

受けるために多大なエネルギーを費やした[132]。各国立大学法人が管理運営面で未知の世界を歩み始めて10年以上経った現在は、法人であることに関係者が皆慣れてきた時期と言えよう。

　2004（平成16）年度に実現した法人化は、行政改革の一環としての国の行政組織等の減量・効率化の観点から議論が緒につき、その後、大学関係者との議論を積み重ねる中で、教育研究の高度化、個性豊かな大学づくり、大学運営の活性化など、活力に富み、国際競争力のある大学づくりの一環として位置付けられていった[133]。また、予算、組織、人事など様々な面で規制が大幅に緩和され、大学の裁量が拡大するといった法人化のメリットを最大限に活用するという積極的な発想が必要ともされた（国立大学等の独立行政法人化に関する調査検討会議2002）。

　国立大学への法人格付与の議論が明治期からなされていたことは、天野（2008）や塩野（2006）が指摘している。また、第2次世界大戦後も、永井道雄が「大学公社案」（永井1969）を提唱し、中央教育審議会のいわゆる「四六答申」や臨時教育審議会の答申などにおいて、国立大学への法人格の付与がその組織運営の改革や自主・自律性の確立に寄与する改革案の一つとして取り上げられてきた。

　実施に移された法人化は、行政改革の一環として議論が始まったことから、特に大学関係者以外には、いわゆるNPM改革の一環として認識されているとの指摘もあるが（佐々木2006：pp.138-144）、従前の法人化議論は、むしろ「大学の自治」の維持拡大を図るために国の国立大学への関与を減らすための方策としての法人格付与に重点があった。実際の法人化に向けた政策過程においても、行政改革の視点ではなく国立大学振興の観点から行う、という認識を文部科学省と大学関係者が共有することにより行われた（佐々木2006：p.141）。国立大学には、法人化前から大学の自治の観念を基にした教授会自治の慣行があったため、研究・教育面や、その直接の担い手である教員人事については相当程度の自主性・自律性が認められていたと思われるが、国の機関という位置付けゆえに国の会計制度や人事制度に従わなければならず、研究資金が有効に使えない、世界的に著名な学者を常勤教員として遇す

ることが難しいなど、国の機関であるゆえに自主性・自律性が制約を受けている、との意見が声高に語られていた。法人化により、国の会計制度から国立大学法人会計基準に基づき予算が執行されるようになり、国の人事制度からいわゆる労働三法の適用を受けた人事運用となるなど、制度としては大学の裁量を拡大する方向の変更が行われた。法人化の時点でこのような議論が行われたことを踏まえれば、法人化により具体的にどのような成果があがったのか、換言すれば、教育研究の高度化や個性豊かな大学づくり、大学運営の活性化、大学の国際競争力の向上、大学の裁量の拡大が、法人化によってどの程度実現したかを検証することは必要不可欠のはずである。

本章の関心に引き寄せれば、法人化が実際に国立大学事務局幹部職員の人事についての国の関与を減らし、国立大学の裁量の拡大がもたらされたのか、という点を検証することが必要であろう。この点ではむしろ、国立大学法人化の NPM 改革的な側面に着目することになる。

Farnham and Horton (2000) では、NPM の推進により、人的資源の柔軟性 (Flexibilities) が高まった、と論じている。具体的には、職員数や勤務時間についての柔軟性が高まり、必要とされるコンピテンシーの幅が広くなり、契約方法が多様化し、給与決定の柔軟性も高まっているとされる。国立大学法人化後にこのような人的資源の柔軟性の高まりが見られるかどうかの全体像を論じるのは本研究の手に余ることだが、本研究が探究する内容は、国立大学事務局幹部職員の人事に対象を絞って、各国立大学にとっての柔軟性が高まったかどうか、ということでもあると位置付けられる。

法人化による国の国立大学への関与の変更としては、国立大学の裁量を拡大する方向のものとして、国立大学法人の教職員が国家公務員ではなくなり、任命権が文部科学大臣から各国立大学法人の長である学長に移ったこと、予算が運営費交付金によることとなり、その執行も国の会計制度から国立大学法人会計基準に基づき行われるようになったことが挙げられる。一方で、中期目標や中期計画の策定、中期目標期間終了後の評価は、国の新たな関与と位置付けられよう。

このような制度変更による法人化後の変化についての先行研究は、制度上

の変化を論ずるものと実際の変化を論ずるものとの大きく二つに分けられる。

制度上の変化を論ずるのは塩野（2006）である。塩野（2006）は国立大学法人と国との関係の法的性質について論じており、国の行政機関の一つとして法的に位置付けられていた国立大学が法人格を有したことにより、国との関係を原則として法律関係として捉える余地が生まれたこと、また、国立大学法人法において権力的関与は法律の根拠を必要とするという意味での関与法定主義が取られていることが大学の自治の観念に適合的であると分析している。一方で、個別の関与手段としての中期目標・中期計画や評価については、その適正性について疑念が残るとする。

実際の変化を論ずるものとしては、経験を基に語るもの（磯田 2005）、アンケート調査の分析結果等を示すもの（天野 2008、吉田 2008、村澤 2009）、収入データや人事データの分析結果を示すもの（島 2012、林 2008）がある。

磯田（2005）は、国立大学法人制度発足と同時に筑波大学に理事として着任し、文部科学省出身理事として1年を過ごした経験を踏まえ、法人化によって国立大学の関心が内政としての「経営」に向かったこと、近年の競争的資金の拡充や産学連携の推進などにより国立大学にとって文部科学省の重要性が相対的に低下したこと、文部科学省の関心もかつてのように設置者として国立大学の組織体としての発展を目指そうとするものではなくなったこと、などを述べている。

天野（2008）は、法人化1年目の時点での観察結果として、法人化が国立大学の物的・人的資源の格差を解消せずに行われたためその格差が拡大する恐れがあることや、意思決定の構造変化や大学内部の資源配分に変化が生まれつつあることを指摘する。本研究との関連では、法人化後は文部科学省がこれまで果たしてきた人材配分のバランサーとしての役割が縮小しつつあり、人材のストックもフローも全く違う国立大学が、大学ごとに採用、研修、異動や昇格をしなければならなくなるため、国立大学の側がなんらかの共同・協力体制を構築しなければ、職員の質の大学間格差が今後急速に開いていくであろうという危機感が示されている（p.37、137）。具体的には、人的資源の格差に関して、「大学の側からはしばしば厳しく批判されてきたことだが、

これまでは文部科学省の主導下に行われてきた本省と各大学、大学と大学の間の事務系管理職や一般職員の人事交流が、そうした人的資源の大学間格差を是正するうえで大きな役割を果たしてきた。しかし人事権が各大学の学長の手に移ったいまでは、人事交流や研修を含む人材育成に大学間の協力体制を組み、共同で努力しない限り職員という人的資源の大学間格差は固定化され、さらには拡大する恐れすらある。(p.137)」と述べており、従前行われてきた国立大学幹部職員人事を肯定的に捉えている指摘が興味深い[134]。

一方、同書では、法人化後3年の時点において学長・担当理事を対象とし、国立大学法人の組織運営、財務、人材、施設の四つの観点から行った質問紙調査を基に、法人化後の変化も分析している。質問紙調査に基づく法人化後の変化の分析では、法人化後の効果として学長が最も高く評価しているものは大学の「個性化・自律化・競争力向上」であり、「管理運営の合理化・効率化」や「組織の活性化」についても効果があったとしている。また、法人化後3年目の観察結果として、依然として国立大学の課長級以上の職員の人事権が実質的に本省にあり、大学側の事情に関わりなく文部科学省側の必要に応じて異動していくことや、大学経営に必要な資金の大部分を運営費交付金の形で国から受け取っていることなどを挙げ、「依然として『国立』大学法人なのである」という認識を示している (p.176)。

吉田（2008）は、2006（平成18）年に国立大学の教養教育実施責任者を主な対象として、法人化後の教養教育の実施体制や方法について尋ねたアンケート結果を基に、法人化直後に教養教育の予算が減少した大学が約3割で、担当する常勤教員数は約8割の大学で増減が見られないものの、非常勤講師数が減った大学が約5割を超えること、担当コマ数についても、常勤教員の担当コマ数は約8割の大学で増減が見られないものの、非常勤講師の担当コマ数は約5割の大学で減ったことを明らかにしている。

村澤（2009）は、法人化による変化に着目するものではなく、2006（平成18）年に過去5年間の変容を国公私立の学長、部局長、学科長に尋ねたアンケート調査を基にした論考である。しかしながら、法人化した2004（平成16）年を間に挟んでいるため、ここで触れておきたい。村澤（2009）は、設

置者や組織レベルを問わず、当該5年間で地方自治体・学校法人、理事会・経営協議会、学長・副学長の権限が強くなったと認識していることを共通点として挙げる。また、文部科学省の指示・指導については、設置者を問わず、当該5年間で学長は弱くなったと感じ、部局長や学科長はやや強くなったと認識していることも明らかにしている。

　収入データに基づく分析を行ったのは島（2012）である。島は、2005（平成17）年度から2010（平成22）年度間の国立大学法人の収入を分析し、法人化後、運営費交付金の削減にもかかわらず、国立大学全体の収入は増加しているが、その増加分の84％が病院収入増分であることや、個別の国立大学の7割が収入増を経験しているが、病院を有するすべての大学と過半数の理工系単科大学がそれらの大部分を占め、教育系単科や附属病院を有しない総合大学の大部分は収入減となっていて、学問間格差を内包する大学間格差が拡大傾向にあることを指摘する。また、病院収入を除くと過半数の大学が収入減となる中で、それでもなお収入増となる大学では平均的に競争的資金と受託研究・事業等収入を倍増させていることを明らかにするが、これらの収入は大学内の特定教員・グループへ偏在し、大学全体としての基盤的な研究・教育条件の水準維持につながるものではないことと、それらの教員・グループにも収入獲得に伴う業務増加の問題が存在するとして、財政・財務配分の再考を求めている。

　人事データの分析を行ったのは、林（2008）である。林は、第二章でも述べたとおり、法人化が国立大学の職員体系に及ぼした変化に着目し、2002～2007年度の『文部科学省　国立大学等幹部名鑑』及び『文部科学省　国立大学法人等幹部名鑑』を基に国立大学の部長級職員及び課長級職員にプロパー職員が登用されるケースが増えたことを明らかにした。しかしながら、事務職員の異動がどのような人事制度や慣行に基づいているのかといった点への具体的な言及がないことや、分析の対象人数が示されていないなどデータの取扱いにおいて丁寧さに欠けるなどの限界があることは前述のとおりである。

　これらの他に、ジャーナリズムの視点からは、中井（2008）が、法人化以

後、研究費の不正使用や論文捏造事件が増えたこと、産学連携が進んだこと、教員養成系大学で教育委員会との連携が進んだこと、学長選考の方法が変わり、いくつかの大学で学内の教員の多数の支持を集めた学長候補とは異なる学長が着任したことなどを取り上げている。中井は、例えば、研究費の不正使用や論文捏造事件は、従来からの構造的な問題（「ムラ社会特有のナアナア主義、見て見ぬ振りの共同性、癒着の構造」）により長年行われてきたものが、ようやく「告発」によって外に出るようになったものだ、と結論付けている。また、国立大学幹部職員の人事については、法人化後も多くの国立大学が事務局長を役員の理事とした上で文部科学省から人材を受け入れており、「ノンキャリアのローテーション組もまだまだ健在」だとし、これは大学側が文部科学省との折衝などで力を発揮する人材や、文部科学省とのコネをまだ必要としているからだと指摘する（同書pp.411-412）。

　以上の先行研究を踏まえると、法人化後の変化については未だ様々な議論がなされている状況である、と現状を捉えることができるだろう。

　例えば、財務に関しては、島（2012）が収入格差が起こっていることを指摘するが、それが国立大学の裁量が拡大したためなのか、法人化後に運営費交付金が毎年削られ、競争的資金が増えていったという文部科学省の予算の仕組みの変更によるものであるかは、さらに精査が必要であるように思われる。

　また、国立大学幹部職員人事についても、林（2008）はプロパー職員の登用増を指摘するが、天野（2008）や中井（2008）は従前と変わらないという認識を示している。この点については、草原（2008）も、法人化後、「一部の理事や事務職幹部の人事など依然として文部科学省の強い支配下に置かれているとかいった問題」があると指摘している（同書p.216）し、本間（2009）が経営協議会学外委員、学外理事、監事といった外部人材の声として、「事務局長こそ民間人を登用すべし（2代続けて、しかも短期で本省人事。もってのほか）」「事務方は文科省人事に支配されていて地方の国立大学に優秀な人材が残らない。ローテーションが早く腰をじっくり落ち着かせて改革に取り組めない」といった内容を紹介している。これらの先行研究だけからは、

国立大学事務局幹部職員の人事の在り方が法人化によって実際に変化したのか、変化したのであれば何がどのように変化したのか、といった点が具体的に明らかになったとは言えない状況を指摘できる。

このような状況を踏まえ、本章では、国立大学事務局幹部職員の人事、特にその昇進構造と能力開発の在り方に着目することにより、国と国立大学の関係が法人化によりいかに変容したかについて実証的に明らかにしたい。

第二節　公務員の出向人事研究

国立大学法人化以前、国立大学事務局幹部職員が国立大学間や文部省と国立大学の間で異動する人事は、制度上は国立の機関の間の人事異動であった。その点では、国家公務員から地方公務員へ身分が変更になる国から地方自治体への出向人事とは制度面で大きな違いがあった。しかしながら、国立大学法人化後は国立大学の事務職員は国家公務員ではなく法人職員となり、採用・任免に関する権限も文部科学大臣から学長に移行したため、文部科学省職員から国立大学事務局幹部職員への人事異動が、制度的にも、行政学が論じてきた国の行政機関から地方自治体への出向人事と同様に捉えられるようになったと言える。このことから、本章の内容を出向人事研究の一環と位置付け、まずは出向人事に関する先行研究を整理し、本研究の意義を述べたい。

第一項　行政学における出向人事研究

行政学においては、中央政府から地方政府への出向人事に焦点を当てた研究の積み重ねがある。行政学がこの出向人事に着目するのは、村松が垂直的行政統制モデルと名付けた伝統的な理論が「日本の中央地方関係は、中央省庁のイニシアチブで動いていること、中央が地方を統制する手段として機関委任事務、補助金、天下り人事があることを主張し、これらがすべて集権体制を強化するように働いている（村松 1988：p.37）」と述べてきたことに端を発している。伝統的な理論の立場は、辻（1969：pp.144-155）に代表され、人事を通しての中央省庁の地方自治体に対する権力的統制を指摘する。これ

に対し村松は、1955（昭和30）年の保守合同以後は、垂直的行政統制モデルを生み出した行政ルート中心の結合構造がむしろ弱められ、政治的ダイナミズムが作り出すルートが出現したとの認識を示し、中央地方関係の全体を見る場合に垂直的行政統制モデルに欠ける部分を説明するモデルとして、水平的政治競争モデルを提唱した（村松 1988：pp.42-48）。水平的政治競争モデルでは、地方に出向した中央省庁の官僚は地方官僚として行動する（彼らは属性において中央官僚であるが、与えられたポストで役割をこなすので、その属性的側面は地方にいる間は極小化する）ので出向官僚は地方の側の政治的資源になるとされた。また、地方の側に出向官僚に代わりうる人材が育つ場合、出向は歓迎されなくなると述べた（同書 p.76）。

村松の水平的政治競争モデルの提唱以後、行政学では、出向人事を中央省庁の地方自治体に対する権力的統制と見る一面的な見方を脱し、多様な研究が行われてきた。

片岡（1994）は、中央官僚と地方官僚の経歴資源に着目した。中央官僚は省庁内の優れた情報環境と確立された昇進過程を通じて磨かれた官僚としての職業的能力を有し、その能力や中央省庁の情報などを県政府内に移入するとともに、予算編成作業においては特定の地方利害あるいは行政分野の利害に染まっていない人材として扱え、中央政府の予算獲得や許認可事項の処理に際してはネットワークを利用した対中央省庁ロビイング活動のための要員となると指摘した。他方、地方官僚にとって重要な経歴資源は、長年にわたる県庁内での執務を通じて得られる県内事情の深い把握と個人的資質に対する県政府幹部や政党地方組織からの評価であると捉えた。その上で、知事がそれぞれの経歴資源を県の副知事や部長級の職員の人材選抜に当たって考慮しているために、50年代に見られた圧倒的な中央官僚依存から60年代以降徐々に脱却し、90年には地方官僚が優位になっていること、また、知事の経歴によってそれらの職に中央官僚を任用するか地方官僚を任用するかに一定の傾向があることを実証的に明らかにした。また、金井（2003a：pp.192-196）も出向官僚を自治体の資源と捉え、受け入れ側自治体の主観的メリットとして中央とのパイプ役（情報が早い）、地元人材不足、組織活性化、大胆な

改革遂行、地方政治への防波堤役（毅然とした態度）などと指摘している。

　稲継（2000）は、戦前と戦後直後における都道府県の人事管理の実態を丁寧に描写するとともに、都道府県別の出向者数の推移などのデータに基づき、1960年代に本格化した都道府県における上級職採用試験による採用者が1980年代終わり頃から役職適齢期に至り、その地方官僚の人材的成長が重要な契機となって、知事が戦略的に出向官僚から地方官僚への置き換えを行っていることを明らかにした（「戦略的置き換え仮説」）。知事が判断する際には、出向人事の地方自治体にとってのメリット（国とのパイプ、組織活性化、ノウハウを持つ人材獲得、しがらみにとらわれない行政の遂行など）とデメリット（地方官僚のモラールの低下、マスコミや市民の批判を招く可能性など）、地方官僚を登用した場合のメリット（地方官僚へのインセンティブの供与など）とデメリット（抜擢人事を行った場合の対象外の者のモラール低下、中央の情報に疎くなるなど）を総合的に考慮して行い、2000年時点では出向官僚の人事権は地方の側が有していると結論付けている。

　秋月（2000）は、国から地方政府への出向人事についてそのメリットとデメリットを地方の立場からだけでなく国の立場からも詳しく整理し、国によるコントロールの動機は、国からの出向を支える動機のごく一部に過ぎないことを指摘した。その上で、出向人事はあくまで地方政府の首長が要請するという制度的な枠組みであることが重要であり、その枠組みの下で、地方政府のプロパー育成が進めば、地方政府が出向人事を受け入れるかどうかについて主体的な判断を行うことができると指摘し、事例研究とデータ分析から、2000年時点での出向人事のイニシアチブは、国の省庁ではなく地方政府の側にあることを明らかにした。また、府県から国への派遣、府県内の市町村との交流、府県同士の交流をデータに基づき分析し、府県が戦略的に、かなりの程度自律的に人事交流を展開していることをも明らかにした。

　片岡（1994）、稲継（2000）、秋月（2000）によって、地方自治体において50年代に見られた中央官僚依存は、地方官僚の人材的成長もあって60年代以降徐々に薄まり、2000年時点では出向人事のイニシアチブが国の省庁ではなく地方政府の側にあるようになったという、出向人事の力学とでも言え

るものの歴史的な推移が明らかになったと言えよう。

　出向人事と具体的な政策の関係を明らかにしようとしたのが広本（1996）である。広本は、厚生省と建設省による高率国庫補助金補助率引き下げへの対応の違いが、それぞれの中央地方関係の密度の違いによるものであることをローズ（R.A.W. Rhodes）の政策ネットワーク論を用いて指摘した。地方への出向人事も政策ネットワークを形成する一つの要素として位置付け、建設省の出向者数の多さと厚生省の少なさにより中央政府と地方政府のつながりの密度を測るとともに、建設行政アクターと厚生行政アクターの専門的能力の違いをデータにより明らかにし、専門的能力を中央政府と地方政府で共有している建設行政では中央地方関係が結び付きやすく、そうでない厚生行政では中央地方関係が結び付きにくいと結論付けている。

　出向人事が国の省庁の職員のポスト確保の機能を果たしているという見方もある。秋月（2000）は、「省庁の中で規模が飛び抜けて小さく、ポストが限られている自治省にとっては、地方政府が提供するポストの意義は大きい。」と見ており、村上（2011）は、約45年間の都道府県教育長の人事を分析した結果として、自治省における都道府県教育長適齢期（入省16〜22年目）のキャリア官僚の数が多い時期に自治省出身の教育長が増加していることを示している。

　また、喜多見（2010）は、自治体の経営規律という観点から、現状を「地方自治護送船団」と捉え、それを支える中心的な役割を、自治体組織の内部に自治省による出向人事を通じて形成される「埋め込まれた組織（準組織・指定席）」という組織基盤が果たしていることを指摘した。その上で、都道府県ごとにどのような職に自治官僚の出向が行われているかを1972年から1998年の長期にわたりデータに基づき観察し、「埋め込まれた組織」の状況を明らかにした。

　経済学の立場からは、猪木（1999）が、自治省だけでなく、大蔵省、建設省、労働省、厚生省、文部省も含めて地方政府の課長職への出向状況を明らかにし、また、自治省から市への出向状況や、地方政府から自治省への出向状況にも着目し、中央政府と地方政府の人事交流に関する全体的な数量把握

を試みている。

　以上のような実証的なデータを用いた研究のほかにも、稲垣（2004、2015）のように、国と都道府県との人事交流制度の形成過程について、地方自治官庁と都道府県をアクターと捉えて具体的な交渉の過程を追うことにより、人事交流制度が必ずしも国（地方自治官庁）の望むとおりには形成されず、都道府県の意向が一定程度反映されたことを明らかにした研究もある。このように、行政学において出向人事研究は特に1990年代以降、多面的に行われてきた。

　これらの出向人事研究において、文部省は扱われないか、事業官庁の一つの例として挙げられるのみである。文部省職員の地方自治体への出向人事と、地方自治体において教育を担当する教育委員会への中央官僚の出向人事に関しては、主に教育行政学において論じられている。

第二項　文部省職員の地方自治体への出向人事研究

　文部省職員の出向人事に関しては、前川（2002）が内部からの観察として、いわゆるキャリア官僚が入省後8年程度の時期に都道府県の課長職に出向すること、多くは教育委員会事務局の課長ポストであるが、1990年代から県立大学を担当する知事部局の課長級ポストへの出向も見られるようになったこと、地方自治体への出向はほぼ完全にキャリア官僚が独占していることなどを指摘している。行政学においては、甲斐（2001）が、政策としての生涯学習体系への移行が文部省から地方自治体への出向人事をどのように変容させたかという観点から、首長部局への出向人事が見られることや政令市以外への市町村への出向が見られることを指摘している。青木（2003）は行政学における出向人事研究の成果を踏まえて、1977（昭和52）年から2000（平成12）年までの文部省から地方政府への出向人事825例すべてを分析し、ノンキャリア公務員の出向も都道府県で8％程度、市町村で5％程度見られることをデータに基づき明らかにしたほか、稲継の「戦略的置き換え仮説」が文部省から地方政府への出向人事にも当てはまるかどうかを検証し、「置き換え」は確認できないまでも、地方政府側が戦略的に出向人事を活用して

第四章　国立大学事務局幹部職員の昇進構造と能力開発の法人化による変容　253

いるという「戦略的人事仮説」が文部省の出向人事の傾向を説明できると指摘した。

　従来、教育法学から多大な影響を受けて静態的法制度論とも言える法解釈的なアプローチが研究方法の主流を占めてきた教育行政学においては、文部省－都道府県教育委員会－市町村教育委員会－学校という上意下達の教育行政システムが形成され、こうした縦割り的集権構造によって、文部省による中央集権的統制が強められ、「地教行法体制」とよばれる集権的・縦割り的な教育行政システムが構築されてきたとの見方が少なくなかった（村上 2011：p.27）。そのような中で、法制度的に集権制・縦割り性が強い仕組みである任命承認制が採られていた教育長の人事について、その実態を初めて全国的なデータに基づき明らかにしたのが雲尾（1991、1995）である。雲尾は 1948（昭和 23）年 11 月 1 日から 1994（平成 6）年 10 月 31 日までに就任した都道府県・政令指定都市の教育長の経歴を分析し、中央省庁出身教育長は文部省よりも自治省の方が多いこと、文部省出身教育長は基本的には地方に残らず文部省に戻る一方で、自治省出身教育長は自治省から直接教育長に就任する、あるいは当該地方自治体での勤務年数が短いうちに教育長に就任する者は自治省に戻るが、当該地方自治体で長期に勤務した後に教育長に就任する者は、教育長退職後は当該地方に残って他の役職に就く傾向があることを明らかにした。村上（2011）は、雲尾（1991、1995）と行政学における出向人事研究の成果を踏まえて、教育長人事の実証分析に取り組んだ。村上は、任命承認制が存在していた 1956（昭和 31）～ 2000（平成 12）年を対象として、中央省庁から教育長への出向の全体像と時系列的な変化を把握し、中央省庁から教育長への出向は 70 年代以降年々減少しており中央官僚から地方職員への「置き換え」が進んでいること、70 年代以降文部省からよりも自治省からの出向数が多くなっていることを明らかにするとともに、計量分析と事例分析により、中央省庁から教育長を登用する自治体側の要因を探った。また、1986（昭和 61）～ 2000（平成 12）年を対象とし、文部省と他省庁の地方自治体への出向人事を比較し、出向人事における教育行政の縦割り性は他の分野に比べて弱く、法制度面の仕組みから推察される通説的な認識とは異

なっていることを明らかにした。

　青木（2003）、雲尾（1991,1995）、村上（2011）が、文部省職員の地方自治体への出向人事に関して新たな知見を明らかにしたことにより、文部省と地方自治体との関係を「集権的・縦割り的な教育行政システム（村上　2011）」と見てきた教育行政学の従来の通説的な認識に再考が迫られることになった。

　また、前川（2002：pp.177-179）が指摘するように、文部省の内部部局にいる職員のうち、いわゆるキャリア官僚は2割程度であり、ノンキャリア公務員はその約3倍の6割以上を占める。後者は前述のように従来はほとんど地方政府へは出向せず、国立大学事務局幹部職員として転出してきた。

　繰り返し述べてきたように、法人化以前の国立大学事務局幹部職員の人事は制度上国立の機関の間の人事異動であったが、法人化後は国立大学の事務職員が国家公務員ではなく法人職員となり、採用・任免に関する権限も文部科学大臣から学長に移行した。このため、文部科学省職員の国立大学事務局幹部職員への転出についても、行政学が論じてきた国の行政機関から地方自治体への出向人事と制度上同様に捉えられるようになったと言える。

　また、管見の限り、行政学や教育行政学でこれまで対象とされてきた出向人事研究は、主に国と地方自治体との関係に焦点を当ててきており、政府関係法人を対象としたものは見当たらなかった。一方、日本の労働研究の文献（Skinner 1983）では、ある政府関係法人を事例に、所管省庁等からの天下りで部長ポストの3分の2、課長ポストの半分近くが占められてしまい、生え抜きの職員の昇進が限られてしまうため、職員の多くからその貢献を十分に引き出すことが難しくなっている、と分析したものがある。国立大学も法人化後は政府関係法人と位置付けることも可能であり、出向人事研究の対象を広げることにも貢献できると考える。

　これらのことから、本章では、これまで行政学において多面的に行われてきた出向人事研究で得られた知見も踏まえて法人化後の国立大学事務局幹部職員の人事を分析することとしたい。

第三節　法人化後の国立大学事務局幹部職員人事の制度と慣行

　本節で明らかにするのは、公務員身分を有さなくなり、任命権も大臣ではなく学長になったという制度上の大きな変更の下で、第二章第三節で明らかにした本省転任や課長登用の仕組みはどのように変化したのか、ということである。そのため、文部科学省大臣官房人事課と国立大学協会へのインタビュー[135]を実施した。

　法人化後、国立大学の事務職員は国立大学法人の長である学長により任命されることになった（国立大学法人法第10条及び第35条、独立行政法人通則法第26条）。任命権が学長にあるため、採用、昇任、転任、降任も当然学長により行われる。また、国立大学法人はその職員が国家公務員身分を持つ行政執行法人ではないため[136]、職員に公務員としての身分は与えられていない[137]。

第一項　国立大学法人職員から文部科学省職員へ

　本省転任の慣行は、法人化後、文部科学省が国立大学法人から人事交流により職員を採用する仕組み[138]となっている。そのプロセスは、文部科学省人事課長名で、各国立大学法人学長等宛に文部科学省職員候補者の推薦依頼を行うところから始まる。推薦された者を対象に選考を行い、上位から下位までの名簿を作成し、空席ポストが生じたら、上位から順に採用する。平成21年11月11日付人事課長通知によれば、被推薦資格は「文部科学省関係機関職員行政実務研修受講生等（昨年度（20年度）までに研修生等として当省で研修歴のある者を含む）」とされている。

　「文部科学省関係機関職員行政実務研修」とは、各国立大学法人学長等宛に文部科学省が研修計画を提示し、国立大学法人等の職員の研修希望を聴取して行う文部科学省における実務研修で、期間は1年間である。研修は以前から行われていたが、第一章第一節で既述したように、法人化以降、国立大学法人職員は国家公務員採用試験ではなく国立大学法人等職員採用試験や各大学独自の採用試験により採用されるようになったため、国家公務員とし

ての質の確保の観点から当該研修受講者のみに対象を限定するようになった。研修生は各課各係に張り付いて、当該係が担当する仕事を補佐するとともに、施設見学や講話、グループ討議などの研修も受ける[139]。いわば、本省への「転任」希望者にとっては本省の仕事を体験できるお試し期間であり、本省の人事担当者にとっては採用するにふさわしい者かどうかの評価を行える期間となろう。文部科学省が国立大学法人等で現に勤務する者を職員として採用する際には、長期的に見ればその者が文部科学省での経験を経て採用大学とは限らないが国立大学法人の課長となり、最終的に国立大学法人の幹部職員として退職を迎えるという第二章で詳述した従来からの人事慣行を前提としているため、大学との人事交流による採用と位置付けている。国家公務員法の「転任」ではなく「人事交流による採用」となったことや被推薦資格が変更となりやや対象者が絞られたという違いはあるが、法人化前の本省転任と同様な機能が維持されていると言ってよいだろう。

第二項　ブロック登用

法人化後、文部科学省が行う課長登用面接をやめ、国立大学が全国八つのブロック[140]ごとに課長職への登用を行うブロック登用の仕組みを設けた。各大学が課長候補者を推薦することは各ブロック共通だが、推薦された者をそのまま認めるブロックもあれば、共通面接を行うブロックもあり、具体的な選考の仕方はブロックごとに異なる。法人化前の課長登用者は、原則全国にわたって大学間を異動するとされていたため、異動の範囲が原則ブロック内となったことも法人化後の変化である。

第三項　法人化後の幹部職員人事

法人化後の国立大学間の交流人事は、ある国立大学法人を退職し、別の国立大学法人に採用されることになるため、国立大学協会の申合せに基づき幹部職員の人事が行われるようになった。

国立大学協会は、新制国立大学発足の翌年にあたる昭和25（1950）年に発足した国立大学の連合組織である。発足当初の会則には、その目的とし

て「国立大学相互の緊密な連絡と協力により、その振興に寄与する」ことが掲げられ、事業として「国立大学の振興につき調査研究」及び「教授及び研究上における大学相互の援助」を行うとされている。発足以来、国立大学の教育研究や管理運営に関し、各大学の参考に供するための調査を実施したり、国立大学全体としての対応方針を申し合わせたり、政府への意見や要望を取りまとめて提出したりしてきた（国立大学協会50周年記念行事準備委員会編2000）。

　法人化後の制度変更に対応するため、国立大学協会は、平成15年11月12日に法人化後の第1期中期目標期間の間の、平成21年6月15日に第2期中期目標期間以降における幹部職員の人事の基本原則と共通理解を、新たに申し合わせている[141]。なお、国立大学協会は、総会の下に理事会、またその下に原則として国立大学の全学長が分属する各種委員会を設ける形で意思決定組織が整備されており、人事・労務を担当するのは経営委員会である[142]。

　いずれの申合せも、①各学長が自らの人事戦略に基づき、自主的・自律的な人事を行うことが基本原則である、②組織の活性化の必要性や広い識見を得る機会となるなどの理由により他機関との人事交流を必要とする[143]、ことを確認している。また、いずれも、幹部職員人事の選択肢の例として、(1)内部からの登用、(2)他法人等との人事交流、(3)文部科学省との人事交流、(4)政府各省庁・地方自治体・私立大学・民間企業等からの登用や人事交流を挙げている。

　人事交流の具体的な手続きについては、平成15年の申合せでは、

「ア　各大学等から文部科学省の登用面接試験を受けて幹部職員となった者

　　本人の意向等に配慮しながらできる限り早期に出身大学等の周辺のブロックに戻ることができるよう配慮し、以後基本的には、当該ブロック内の人事交流システムの中で人事交流を行う。

イ　文部科学省を経験し幹部職員となった者
　　　本人の意向等に配慮しながら、大学からの申し出を基本として、文部科学省あるいは他の国立大学等との間で全国レベルの人事交流を行う。」

としており、平成21年の申合せでは、

「①　学内で選考されて幹部職員となった者
　　学内で幹部職員を登用した法人は、他の法人等との人事交流を行う場合、本人の意向等に配慮しながら、交流先法人等と調整を図り行う。なお、人事に関する情報の提供など必要に応じて関係ブロック幹事大学の協力を得る。

②　法人化後に各ブロックで選考されて幹部職員となった者
　　当該職員が在職している法人（以下「在職法人」という。）は、本人の意向等に配慮しながら、当該ブロック及び出身法人等の近隣の地域での人事交流を関係ブロック幹事大学の協力を得て行う。また、必要に応じて文部科学省の協力を得る。

③　法人化前に大学等から文部科学省が実施した登用面接試験を受けて幹部職員となった者
　　在職法人は、本人の意向等に配慮しながら、本人の出身法人等のあるブロック及び出身法人等の近隣の地域での人事交流を関係ブロック幹事大学及び文部科学省の協力を得て行う。

④　文部科学省を経験し幹部職員となった者
　　在職法人と文部科学省は、本人の意向等に配慮しながら、文部科学省あるいは他の法人等との間で全国レベルの人事交流を行う。」

とされている。平成21年の申合せの①及び②は、文部科学省勤務を経ないで幹部職員に登用されるルートであり、廃止された課長登用と同様の機能を有する、いわばその後継の仕組みと理解してよいだろう。しかしながら、①は学内での選考だけで、②は当該ブロック内の大学等による選考だけで幹部職員に登用される仕組みであり、文部科学省が選考に関与しない[144]という点が課長登用とは異なることを確認しておきたい。③は過去に課長登用により幹部職員となった者の法人化後の人事異動方針を明らかにするものであり、④は法人化前から行っている本省転任者のキャリアパスを法人化後も変更しないことを宣言したものであろう。③と④は法人化前からの経路依存と位置付けることもできる。①は個別の大学、特に人材を多数要する規模の大きい大学の意向を反映したものであり、②は幹部職員ポストの少ない規模の小さい大学において人事の停滞を防ぐために機能することが期待されたものと位置付けることもできよう。

　なお、文部科学省職員を人事交流により理事[145]に採用する場合については、特に透明性、公正性等を確保する必要があることから、2011（平成23）年4月1日以降、①各国立大学法人・文部科学省より理事候補者の推薦を受けた国立大学協会が適格性を審査して理事候補者名簿を作成すること、②文部科学省は当該名簿の中から理事候補者を各国立大学法人に推薦すること、とされた[146]。国立大学協会はこの適格性審査のために、国立大学長経験者、国立大学法人理事経験退職者、国立大学協会関係者それぞれ若干名で構成し、必要に応じて外部有識者を加えることができる適格性審査会を設けている。

　これらの申合せの内容を踏まえれば、各国立大学の学長は、事務局幹部職員の人事異動を行う際に、学内から登用するのか（①）、学外から登用するのか（②、③、④）、また学外から登用する場合でも②、③、④という属性の違う者の中から誰を登用するのか、という判断を行うことを意味する。

　法人化後、国立大学幹部職員の人事異動に関する文部科学省の役割はどのように変わったのであろうか。申合せでは、①の学内登用の人事については文部科学省の役割の記載がないが、②については「必要に応じて文部科学省

の協力を得る」、③については「関係ブロック幹事大学及び文部科学省の協力を得て行う」、④については「在職法人と文部科学省」が「全国レベルの人事交流を行う」との記載があり、②→④の順に文部科学省の関与の程度が強くなると読める。このような役割を果たすため、法人化後は、文部科学省の人事課長と任用班主査が各ブロックの幹事大学に出向き、ブロック内の各国立大学法人の理事から幹部職員人事に関する要望を聞く「人事に関する懇談」を個別に行っている。この場には、事務局長や事務職員出身の事務局担当理事が出てくるのが原則[147]で、まず、当該大学に現に勤務している③や④の属性の人の勤務状況を聞き、それらの者に関する人事異動の要望、具体的には、昇任させたい、横に異動させたい、他大学に出したい、残留させたい、といった要望を聞く。また、後任についての要望も聞く。ただし、特定の個人を要望されても対応できず、組織改組を控えているので組織改組の経験のある人、人事労務系が強い人、大学の予算要求の内容をきちんと文部科学省に伝えられる人、といったような、こういうことに強い人、という要望は受け入れやすいとのことであった。①や②の者については、それらの者が③や④の前任になったり後任になったりする場合について大学から話を聞くことはあっても、そうでない限りは議題に上らない。この場で出される要望は、各大学で学長の了解を取ったものであり、文部科学省側も、学長が事務局幹部職員人事に関して要望や意見を持っている場合にはいつでも人事課長室に来てほしいと伝えていたとのことである。法人化前は主に任用班主査が事務局長等と情報交換していたことと比較すると、このような点にも学長に人事権が移行したことの影響が表れていると思われる。

　これらの要望に基づいて文部科学省で③と④の者の人事異動を調整し、原案を各国立大学法人に提案する。課長職以上のすべての幹部職員について人事異動案を作成するのではなく、③と④の者に関わる人事異動案のみを作成するという点も、法人化前と異なり、人事異動に関与する範囲が縮小していると言える。また、文部科学省の提案がそのまま了承される場合もあれば、大学によっては何度も断られることもある[147]点も法人化前と異なる。

第四項　人事交流の土台となる制度

　第一項から前項までの仕組みは、法人化前であれば国家公務員としての転任あるいは昇任であったが、法人化後は国立大学法人と文部科学省の間の、あるいは国立大学法人間における人事交流と位置付けられる。このように異なる組織間の人事交流を行う際には、それによって職員が処遇上の不利益を被らないことが必要条件となろう。そこで、給与、共済、退職手当の3点についてここで確認しておきたい。

　まず、給与についてである。国立大学法人化前は、国立大学の事務職員も国家公務員として一般職の職員の給与に関する法律の適用を受け、行政職俸給表（一）の適用を受けていた。法人化後は、公務員でなくなったため、各国立大学法人が給料表を策定することになった。法人化直後はどの大学も平成15年当時の行政職俸給表（一）を基にした給料表を作成し、その後は多くの大学が毎年の人事院勧告にあわせる形で給料表の見直しを行っているとされ、いくつかの公開されている給料表を確認した範囲[149]でも、一般職の職員の給与に関する法律に定める行政職俸給表（一）と同じ給料表を維持している大学がほとんどであった。

　文部科学省大臣官房人事課や国立大学協会へのインタビューにおいて、法人化後の国立大学幹部職員の大学間の人事異動に当たって給料表の違いが課題となっているという話は出てきておらず、この点は調整可能であり、阻害要因とはなっていないと思われる。

　一方で、諸手当や給料表上の格付けについては違いが出てきている例もあり、実際に人事交流で他大学に勤務することによって給与が増えるだけでなく、減る場合もあるとのことであった。人事交流によって給与が減らないようにする配慮は、個別の大学間で行われる場合もあるが必ず行われるものではないとのことであり、この点は人事交流を阻害する可能性を含んでいよう。

　なお、実際の給与水準については、文部科学省で毎年公表している「国立大学法人等の役職員の給与等の水準」[150]の中で、事務・技術職員[151]の給与水準として、大学ごとの平均年間給与額が公表されている。あわせて「対国家公務員指数」や「対他の国立大学法人等指数」も大学ごとに公表され

ており、例えば平成27（2015）年度で前者は78.4～101.8、後者は89.2～114.6とばらつきが認められる[152]が、平均年間給与額は平均年齢や対象人員数、年齢分布にも左右されるため、この数値をもって給与格差が生まれていると結論付けることには慎重であるべきと考える。

次に、共済組合については、国立大学法人の役職員も法人化前と同様に文部科学省共済組合の組合員とされており[153]、人事交流によって不利益を被ることはない。

最後に、退職手当についてである。退職手当は、国家公務員として退職すれば国家公務員退職手当法に基づき、法人職員として退職すれば法人の規定に基づき支給される。国家公務員退職手当法上、退職手当算定の基礎となる勤続期間の計算において任命権者等の要請により国立大学法人に勤務した期間も通算されることとなっており、また、各国立大学法人においても法人の要請により国や他の国立大学法人の職員として勤務した期間も通算されることとなっている。このため、退職手当についても、原則としては、人事交流によって不利益を被らない仕組みが構築されていると言えよう。

第四節　法人化後の国立大学事務局幹部職員の昇進構造の実態

本節で明らかにしたいのは、法人化による制度の変更により、幹部職員の昇進構造に実際に変化が起こったのかどうか、である。

そのため、文教ニュース社が発行する『文部科学省国立大学法人等幹部職員名鑑』の平成21年版及び平成27年版を基に、国立大学事務局の事務局長、部長、課長の初職と文部省における勤務の有無を調べることとした。

21年版を選んだのは、平成21（2009）年は第一期中期目標期間（2004～2009）の最終年度という一つの区切りであり、今後の変化を見る際には新たな始点にもなり得ること、また、法人化から6年間を経ていることにより、法人化による変化が生じていれば、それが顕在化していると考えたためである。さらに第二期中期目標期間（2009～2015）の最終年度である平成27（2015）年の状況を見ることによって、平成21（2009）年の変化が一時的な

変化なのか、法人化による長期的な変化なのかを判別することが可能となる。

この職員名鑑には、文部科学省の係長以上の職員、国立大学の課長級以上の職員の他にも、大学共同利用機関や国立高等専門学校、文部科学省の所管する施設等機関や独立行政法人等の課長級以上の職員について、その役職、氏名、経歴等が掲載されている。

本節で分析の対象とした職員の範囲は、第二章第四節と同様である。ただし、法人化後は、各国立大学の判断により、事務局長を廃止して総務や財務等を担当する理事を置いたり、部長や課長といった職制を廃して「企画調整役」「副理事」「統括長」「グループ長」「チームリーダー」などといった多様なポストが設けられたりしているため、これらについては、事務職員出身の理事や副学長は事務局長相当職に当てはまると考え、法人化後に設けられた多様なポストについては、当該職に現に就いている者の前職等から、課長級や部長級相当の職に当てはまると判断できたものについては対象とした。

これにより、分析対象数は以下のとおりとなる。

 2009（平成21）年：事務局長相当職91ポスト、部長相当職280ポスト、
       課長相当職1,084ポスト
       計1,455ポスト
 2015（平成27）年：事務局長相当職89ポスト、部長相当職307ポスト、
       課長相当職1,076ポスト
       計1,472ポスト

第一項　初職と文部省勤務の有無による分類

第二章で述べたように、国立大学事務局の事務局長、部長、課長のデータを分析するに当たって、初職と文部省勤務の有無を調べることの意義は、それらを調べることによって、前節で見てきたような制度と慣行に基づく国立大学事務局幹部職員の主なキャリア・パターンを分類できることにある。

第二章で取り上げた国立大学法人化以前の状況と比較する観点から、本章でも同様の分類を行うが、法人化後の制度の変更により、法人化前とは異な

表 4-1　初職と文部省勤務の有無による分類（国立大学法人化以後）

		初職				
		国立大学		文部省	他省庁	国立大学以外の文部省の施設等機関	その他
			うち勤務大学と初職大学が同じ				
文部省勤務の経験	有	国立大学に採用された後、文部省に転任し、幹部職員となった者（いわゆる「転任組」）		文部省採用者（多くは国家公務員試験上級（Ⅰ種）試験合格者）	他省庁に採用された後、国立大学等に転任し、その後文部省に転任した者（その後は「転任組」と同じ）	文部省の施設等機関に採用された後、文部省に転任した者（その後は「転任組」と同じ）	民間や地方自治体等に採用された後、国立大学等に改めて採用され、その後文部省に転任した者（その後は「転任組」と同じ）
	無	国立大学に採用された後、課長登用やブロック登用により幹部職員となった者	左記と同様又は学内登用者	—	他省庁（主に出先機関）との交流人事	文部省の施設等機関に採用された後、課長登用やブロック登用により幹部職員となった者	民間や地方自治体等に採用された後、国立大学等に改めて採用され、その後幹部職員となった者、または民間からの採用や地方自治体との交流人事

るキャリア・パターンも生じてきているため、以下、本節における分類を解説したい（表4-1）。

　まず、初職が国立大学で文部省勤務の経験がある者は、20代のうちに文部省[154]に転任し、40歳前後まで文部省で勤務した後、国立大学の課長に転任した「転任組」である。初職が国立大学で文部省勤務の経験がない者は、法人化前の課長登用者か、法人化後におけるブロック登用者または学内登用者である。扱ったデータの時点で勤務大学と初職大学が同じである場合は、課長登用者やブロック登用者が他大学での勤務を経て偶然その時期に初職大学で勤務している場合と、学内登用により幹部職員になった場合との2通りが考えられる。前述の本省転任や課長登用は、国立大学の職員だけでなく文部省の施設等機関の職員も対象として実施されていたため、初職がこれらの機関の場合も、初職が国立大学の場合と同じと考えられる。

　初職が文部省の場合は、文部省がⅡ種試験合格者の本省直接採用を再開した

のが 1995（平成 7）年からであり、それらの採用者は 2009（平成 21）年時点ではまだ国立大学の課長ポストに就く年齢（38～40 歳）に達しておらず、2015（平成 27）年時点では達しているがごく少数である[155]ことから、そのほとんどが国家公務員上級（Ⅰ種）試験の合格者（キャリア官僚）と想定できる。

　初職が他省庁とその他（民間企業や地方自治体など）の場合は、文部省勤務の有無でその属性が異なる。文部省勤務経験がある者の経歴を見ると、初職は確かに他省庁や民間企業等であるものの、途中で国立大学や文部省の施設等機関に転職しており、その後に本省転任により文部省で勤務をしている。このため、その個人のキャリアの途中からは、いわゆる「転任組」と同様とみなして構わないと考えられる。一方、文部省勤務経験がない者の経歴を見ると、他省庁（主に出先機関）との交流人事と思われる者や、初職は民間企業等であるものの、途中で国立大学や文部省の施設等機関に転職している者、民間企業勤務後直接国立大学に採用されている者、地方自治体との交流人事と思われる者などである。後に見るように、これらの者が国立大学事務局幹部職員に占める割合は数 % 程度である。

第二項　事務局長人事

　2009（平成 21）年度の事務局長相当職に就いている職員をその初職と文部省勤務の経験の有無で分類したのが表 4-2、それをグラフ化したものが図 4-1 である。それぞれについての 2015（平成 27）年度のものが表 4-3、図 4-2 である。

　事務局長相当職の場合、法人化直前の 2003（平成 15）年と同様、2009（平成 21）年も 2015（平成 27）年も文部省勤務経験者のみである[156]。そのうち、主にキャリア官僚である文部省採用者は 2003（平成 15）年で 31%、2009（平成 21）年で 25%、2015（平成 27）年で 29% を占めている一方で、国立大学や施設等機関において採用された者[157]が、それぞれ 63%、74%、71% と、いずれも文部省採用者に比して大きな割合を占めていることが分かる。また、法人化前と比較して、わずかではあるが採用された大学で事務局長を務めるケースが現れたことが指摘できよう。

表 4-2　2009（平成 21）年度　国立大学　事務局長相当職

		初　職					
		国立大学		文部省	他省庁	国立大学以外の文部省の施設等機関	その他
			うち勤務大学と初職大学が同じ				
文部省勤務の経験	有	57	2	23	0	10	1
		62.6%	2.2%	25.3%	0%	11.0%	1.1%
	無	0	0	—	0	0	0

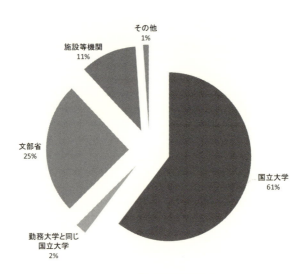

図 4-1　国立大学事務局長相当職の初職（2009）

表 4-3　2015（平成 27）年度　国立大学　事務局長相当職

		初　職					
		国立大学		文部省	他省庁	国立大学以外の文部省の施設等機関	その他
			うち勤務大学と初職大学が同じ				
文部省勤務の経験	有	49	1	26	0	14	0
		55.1%	1.1%	29.2%	0%	15.7%	0%
	無	0	0	—	0	0	0

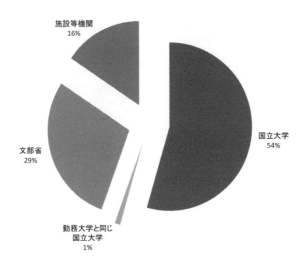

図 4-2　国立大学事務局長相当職の初職（2015）

第三項　部長人事

次に、2009（平成21）年度の部長相当職に就いている職員をその初職と文部省勤務の経験の有無で分類したのが**表4-4**である。文部省勤務の経験の有無の割合をグラフ化したものが**図4-3**であり、初職の割合をグラフ化したものが**図4-4**である。文部省勤務の経験の有無で分類した上で、その初職の割合を示したものが**図4-5**である。それぞれについて、2015（平成27）年度の状況を示したものが**表4-5**、**図4-6**、**4-7**、**4-8**である。

表4-4　2009（平成21）年度　国立大学　部長相当職

		初　職					
		国立大学		文部省	他省庁	国立大学以外の文部省の施設等機関	その他
			うち勤務大学と初職大学が同じ				
文部省勤務の経験	有	143	11	8	0	20	5
		51.1%	3.9%	2.9%	0.0%	7.1%	1.8%
	無	91	34	—	7	2	4
		32.5%	12.1%	—	2.5%	0.7%	1.4%

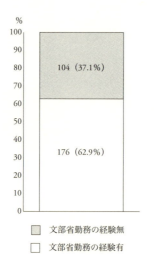

図4-3　2009（平成21）年度
国立大学　部長相当職
文部省勤務の経験の有無

第四章　国立大学事務局幹部職員の昇進構造と能力開発の法人化による変容　269

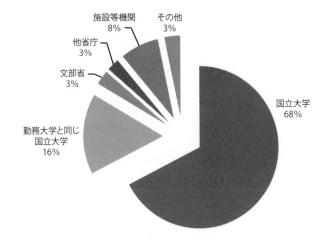

図 4-4　国立大学部長相当職の初職（2009）

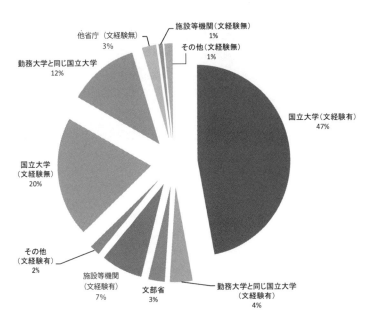

図 4-5　国立大学部長相当職の初職 - 文部省勤務経験の有無別（2009）

表4-5 2015（平成27）年度 国立大学 部長相当職

		初　職					
		国立大学		文部省	他省庁	国立大学以外の文部省の施設等機関	その他
			うち勤務大学と初職大学が同じ				
文部省勤務の経験	有	158	10	5	0	21	2
		51.5%	3.3%	1.6%	0%	6.8%	0.7%
	無	105	61	―	5	8	3
		34.2%	19.9%	―	1.6%	2.6%	1.0%

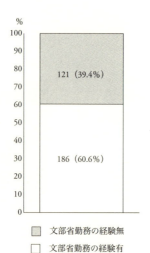

図4-6 2015（平成27）年度
国立大学　部長相当職
文部省勤務の経験の有無

第四章　国立大学事務局幹部職員の昇進構造と能力開発の法人化による変容　271

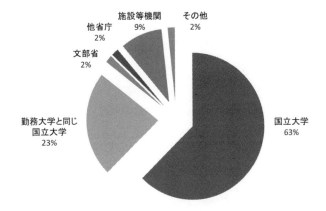

図 4-7　国立大学部長相当職の初職（2015）

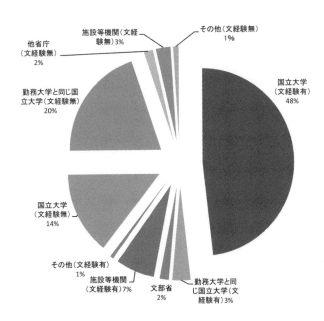

図 4-8　国立大学部長相当職の初職 - 文部省勤務経験の有無別（2015）

まず、法人化直前に約3割だった文部省勤務経験のない者が、法人化後には約4割に増えていることに注目したい。法人化前のこれらの職員は課長登用を経て幹部職員になった者であり、法人化後であればブロック登用又は学内登用で幹部職員になった者である。また、法人化後の部長で、文部省勤務経験ありの国立大学事務局採用者が2009（平成21）年も2015（平成27）年も51%、文部省勤務経験なしの国立大学事務局採用者が2009（平成21）年が32%、2015（平成27）年が34%である。全体では2009（平成21）年で83%、2015（平成27）年で85%の部長が国立大学採用者であり、文部省採用者の部長が2〜3%にすぎないことと比較すれば国立大学事務局採用者が大勢を占めていることが分かる。

　文部省勤務経験がない部長の割合の増加とともに、法人化前後の違いとして、文部省勤務経験がない部長の中での採用された大学で勤務している者の割合の大幅な増加が指摘できる。前述のように、文部省勤務経験がない幹部職員は課長登用、ブロック登用又は学内登用によるものであるが、採用された大学で勤務している者の割合の大幅な増加は、このうち学内登用者が増加していることを示していると考えることが適当である。実は対象とした事務局の部長相当職は2003（平成15）年より2009（平成21）年の方が31ポスト、2009（平成21）年より2015（平成27）年の方が27ポスト増えており、文部省勤務経験がなく、採用された大学で勤務している部長相当職の増加が2009（平成21）年に29ポスト、2015（平成27）年に27ポストであることと符合する。国立大学法人化後の各法人の財政状況を考慮すれば、事務局の部長ポストを純増することは考えにくく、おそらくは学部・研究所・センター・病院・個別キャンパス所属の部長相当職をより大学全体に影響を及ぼしうる事務局の部長相当職に振り替え、その際に学内の職員を登用したと思われる。

第四項　課長人事

　最後に、2009（平成21）年度の課長相当職に就いている職員をその初職と文部省勤務の経験の有無で分類したのが**表4-6**である。文部省勤務の経験

の有無の割合をグラフ化したものが図 4-9 であり、初職の割合をグラフ化したものが図 4-10 である。文部省勤務の経験の有無で分類した上で、その初職の割合を示したものが図 4-11 である。それぞれについて、2015（平成 27）年度の状況を示したものが表 4-7、図 4-12、4-13、4-14 である。

表 4-6　2009（平成 21）年度　国立大学　課長相当職

		初　職					
		国立大学		文部省	他省庁	国立大学以外の文部省の施設等機関	その他
			うち勤務大学と初職大学が同じ				
文部省勤務の経験	有	221	12	10	4	38	5
		20.4%	1.1%	0.9%	0.4%	3.5%	0.5%
	無	700	353	―	16	66	24
		64.6%	32.6%	―	1.5%	6.1%	2.2%

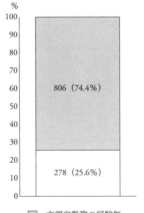

図 4-9　2009（平成 21）年度
　　　国立大学　課長相当職
　　　文部省勤務の経験の有無

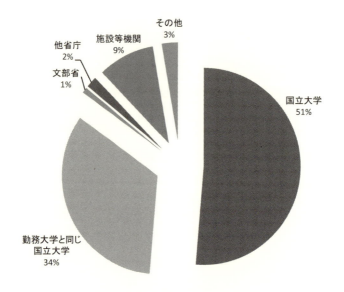

図 4-10　国立大学課長相当職の初職（2009）

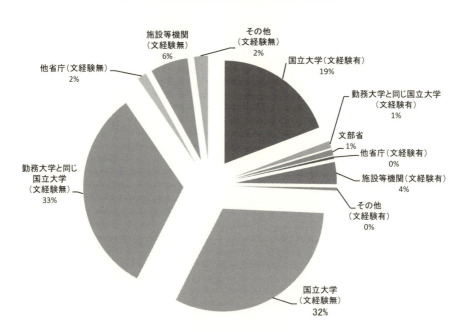

図 4-11　国立大学課長相当職の初職 - 文部省勤務経験の有無別（2009）

第四章　国立大学事務局幹部職員の昇進構造と能力開発の法人化による変容　275

表4-7　2015（平成27）年度　国立大学　課長相当職

		初　職					
		国立大学		文部省	他省庁	国立大学以外の文部省の施設等機関	その他
			うち勤務大学と初職大学が同じ				
文部省勤務の経験	有	216	21	14	4	31	3
		20.1%	2.0%	1.3%	0.4%	2.9%	0.3%
	無	720	484	－	13	43	32
		66.9%	45.0%	－	1.2%	4.0%	3.0%

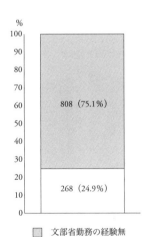

図4-12　2015（平成27）年度
　　　　国立大学　課長相当職
　　　　文部省勤務の経験の有無

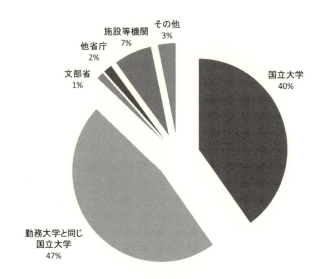

図4-13　国立大学課長相当職の初職（2015）

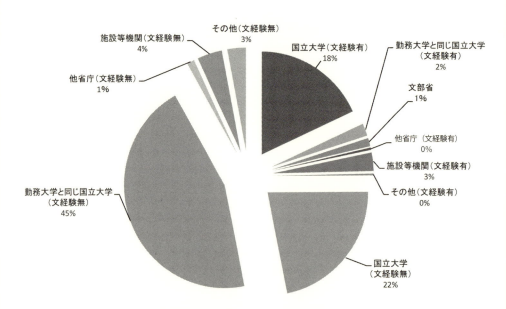

図4-14　国立大学課長相当職の初職 - 文部省勤務経験の有無別（2015）

課長相当職では、法人化前で約70％、法人化後で約75％に文部省勤務経験がなく、部長職までと異なり、文部省勤務経験のない者が主流であるといって差し支えないであろう。部長職と同様、法人化前は課長登用を経て幹部職員になった者であり、法人化後には、さらにブロック登用又は学内登用で幹部職員になった者が加わる。また、法人化前後を通じて、文部省勤務の有無を問わず、9割近くが国立大学採用者であり、文部省採用者は全体の1％前後である。

　法人化前と比較して、部長職と同様、文部省勤務経験がない課長の割合の増加と、文部省勤務経験がない課長の中での採用された大学で勤務している者の割合の大幅な増加が指摘できる。これも、学内登用者の増加を示していると考えることが適当である。課長相当職は2003（平成15）年より2009（平成21）年の方が167ポスト増えているが、文部省勤務経験がなく、採用された大学で勤務している課長相当職の増加はその数を上回る286ポストである。また、対象とした課長相当職全体の数は2009（平成21）年より2015（平成27）年の方が8ポスト減っているにもかかわらず、文部省勤務経験がなく、採用された大学で勤務している課長相当職は131ポスト増えている。部長職において指摘した、学部・研究所・センター・病院・個別キャンパス所属の課長相当職を事務局の課長相当職に振り替える方法のみではこの増加は説明できず、従来異なる属性の者が占めていた事務局の課長職を学内登用者に置き換えていると見るべきである。法人化後に全体の課長相当職数が増加しているにもかかわらず人数を減らしているのは文部省が初職の者と施設等機関が初職で、文部省勤務経験のない者であり、2003（平成15）年と2009（平成21）年を比べるといずれも2割減である。2015（平成27）年には、文部省が初職の者は若干数を増やしているが、施設等機関が初職で文部省勤務経験のない者はさらに3割減っている。後者については、その属性から、課長登用が廃止され、ブロック登用と学内登用になったことの影響を受けている可能性を指摘できよう。さらに、国立大学が初職で文部省勤務経験がなく、初職大学以外で勤務している者も、2003（平成15）年から2009（平成21）年、2009（平

成21) 年から2015（平成27）年とそれぞれ3割ずつ減っており、これらからも、課長登用が廃止されブロック登用と学内登用になったことの影響を受けていることが伺われる。

また、全体としては大きな数ではないが、文部省勤務経験がなく、初職が「その他」の者の数も法人化前と比べて2009（平成21）年には実数で2倍増加している。これらのうち多くは民間企業等に勤めた後に国立大学に転職している者であるが、2009（平成21）年の課長職に限っては、3名が民間企業勤務から直接、1名は地方自治体勤務から直接、国立大学の課長職に採用されている。同様の者は、2009（平成21）年と比べて2015（平成27）年には実数で1.3倍ほどになっており、一貫して増加傾向である。このような法人化前には見られなかった人事がわずかながら行われていることは、国家公務員でなくなったことや、学長が事務局幹部職員の人事権を有したことによる変化と見ることができよう。

第五節　法人化後の国立大学事務局幹部職員の職務遂行能力とその開発

第一項　法人化後に求められる職務遂行能力とその開発

　第三章では、国立大学事務局長経験者へのインタビューを基に、国立大学事務局幹部職員の職務遂行能力とその開発の在り方を明らかにした。国立大学の部課長として重要なことは、勤務した大学のために資金を獲得したり、課題を解決するために実行力を発揮したりすることであると認識されていた。そのためにはまず、現状や全体像を把握して改善すべき点や課題を見つけ、それを自らが有する政策知識と結び付けたり、他大学の取組などを参照したりすることなどによって、改善や新規取組の提案を行い、それを資金獲得や組織の改組などの実現に結び付けるために調整、交渉、対外折衝において力を発揮する。また、調整、交渉、対外折衝を上手く行うためには、機動的で臨機応変な対応、情報収集や政策知識が重要である。それらの職務遂行能力は、主に本省勤務時の経験により身に付けていた。大学執行部の一員であり事務局の長（最終決定者）であるという立場となる事務局長については、部

第四章　国立大学事務局幹部職員の昇進構造と能力開発の法人化による変容　279

課長に求められる能力に加えて、決断力・判断力や、組織を管理する力が求められる。そして、それらの職務遂行能力は、本省勤務時の経験と、国立大学や施設等機関での部課長職などの経験により身に付けていた。

　そのような国立大学事務局幹部職員として求められる職務遂行能力やその開発の在り方は、法人化により変化したのであろうか。本項では、職務遂行能力に関し、第三章と同じ国立大学事務局長経験者を対象としたインタビューにおいて、「国立大学が法人化した前後で国立大学事務局幹部職員に求められる役割や能力に変化があったか。あったとしたら、どのような変化

表4-8　国立大学法人化前後の職務遂行能力の変化

	インタビューへの回答の要約	職務遂行能力に関する整理
A氏	法人化前は、護送船団方式と言われたような相場観、つまり、この程度やっていれば他の大学と比べても恥ずかしくないよね、という相場観があった。その点で、本省と直接情報共有ができ、国の政策がはっきりわかる本省の中にいた人に来てもらって、そのスペックどおり働いてもらいたいという意識があった。 法人化後は、各大学が今何をやれば国の政策に付いていけるか、という競争のような状態になり、大学側のアイデアをこうやったら実現できると提案し、実行してくれる人が、学長にとって必要になった。国の政策の方向性にどう乗せれば実現できるかとか、財源はここから取ってきたらどうかというアイデアは、幅広い経験をしてる人でないと出てきにくい。法人化後は、大学の執行部の考えていることを実現するために特化したスペックを持った人をより欲する傾向が強くなった。	・当該大学のその時の課題に対処できる個別の能力
B氏	法人化後は、本省から部課長や局長に就く人に対して、厳しい目で見られるようになったと思う。法人化後は本省勤務経験のある人でなくても、学内の人でも、外の人でもポストが埋められるという仕組みの中で比較される。学長が学長補佐や学部長などを務めていた時に、学内の事務職員の本当に優秀な人と一緒に働いていた場合には、その人を昇格させたい、というケースもある。役割や能力の変化、というよりも、仕組みの変化が大きいと思う。	・学長から能力が認められていることが重要
C氏	法人化後、国立大学事務局幹部職員の任命権が文部科学大臣から学長に代わったことで、学長の人事に関する権限が強化された。これにより、幹部職員が学長に気に入られることを常に意識して仕事を行うようになった感がある。本来、大学の管理職は、学長が間違った意見を述べた時には、それを正すために、やるべきではない、あるいは出来ない、とはっきりものを言って正すべき。	・学長との相性が重要
D氏	法人化後は、柔軟な運営や弾力的な経費の執行が可能となったので、そのメリットを生かし柔軟な、弾力的な発想・対応をすべきであり、そのような人材が求められる。 また、ステークホルダーに対する積極的な情報発信・広報機能などの重要性が増している。さらに、従来の決まった業務の遂行型ではなく、大学の機能強化のために積極的に企画立案・提案を行う人材が求められている。	・柔軟かつ弾力的な発想や対応力 ・情報発信力 ・企画提案力

か。」と尋ねた質問の回答（**表4-8**）を基に、検討する[158]。

　法人化前後の違いに明確に言及したのが4名のみであり、また、それぞれの回答の内容が重なっていないこともあり、これらから普遍的な結論を導くことは困難ではあるが、少なくとも、次の2点が指摘できると思われる。1点目は、学長に任命権が移ったことにより、学長から職務遂行能力がどう認知されているか、換言すれば、能力の可視化が重要になったことである。当該大学で長くキャリアを積んで学長になるケースがほとんどであり、いわゆる落下傘学長が少ない日本の国立大学の現状を踏まえれば、学長からその職務遂行能力が見えやすいのは、学内で長く働いている事務職員である。この点は、前節において、部課長職で学内登用者が増加していることとも符合する。2点目は、求められる職務遂行能力の個別化、多様化である。一般的な資金の獲得あるいは組織改組などの実現、ということに加えて、当該大学の特徴や歴史的経緯、当該大学を取り巻く環境や地域特性なども踏まえて、その時々の課題解決のために柔軟に対応できる能力が求められていると言えよう。

第二項　能力開発に資するキャリアパスとしての文部省勤務の実態

　前節では、法人化後も国立大学事務局幹部職員の中核は国立大学事務局採用者であること、また、勤務する大学と初職の大学が同じケースが増えており、それは学内登用の仕組みが広がってきたことの効果と見ることができることを明らかにした。

　また、前項では、法人化後は学長から職務遂行能力がどう認知されているかが重要になってきたこと、求められる職務遂行能力が個別化、多様化する萌芽が見られることを指摘した。しかしながら、それらの指摘は求められる職務遂行能力の内容がどのように変化したのかまでを明らかにするものではないため、その開発についてもどのような経験が有効であるのかという分析にまでは至っていない。その点で、法人化前について論じた第三章に比べると分析の不十分さは否めない。

　しかしながら、法人化前について第三章で明らかにした内容について、法

人化後も同様に明らかにし、法人化による変化の有無を論ずることは必要なことと考え、本項では法人化後に文部科学省に勤務する職員の初職を、職位別に明らかにすることとした。

本節においても前節と同じく、文教ニュース社が発行する『文部科学省国立大学法人等幹部職員名鑑』の平成21年版と平成27年版を用いた。

対象とした職員の範囲は第三章第四節と同様であり、分析対象数は以下のとおりとなる。

 2009（平成21）年：局長以上9ポスト、部長相当職11ポスト、
        課長相当職119ポスト、課長補佐相当職265ポスト、
        係長相当職387ポスト
        計791ポスト
 2015（平成27）年：局長以上9ポスト、部長相当職12ポスト、
        課長相当職127ポスト、課長補佐相当職290ポスト、
        係長相当職372ポスト
        計791ポスト

2009（平成21）年も2015（平成27）年も、事務次官、次官クラスのポストである文部科学審議官（2名）、官房長、国際統括官及び4名の局長は、すべて初職が文部省、文化庁又は科学技術庁である。

2009（平成21）年の部長、審議官クラスの11名はすべて初職が文部省又は科学技術庁であるが、2015（平成27）の12名は文部省又は科学技術庁の者が11名、農水省の者が1名である。

課長以下の職員については、以下、図表で示したい。

表4-9　2009（平成21）年度　文部科学省　課長相当職

初　職					計
文部省・文化庁・科技庁	国立大学	他省庁	国立大学以外の文部省の施設等機関	その他	
88	17	7	4	3	119
73.9%	14.3%	5.9%	3.4%	2.5%	100%

表4-10　2015（平成27）年度　文部科学省　課長相当職

初　職					計
文部省・文化庁・科技庁	国立大学	他省庁	国立大学以外の文部省の施設等機関	その他	
102	15	5	3	2	127
80.3%	11.8%	3.9%	2.4%	1.6%	100%

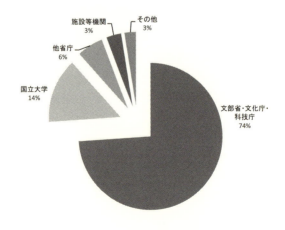

図4-15　文部科学省　課長相当職の初職（2009）

第四章　国立大学事務局幹部職員の昇進構造と能力開発の法人化による変容　283

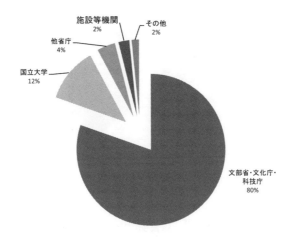

図 4-16　文部科学省　課長相当職の初職（2015）

表 4-11　2009（平成 21）年度　文部科学省　課長補佐相当職

初　職						計
文部省・文化庁・科技庁	国立大学	他省庁	国立大学以外の文部省の施設等機関		その他	
91	137	4	17		16	265
34.3%	51.7%	1.5%	6.4%		6.0%	100%

表 4-12　2015（平成 27）年度　文部科学省　課長補佐相当職

初　職						計
文部省・文化庁・科技庁	国立大学	他省庁	国立大学以外の文部省の施設等機関		その他	
112	141	1	26		10	290
38.6%	48.6%	0.3%	9.0%		3.4%	100%

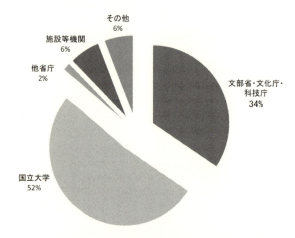

図 4-17　文部科学省　課長補佐相当職の初職（2009）

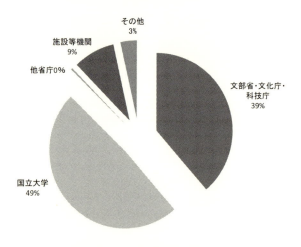

図 4-18　文部科学省　課長補佐相当職の初職（2015）

表 4-13　2009（平成 21）年度　文部科学省　係長相当職

初　　職						計
文部省・文化庁・科技庁	国立大学	他省庁	国立大学以外の文部省の施設等機関	その他		
80	243	4	35	25		387
20.7%	62.8%	1.0%	9.0%	6.5%		100%

表 4-14　2015（平成 27）年度　文部科学省　係長相当職

初　職					計
文部省・文化庁・科技庁	国立大学	他省庁	国立大学以外の文部省の施設等機関	その他	
149	178	5	16	24	372
40.1%	47.8%	1.3%	4.3%	6.5%	100%

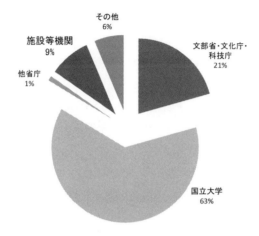

図 4-19　文部科学省　係長相当職の初職（2009）

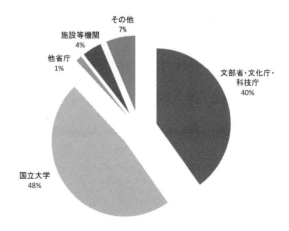

図 4-20　文部科学省　係長相当職の初職（2015）

2003（平成15）年と比較すると、部長・審議官クラス以上に国立大学事務局採用者がいない、という点は同じである。2009（平成21）年は、課長相当職で2003（平成15）に11人（12%）だった国立大学採用者が過去最高の17人（14%）となっているものの、2015（平成27）年には15人（12%）と若干ではあるが減少している。これは法人化の影響というよりも、キャリア制度に対する批判への対応としてのノンキャリア公務員の処遇改善の傾向と見ることが適切であろう。一方、課長補佐相当職では国立大学事務局採用者がそれぞれ131人（51%）→137人（52%）→141人（49%）と横ばいである一方、係長相当職では231人（65%）→243（63%）→178（48%）と2015（平成27）年に大きく減っている。第一期中期目標期間最終年度である2009（平成21）年度の時点では、本省職員に占める国立大学事務局採用者の割合に大きな変化は見られず、1995（平成7）年以降の15年ほど一貫してこの割合で安定し、課長補佐相当職や係長相当職において国立大学事務局採用者に大きく依存している状態が続いていたが、第二期中期目標期間最終年度である2015（平成27）年に係長相当職で大きく変化が見られたことになる。これは、法人化と相前後して本省でのⅡ種直接採用者数が増えるとともに本省転任者数が減少していること[159]の影響が係長レベルで現れてきたものと捉えることができよう。今後、同じような傾向が課長補佐レベルでも見られるようになるかどうか、注視していく必要がある。

　2009（平成21）年においては、本省転任試験を経て本省で働くこととなった国立大学採用者のうち、6割近くが再度課長補佐として本省で働くというボリューム感であり、1975（昭和50）年から一貫してその割合の増加が見られる。さらに課長相当職として働く者はその10分の1強となっており、これは1975（昭和50）年から一貫した傾向である。課長補佐までの昇進は比較的容易になる一方、課長までの昇進は引き続き狭き門、ということであろう。今後、この傾向についても、2015（平成27）年における係長相当職に占める国立大学事務局採用者の割合の減少が影響を与えることが想定される。

第六節 小括 —法人化による変化は何か—

　本章では、国立大学事務局幹部職員の昇進構造と能力開発が、法人化によりどのように変化したのか、あるいは、法人化によっても変化していないことは何か、を探究してきた。本節では、第一項で昇進構造、第二項で能力開発に焦点を当て、本章で得られた知見と含意をまとめたい。

第一項　国立大学事務局幹部職員の昇進構造の変化
1. 制度と慣行の変化

　本章第三節では、法人化後は国立大学法人職員が国家公務員ではなくなり、任命権が文部科学大臣から各国立大学法人の長である学長になったにもかかわらず、若いうちに国立大学法人から文部科学省に「転任」するルートは健在であることを確認した。また、国立大学採用後そのまま国立大学で勤務し、文部科学省勤務を経ずに国立大学の課長になるルートは、従来の文部科学省の実施する課長登用から、ブロック登用又は学内登用となり、特に後者は法人化後新たに生まれた学内の選考だけで課長に登用されるルートであることを明らかにした。なお、これまで国家公務員採用試験合格者の中から採用されていた国立大学事務職員が、国立大学法人等職員採用試験や各大学独自の採用試験を経て採用されることになったことも、広く国家公務員志望者からではなく、国立大学事務局での勤務を特に希望する者から採用されるという変化であり、見逃せない。

　国立大学事務局幹部職員の人事異動については、文部科学省が関わる範囲が本省勤務経験者と従来の課長登用により幹部職員になった者とに限定されたことが、法人化による大きな変化と言えよう。また、国立大学事務局幹部職員の人事異動についてルールを策定したり、理事候補者の適格性の審査をするなど、国立大学協会が主要なアクターとして登場していることも法人化前とは異なる。

　これらの人事異動の土台となっているのが、共通した共済組合の制度や退職手当算定に当たっての勤続期間の通算の仕組み、実質的に統一された給料

表であることも確認できた。一方で、諸手当を含めた給与全体としては大学ごとの違いが生じつつあることも示唆された。

2. 人材配置の変化

　前述のような制度と慣行の変化にもかかわらず、第一節で引用した先行研究（天野 2008、中井 2008、草原 2008、本間 2009）では、このような変化の影響は無視できる程度であり、国立大学事務局の幹部職員人事は依然文部科学省の強い影響下にあると指摘しているように思える。確かに、制度や慣行が変更になっても、それによって実際の変化が起こるのか、もし変化が起こったとしてもそれはどのような、またどの程度の変化なのか、という点を検証する必要がある。

　第四節のデータで、その一端を明らかにできた。まず法人化前後で変わっていないことを確認したい。法人化前から部長で3割、課長で7割が文部省勤務の経験がない。また、法人化直前には事務局長の5割、部長の7割、課長の8割が国立大学事務局採用の職員であったのが、法人化後は6割、8割、8割5分と増加傾向である。一方、文部省採用者は、法人化直前には事務局長で3割、部長で7％、課長で1％だったのが、法人化後は3割弱、2-3％、1％とやや減少傾向である。これらの数値からは、国立大学事務局幹部職員の多くが国立大学事務局採用の職員であるということが法人化前後を通じた事実として指摘できる。

　法人化による顕著な変化は、部長職及び課長職における学内登用者の大幅な増加である。これは法人化によって実現した大学の裁量の拡大と位置付けられよう。しかしながら、学内登用者がなぜ、どのように増加したのか、その増加により何が変わったのか、については、本章で扱ったデータからでは分からない。この点が、より根本的に重要な問題と考える。

3. 学内登用者への「戦略的置き換え」

　村松（1998：p.76）は、地方に出向した「官僚は地方官僚として行動するのであって（もちろん、彼等は属性において中央官僚であるが、与えられたポスト

で役割をこなすのであって、この属性的側面は地方にいる間は極小化される）、これらの官僚の個人的コネクションはむしろ、地方の側の政治的資源となる」と指摘している。第三章で扱った事務局長経験者へのインタビューでも、部課長として勤務大学のための資金獲得や組織改組などのために奔走する姿が見受けられており、国立大学等で採用された者が、転任試験によって文部省勤務を経ていても、幹部職員として勤務大学のために行動していることが伺われた。これらの行動は、「在職中はもっぱら文部省のほうを向いて仕事をし、文部省の方針に沿って学長を支えながら学内運営に当たっていた（草原2008：pp.193-194)」「彼らは大学のためではなく本省の顔色を見ながら仕事をする（中井2008：p.303)」といった指摘への反証となろう。

にもかかわらず、部長職及び課長職において学内登用者が大幅に増加しているのは何故だろうか。

出向人事研究の文脈からは、人事権を有することになった学長が戦略的に学内登用者に置き換えを行っていると推測できる。前述したように、法人化後、文部科学省の人事課長と任用班主査が各ブロックの幹事大学に出向き、ブロック内の各国立大学法人から事務局幹部職員人事に関する要望を個別に聞く「人事に関する懇談」の場で出される要望は各大学で学長の了解を取ったものであったり、文部科学省側が事務局幹部職員人事に関して学長から直接要望や意見を聞くようになったことは、学長の事務職員人事への影響力が強まったことを表している。事務局長経験者のインタビューでも、学長の人事に関する権限が強化されたため、幹部職員が学長に気に入られることを常に意識するようになったとの言及がなされていた。これらのことから、稲継(2000)の「戦略的置き換え」仮説が法人化後の国立大学事務局幹部人事にも当てはまることが示唆される。法人化直前の2003（平成15）年、第一期中期目標期間の最終年である2009（平成21）年、第二期中期目標期間の最終年である2015（平成27）年と学内登用者が部長職及び課長職で一貫して増加しており、「戦略的置き換え」が進展していると判断できる。

「戦略的置き換え」が行われているのであれば、学長が、文部省採用者や他大学等採用で本省転任をした文部省勤務経験者、課長登用やブロック登用

などにより幹部職員となった他大学等勤務経験者、学内の事務職員、という三つの異なる属性を有する者を登用することのメリットとデメリットをそれぞれどのように判断しているか、という点が重要となろう。繰り返しになるが、稲継（2000）では、知事が出向官僚から地方官僚への置き換えを判断する際には、出向人事の地方自治体にとってのメリット（国とのパイプ、組織活性化、ノウハウを持つ人材獲得、しがらみにとらわれない行政の遂行など）とデメリット（地方官僚のモラールの低下、マスコミや市民の批判を招く可能性など）、地方官僚を登用した場合のメリット（地方官僚へのインセンティブの付与など）とデメリット（抜擢人事を行った場合の対象外の者のモラール低下、中央の情報に疎くなるなど）を総合的に考慮して行っているとされている。同様の内容を片岡（1994）は、中央官僚と地方官僚の経歴資源として整理する。中央官僚は省庁内の優れた情報環境と確立された昇進過程を通じて磨かれた官僚としての職業的能力を有し、その能力や中央省庁の情報などを県政府内に移入するとともに、予算編成作業においては特定の地方利害あるいは行政分野の利害に染まっていない人材として扱え、中央政府の予算獲得や許認可事項の処理に際してはネットワークを利用した対中央省庁ロビイング活動のための要員となると指摘した。他方、地方官僚にとって重要な経歴資源は、長年にわたる県庁内での執務を通じて得られる県内事情の深い把握と個人的資質に対する県政府幹部や政党地方組織からの評価であると捉えた。

　このように、属性の異なる者を幹部職員として登用するメリットとデメリットについて、それらの者の経歴資源にも着目して検討することによって、学長が学内登用者への「戦略的置き換え」を行う理由を考察することが可能となろう。文部省勤務経験者、課長登用やブロック登用などによる他大学等勤務経験者、学内事務職員をそれぞれ幹部職員として登用する場合のメリットとデメリットを、稲継（2000）、片岡（1994）と第三章や本章第五節第一項のインタビューに基づき整理すると、**表4-15**のようになる。

　このように整理すると、国立大学の学長が幹部職員に学内登用者を増やしている理由として、①学内事情に精通した人材を活用したいため、②学内事務職員へのインセンティブを付与するため、③個人の能力や資質が可視化さ

表 4-15 幹部職員として登用する場合のメリットとデメリット

	文部省勤務経験者	課長登用やブロック登用などによる他大学等勤務経験者	学内事務職員
メリット	●国の施策等に関する情報収集や国との交渉についてノウハウを持つ人材獲得 ●国立大学に関する全国的な情報を有する人材獲得 ●企画力の高い人材獲得 ●調整力や対外折衝力の高い人材獲得 ●学内の利害関係や人間関係に染まっていない人材獲得	●専門分野についてノウハウを持つ人材獲得 ●他大学における取組に精通している人材獲得 ●学内の利害関係や人間関係に染まっていない人材獲得	●学内事情に精通した人材活用 ●学内事務職員へのインセンティブの付与 ●個人の能力や資質が可視化されている
デメリット	●学内事務職員のモラールの低下 ●個人の能力や資質が不透明	●学内事務職員のモラールの低下 ●個人の能力や資質が不透明	●抜擢人事を行った場合の対象外の者のモラール低下 ●国との交渉や他大学の情報収集がしにくくなる

れている者を登用する方が安心なため、という 3 点が考えられることが分かる。

4.「異動の力学」から「出向人事の力学」へ

　第二章第五節第四項で述べたように、法人化前の国立大学事務局幹部職員の人事異動では、文部省の人事課任用班が企業の場合の本社人事部の機能を果たし、各国立大学は事業部や事業所的な位置付けになっていたと言える。各国立大学の執行部や事務局長は、自分の管理範囲の業績に対して責任を負い、自部門の利益を最大化するために優秀な人材を抱え込もうとするライン管理職であり、文部省人事課任用班が、全社的観点からヒトと仕事のマッチング（短期的なものだけでなく、長期的な人材育成を念頭に置いたジョブ・ローテーションも含む）を達成しようとする本社人事部門であった。

　このことを、天野（2008）は、文部省が人材配分のバランサーとしての役割を果たしてきたと指摘し、法人化後はその役割が大幅に縮小しつつあると懸念する。

法人化後、ブロック登用や学内登用という文部科学省が関与しない登用の仕組みが設けられたことや、学内登用者と見られる者が部長職で全体の 12 〜 20%（法人化直前は 2%）、課長職で全体の 33 〜 45%（法人化直前は 7%）になったことは、文部科学省の影響力の低下と言えるであろう。一方、法人化後も文部科学省が在職法人と共同で人事異動の調整を行う文部省勤務経験者が部長職で 60 〜 63%（法人化直前は 69%）、課長職で 25 〜 26%（法人化直前は 30%）と、法人化前と比べて、割合は減少したが実数としてはほぼ同数存在することから、バランサー[160]としての役割もある程度果たしていることが想定できる。

ただ、課長職において増加したポスト数を上回る学内登用者の増加が見られたということは、文部省勤務経験者や従前の課長登用者を配置できるポストが減ったということであり、バランサーとしての役割を果たす余地が狭まっていることを表している。加えて、前述のとおり法人化後は文部科学省が各国立大学法人に提案する人事原案が大学によっては何度も断られるといった状況が生じてきたことを踏まえれば、大学側のニーズに基づいた上でのバランサー機能に限定されてきている可能性がある。

このような状況は、文部科学省と国立大学事務局の関係が本社人事部門と事業部や事業所としての関係から、出向元と出向先の関係になってきていると言えよう。民間企業における出向・転籍者の満足度が高くなる場合の要件を析出した島貫（2010b）は、企業間異動の有効性を捉える指標として、労働者の満足度に加えて異動先や異動元にとっての人的資源の最適配置の視点が必要としており、このことは、法人化後の国立大学事務局幹部職員の人事にも当てはまると思われる。

以上、本章において、国立大学事務局幹部職員人事のイニシアチブが量的にも質的にも国立大学法人側に移りつつあるということを明らかにできたと考える[161]。

第二項　国立大学事務局幹部職員の能力開発の変化

1. 職務遂行能力の法人化前後の変化

　前節第一項でも述べたように、本研究において収集した情報からは、国立大学事務局幹部職員に必要な職務遂行能力が法人化前後でどのように変化したのかについて、十分に明らかにできたとは言い難い。しかしながら、学長に任命権が移ったことにより、学長から職務遂行能力がどう認知されているかが重要になったことと、求められる職務遂行能力がその時々の当該大学の課題解決のために必要なもの、というように個別化、多様化する傾向があることは指摘できた。第三章第一節第二項で引用した先行研究でも、公務員の専門性（求められる職務遂行能力）は変化し得るとしており（伊藤 2012、佐竹 1998、出雲 2011、林奈生子 2013）、大学事務局幹部職員に必要な職務遂行能力が法人化後に変化しても何ら不思議はない。本研究ではその点について十分には明らかにできておらず、今後の更なる観察が不可欠である。

　学長からの能力の認知という点では、前項でも述べたように、学内登用者が優位に立つ。また、文部省勤務経験者は、当該大学に資金を獲得したり、組織改組を実行したりするための情報収集力や政策知識、企画提案力や交渉力・対外折衝力などは磨かれている者が多いが、そのような一般的な能力ではなく、当該大学の特徴や歴史的経緯、当該大学を取り巻く環境や地域特性なども踏まえて、その時々の課題解決のために柔軟に対応できる能力ということになると、学内のことを良く知っている学内登用者が優れているのか、課題解決能力に秀でていると思われる文部省勤務経験者や専門分野の知識や経験が豊富な他大学等経験者が優れているのか、にわかには判断し難く、この点についても更なる観察が必要であろう。

2. 幅広い仕事上の経験を積む機会

　第三章で論じたように、これまで文部省勤務経験者が身に付けてきた職務遂行能力は、企業管理職が身に付けている職務遂行能力とほぼ重なるものであり、つまりは組織の管理職として必要な能力であったと言える。限られた事務局長へのインタビューからではあるが、そのような能力は文部省勤務に

おける幅広い仕事上の経験により身に付けており、学内登用者は身に付ける機会に恵まれてきたとは言い難い。今後、学長による「戦略的置き換え」がどのように進んでいくかは未知な部分が残るが、学内登用者がさらに増加することになれば、学内登用者に組織の管理職として必要な能力を身に付けるための仕事上の経験を積ませなければ、組織力が低下することにもなりかねない。今後は、国立大学事務職員としてのキャリアの早い段階から、幅広い仕事上の経験を積ませるという人材育成策が必要となってくるであろう。

3. 本省転任の衰退の可能性

　一方で、学内登用者がさらに増加し、より高い職位にも就く道が開けてくれば、これまで国立大学事務局幹部職員になるキャリア・パターンの一つとして比較優位を保っていた文部省勤務経験の比較優位が崩れ、国立大学採用者が文部科学省への転任を望まなくなることが予想される。

　それによって、文部科学省に勤務する職員の初職の構成に変化が生じることが予想される。少なくとも、本章で対象とした第二期中期目標期間の最終年度である2015（平成27）年度においては、文部科学省の係長相当職の職員のうち、国立大学を初職とする者の割合が減り、本省採用者の割合が大きく増えた。課長補佐相当職以上の職員に関しては法人化前後での変化は特にないが、第二章第三節第一項の表2-2を見ると、法人化後に転任者数の減少傾向が読み取れる。これらのデータから読み取れる傾向は、1995（平成7）年から再開されたⅡ種試験合格者の本省直接採用が年々増えていることに起因するものと考えることもできるし、国立大学採用者が文部科学省への転任を望まなくなっていると考えることもできるが、今のところ十分なデータが集まっているとは言えないため、結論は留保しておきたい。第二章第四節や第三章第四節で分析したデータにおいても、制度や慣行ができた、あるいは変化した後、実際のデータに反映するまでにはかなりの時間を要していた。このことを考慮すれば、法人化により生じた制度や慣行の変化の影響が明確に分かるようになるまでにも時間を要することが予想される。現時点では、中長期的には1995（平成7）年から続いてきた国立大学事務局採用者が文部

第四章　国立大学事務局幹部職員の昇進構造と能力開発の法人化による変容　295

省職員の中核を占めるという構造が変化していく可能性、また、それと表裏一体であった国立大学事務局幹部職員を育成するファスト・トラックの仕組みが衰退する可能性を指摘するにとどめたい。

注

132　法人化前後（2001年4月〜2005年3月）に東京大学総長を務めた佐々木は、「古い制度から新しい制度へ、微妙に橋を渡っていく作業に相当大きなエネルギーをとられている」と述べている（佐々木2006：p.154）。

133　塩野（2002）も同様な認識を観察している。

134　しかしながら、同書は国立大学幹部職員人事が具体的にどのように人的資源の大学間格差を是正してきたかまでは解明していない。

135　文部科学省大臣官房人事課へのインタビューは2010（平成22）年12月22日に、国立大学協会へのインタビューは2012（平成24年）8月20日に行った。また、文部科学省大臣官房人事課については、2015(平成27)年12月21日に追加インタビューも行った。

136　独立行政法人制度発足当初は特定独立行政法人と呼ばれていた形態が、2014（平成26）年の独立行政法人通則法の改正に伴い行政執行法人とされた。同法第51条に規定されている。国立大学法人法第35条では同条は準用していない。

137　公務員としての身分を持たない者も「公務員」と扱う法令には国家賠償法と刑法がある。国家賠償法については、塩野（2013：pp.302-304）が「ここでの公務員は身分上の公務員ではなくまさに公権力の行使を委ねられたものの意である」「学校関係で問題となりうるものとしては、法人化された後の国立大学における事故があるが、国立大学法人と職員・学生等との関係が通常の契約関係になったことに鑑みると、事故は民法不法行為法により処理されると考えられる」とするように、適用の対象外となろう。一方、「公務員」が最も広義に捉えられている刑法（浅井1970）については、国立大学法人法第19条において「国立大学法人の役員及び職員は、刑法（中略）その他の罰則の適用については、法令により公務に従事する職員とみなす」と明記され、適用対象となっている。

138　国家公務員法第36条（採用の方法）のただし書きに基づき、人事院規則8－12（職員の任免）第18条で選考の方法によることができる場合を定めている。同条第1項では、「（前略）行政執行法人以外の独立行政法人（国立大学法人法（平成15年法律第112号）第2条第1項に規定する国立大学法人及び同条第3項に規定する大学共同利用機関法人を含む。（後略））に属する職（中略）に現に正式に就いている者をもって補充しようとする官職でその者が現に就いている職と同等以下と認められるもの」とされており、これらの条文が人事交流による採用の根拠と考えられる。

139　この研修を経て「転任」した文部科学省職員が、自らの体験を記述しているものとして樋口（2014）が挙げられる。

140　国立大学協会の支部に対応したもので、北海道、東北、東京、関東・甲信越、東海・

北陸、近畿、中国・四国、九州の 8 ブロック。
141 「国立大学法人化後の幹部職員の人事交流について（15.11.12　総会了承）」「国立大学法人の幹部職員の人事交流について（申合せ）平成 21 年 6 月 15 日　国立大学協会」を参照。
142 国立大学協会ホームページの組織図（http://www.janu.jp/gaiyou/soshiki.html：最終アクセス日 2016 年 3 月 7 日）、平成 27 年度会議の実績（http://www.janu.jp/gaiyou/soshiki.html：最終アクセス日 2016 年 3 月 7 日）及び前述の国立大学協会へのインタビューに基づく。
143 各大学が自己利益最大化を図れば、能力の高い人を囲い込み、そうでない人を押し付けあって人事交流はできないようにも思われる。しかしながら、ブロックにより事情が異なる点もあるが、それぞれのブロックで主に旧帝大が中核となって調整していたり、法人化前から自大学で係長などに就ける前には他の大学や機関での係長を経験させるなどの慣行ができていたこと、能力の高い人も他の大学や機関を経験させた方がより成長するという人事担当者の暗黙の了解があることなどから、人事交流が成立しているとのことであった（文部科学省大臣官房人事課インタビューより）。
144 法人化への移行を検討した当時の任用班主査へのインタビューによれば、任命権が大臣から学長に移行することに伴い、当然課長登用は廃止と考えられた様子が伺えた。国立大学の課長以上の任命権が文部大臣にあったので課長登用への文部省の関与が必要だったが、学長任命になれば学長が課長を選ぶという制度の建前を優先させることに特段の反対はなかったようであった。
145 法人化前の事務局長の役割を担う事務局出身者を理事とするかどうかは学長の判断に委ねられており、事務局出身者の理事は置かずに事務局長を置いたままの国立大学法人もある。総務や財務を担当する理事を置いて教員出身者を充てる場合には、法人化前の事務局長の役割の一部を実質的にそれらの理事に移行することにもなる。これらの例からは、事務組織に対する学長の裁量が向上していることが見て取れる。
146 『理事』の人事交流に関する当面の手続きについて（報告）平成 22 年 6 月 28 日　国立大学協会」及び『『理事』の人事交流に関する当面の手続きについて（了解事項）平成 22 年 8 月 1 日　国立大学協会・文部科学省」を参照。
147 法人化直後の第一期中期目標期間中には、学長や教員出身の筆頭理事だけが出席した例もあったとのことである。
148 その場合は、人を代えて提案することもあるが、人事異動をあきらめて据え置きとなることもある。
149 インターネット上で公開されていた、北海道大学、岩手大学、東北大学、東京大学、東京外国語大学、京都大学、滋賀大学、佐賀大学の職員給与規程を確認した。
150 国立大学法人法は第 35 条において独立行政法人通則法第 63 条を準用しており、国立大学法人も、その職員の給与の支給の基準を定め、公表することとされている。また、職員の給与の水準についても、毎年の「公務員の給与改定に関する取扱いについて（閣議決定）」に基づき、総務大臣が定める様式により、毎年度公表することとされている。

151 当該資料に「事務・技術職員」の定義は記述されていないが、給与の「対国家公務員指数」を算出する際に国家公務員の行政職（一）を比較対象としていることから、この「事務・技術職員」は法人化前の行政職（一）の職員に相当すると判断した。
152 文部科学省ホームページ（http://www.mext.go.jp/b_menu/houdou/28/09/1376382.htm：最終アクセス日 2017.6.22）を参照。
153 文部科学共済組合のホームページ（http://www.monkakyosai.or.jp/shikumi/01.html：最終アクセス日 2017.6.22）を参照。
154 第二章第四節と同様に、文化庁勤務も文部省勤務とみなして分類を行っている。
155 表 2-2 参照。
156 両年度とも国立大学の数は 86 であるにもかかわらず、事務局長相当職の数がそれぞれ 91、89 となっている。これは、事務局長や事務局等を担当する理事として文部省勤務経験者を置きつつ、副学長等にも文部省勤務経験者を充てているケースを含めたためである。
157 前述のとおり、本省転任や課長登用は国立大学の職員だけでなく、文部省の施設等機関の職員も対象として実施されていたため、初職がこれらの機関の場合も、初職が国立大学の場合と同様に位置付けることが可能である。
158 この質問は、巻末参考資料②に掲載した国立大学事務局長経験者への質問項目に含まれている。
159 表 2-2 参照。
160 大学間のバランスを取るためには、個々の大学への一定のコントロールも必要となるので、バランサーとしての役割とコントローラーの役割は表裏一体であることに留意が必要である。
161 ただし、それがどの程度であるかについての評価を行うことは依然難しいことを認めざるを得ない。

終　章　結論と含意

　第二章から前章まで、各章における分析から得られた知見と含意は、それぞれの最終節において示した。終章である本章では、本書全体の分析を通じて得られた知見と、その人事政策に関わる含意を第一節で述べ、本研究の限界と今後の課題を第二節で示したい。

第一節　本研究の知見と政策的含意

第一項　ファスト・トラックによる幹部職員育成

　本研究において、法人化前のノンキャリア公務員であった時期から法人化後の法人職員になった現在までを通じて、国立大学事務職員には本省転任というファスト・トラックの仕組みがあることが明らかにされた。
　また、ファスト・トラックの利点が、早い時点で組織の構成員の中から有能な少数の者をエリート的地位のために選抜し、他の者から分離して集中的に専門訓練を施すことにより効率よくエリートを育成できるとされていることや、本社企画部門への配属は、全社レベルの経験及び企業や組織を鳥瞰するような視野を与えるのに役立ち、経営幹部候補の育成にも利用されているという指摘（Grant 2003）は、国立大学事務職員のファスト・トラックとも整合的であることが明らかになった。具体的には、本省転任を経て国立大学の部課長になった者が発揮した職務遂行能力は企業管理職の職務遂行能力とほぼ重なること、それらの能力の多くは本省勤務における仕事上の経験により身に付けられたこと、である。

このように、昇進構造と能力開発を関連させて論じたことが、公務労働を対象とした人的資源管理論を探究した本研究の特徴であり、公務労働を対象とした研究としては類例を見ないものとなっている。

　また、国立大学事務職員のファスト・トラックの仕組みが、同時に文部省の人材確保にもなっており、双方の組織力の向上に資するいわば Win-Win の関係を築いてきたことも明らかになった。このため、これまでのキャリア官僚中心の公務員研究をノンキャリア公務員や公務職員全体に広げるべく、国立大学の事務職員に着目することを出発点とした本研究が、結果として国立大学事務職員のキャリア形成と文部省の人材確保という二つの焦点を持ち、楕円的にならざるを得なかったことは否めない。

　いわゆる国立大学への天下り批判についても、本研究で得られた知見からは異なる解釈ができる。法人化後、国立大学事務局の課長以上の幹部職員に文部省勤務経験者が就くことについて、天下りと批判されることがある（平成 26 年 9 月 1 日東京新聞「文科省国立大『天下り』」、平成 29 年 2 月 7 日毎日新聞「文科省　現役出向 83 大学 241 人　補助金巡り癒着懸念」など）。法人化前も、課長以上の幹部職員は文部省が実質的に人事異動を決めていたため、いわゆる「異動官職」と呼ばれて批判的に論じられることもあった。草原（2008：pp.193-194）は、「国立大学が制度上、文部省という行政機関の一部局として位置付けられ」てきたため、「教育研究活動の中身についてはともかく、予算の使い方、事務局幹部職員の人事などあらゆる面において文部省に依存する関係」であり、「文部省によって庇護され、同時に統制もされるという存在」であったと指摘している。その指摘の一つの論拠として、国立大学事務局幹部職員の人事を文部省が行っていることについて、「この人事を通じて国立大学に対する文部省の影響力は一層強化されることになった。しかも幹部職員は一ー二年で交代する。そして在職中はもっぱら文部省のほうを向いて仕事をし、文部省の方針に沿って学長を支えながら学内運営に当たっていた。」としている。中井（2008：p.303）も、「ノンキャリの文部省職員が全国の国立大や大学病院の主要ポストを占めている。彼らは通常二年に一回本省の指示で異動し、全国の文部省所管の組織に配置される。こうしたロー

テーション組（中略）は大学のためではなく本省の顔色を見ながら仕事をする。」としている。文部科学省が、国立大学法人の在り方を検証して 2010 (平成 22) 年 7 月 15 日付でまとめた「国立大学法人化後の現状と課題について（中間まとめ）」の参考資料として掲載されている国民からの意見聴取の概要の中にも、「多くの国立大学法人に文部科学省の天下りポストがあるが、文部科学省の顔色をうかがいながら法人経営をすることにつながるため、なくすべき」「文部科学省から出向といった形で天下りしてくる職員は国立大学法人の管理運営に対する知識も能力もなく、腰掛の姿勢である。特に国立大学法人の管理運営と関係のない局からの天下りは現場を混乱させるだけで、全く無意味で迷惑。こういった腰掛天下り人事は直ちに改めるべき。」といった内容が列挙されている。

　一方で、前章で紹介した天野（2008：p.137）のように、法人化以前の国立大学事務局幹部職員の人事権が文部省にあることについては、大学の側からはしばしば厳しく批判されてきたものの、文部省の主導下に行われてきた本省と各大学、大学と大学の間の事務系管理職の人事交流が、人的資源の大学間格差を是正する上で大きな役割を果たしてきたと指摘するものもある。前述の文部科学省の「国立大学法人化後の現状と課題について（中間まとめ）」の参考資料として掲載されている国民からの意見聴取の概要の中にも、「異動官職は国立大学全体の人材レベルを担保する機能もある」「文部科学省との人事交流を継続すべき。リーダーの養成の一つの方法として、一つの大学経験者だけで組織を形成するのではなく、『人事交流』によって、他大学経験者や文部科学省の優秀な人材を交流させることは有益な方策。」といった内容も見られる。

　このように賛否のある論点であるが、本研究を通じて明らかになったことは、この際に論じられている文部省職員と言われている者の中に、文部省に採用された職員だけではなく、国立大学に採用されて勤務した後に本省に転任した者や、場合によっては、本省人事課が人事を行っているという理由で文部省勤務経験のない課長登用者まで含まれてしまっていることに意識を向けるべきということである。

もう一つは、部課長に求められる職務遂行能力への着目である。繰り返しになるが、本省転任を経て国立大学の幹部職員になった者が発揮した職務遂行能力は企業管理職の職務遂行能力とほぼ重なり、それらの能力の多くは本省での仕事上の経験により身に付けられていた。もちろん、インタビューの内容から、本省勤務経験者でも本省勤務から学べた人とそうでない人がいること、課長登用者や学内登用者にも優秀な人がいることが伺われたが、仕事上の経験が能力開発につながるため、本省勤務経験者が部課長に求められる職務遂行能力を身に付けている蓋然性は高いと言える。当然ながら法人化後は国立大学事務局幹部職員の人事権は学長にあるため、前掲の東京新聞の記事では、文部科学省人事課が「人事は学長自らが、自主的な判断で行っている。文科省は協力要請に応じて人事交流を行っており、法人化の趣旨に沿っている」、国立大学側は「適材適所の観点から、学長の判断で受け入れている」と説明しているし、毎日新聞の記事でも文部科学大臣が「出向は各大学の学長からの要請に基づき行われ、大学改革などに役立っている」と衆議院予算委員会で説明したことが書かれている。第三章では、本省勤務経験者が国立大学事務局の幹部職員として勤務大学のための資金獲得や組織改組、課題解決に力を注いできた姿が浮き彫りになっており、そのような能力は法人化後も引き続き必要と思われる一方で、第四章で見たような学内登用者の増加も生じており、法人化前のように文部省が文部大臣の任命権を基に、ある程度権力的に事務局幹部職員の人事異動を行っていた状況とは異なる状況が生まれていると思われる。

　これまで行われてきた「天下り」批判は、人事交流の外形に着目して仕組みの是非が問われてきたように思われる。しかしながら、仕組みの適否を、個々人の能力や幹部職員の能力開発に資するものであるかどうかに着目して論ずることにより、表層的な議論ではなく、国立大学事務局幹部職員の育成・確保につながる議論とすることが可能になると思われる。

第二項　三つのキャリア・パターンと人的資源の最大化
　本研究では、国立大学事務職員の昇進構造に三つのパターンがあることを

表 終-1 国立大学事務職員の三つのキャリア・パターンと処遇の関係

		本省転任者	課長登用者 (ブロック登用者)	学内登用者
法人化前	到達し得る最上位ポスト	事務局長	事務局長 (平成7年頃まで)	事務長(課長級) まれに部長
	おおむね保証されるポスト	課長	課長	係長
	異動範囲	全国	全国	採用大学中心
法人化後	到達し得る最上位ポスト	事務局長 (または理事)	部長	部長
	おおむね保証されるポスト	課長	課長	係長
	異動範囲	全国	ブロック	採用大学中心

明らかにした。それぞれのパターンごとに、到達し得る最上位ポスト、おおむね保証されるポスト、異動範囲を、法人化の前後に分けて整理したのが**表終-1**である。

この三つのキャリア・パターンにより、多様なインセンティブを有する職員をそれぞれ動機付けていたであろうことは第二章第五節第二項で述べたとおりで、それにより、組織の活性化や人材の育成を図っていたと言える。

このことと、稲継(1996)などの従来の研究において、日本においては長い間競争を続ける「遅い昇進」が前提とされ、長期にわたり積み重ねられた評価が昇格・昇進の際に利用されて間接的に報酬の違いに結び付くという、いわば「積み上げ型の褒賞システム[161]」を採っているとされることや、それに加えて、キャリア官僚とノンキャリア公務員とのカテゴリー間の均衡にも配慮した人事・給与システム[162]を取り、同一カテゴリー内においては長期の査定によって徐々に昇進・昇格で差をつけていくという仕組みを取っており、キャリア官僚だけでなく数では圧倒的多数を占めるノンキャリア公務員をも含めた「公務員全体のリソースを最大限動員するインセンティブ装置」を有しているとされてきたこととは、どのような関係になるであろうか。

三つのキャリア・パターンがあるといっても、採用時点では国立大学の係員からスタートする点では同じスタートラインに立っている。ファスト・ト

ラックである本省転任者は、第二章第三節第一項で明らかにしたように、本省転任者というカテゴリーの中では徐々に昇格・昇進していく。課長登用者と学内登用者は40代までは分岐せず同じカテゴリーの中で過ごすため、少なくとも40代後半までは両者がほぼ同じ土俵で競争を続ける。その後課長登用面接に臨んで他大学の課長に出ていく者と、学内に残る者に分かれ、その後はそれぞれのカテゴリーの中で昇格・昇進を競っていく。このように、それぞれのカテゴリーの中では長期にわたる昇格・昇進競争が続くという点では、稲継（1996）が指摘した点と重なる。ただし、スタート地点は同じものの、法人化前の学内登用者は、本省転任者と課長登用者がおおむね保証されるポストである課長級のポストにしか到達することができておらず、カテゴリー間の均衡への配慮は十分でなかったと言えよう。一方で、法人化後には学内登用者も部長ポストに昇進するようになっており、従前の状況から比べると、「職員全体のリソースを最大限動員するシステム」が機能するようになっているとも考えられる。このように、国立大学事務職員においても、ファスト・トラックを採用してはいるが、カテゴリーごとには「積み上げ型の褒賞システム」が採られ、「職員全体のリソースを最大限動員するインセンティブ装置」はおおむね働いていると見ることができよう。

　ここで論じたのは、組織構成員の仕事の達成へのモチベーションを引き出す仕組みになっているかどうかということであって、組織のパフォーマンス（業績）そのものではない。人事形態と組織の業績のつながりを実証的に明らかにするためには、国立大学事務局の組織としての業績とは何であるかを教員との協働の側面も考慮しつつ同定しなければならず、本研究の手に余る課題である。

第三項　法人化後の国立大学事務職員の能力開発

　第四章第二節で引用したように、出向人事研究の蓄積によって、地方自治体において50年代に見られた中央官僚依存は、地方官僚の人材的成長もあって60年代以降徐々に薄まり、2000年時点では出向人事のイニシアチブが国の省庁ではなく地方政府の側にあるようになったという、出向人事の力

学とでも言えるものの歴史的な推移が明らかになっている。このような出向人事研究の成果を踏まえれば、今後、法人化した各国立大学において幹部職員の学内登用者比率がさらに高くなることが予測される。換言すれば、各大学が事務職員をどう育成するかの人事戦略が問われるようになってきた、ということである。

　上杉（2013）は、「学内の慣行に詳しく、教員のお世話に気が回るというだけで登用を決めるものではない」と述べる。確かに、ポストによって適材適所とはいえ、組織の管理職として必要な職務遂行能力を有する者が登用されていかなければ、職員のモチベーションも、組織としてのパフォーマンスも低下することが避けられない。そのためにどうするのが良いかの一端は、第三章第三節第三項で採り上げた事務局長インタビューの中にも伺えた。曰く、「視野の広さは、大学生え抜きの職員でも、一時期だけ本省勤務を経験する（短期併任や研修生）ことで身に付けられる感じがする。」「大学の幹部職員になるのであれば、庶務・経理・教務などの全般にわたった管理能力が必要なので、いろいろなポストを経験した方が良い。」などである。このことは、一般の国立大学事務職員の実感にも沿うものであることが東京大学大学院教育学研究科大学経営・政策研究センター（2010）の行った国公私立の大学事務職員約6,000人を対象とした調査でも示されている。そこでは、国立大学の事務職員の約半数に管理職を目指す意向があること（「昇進・昇格を目指したい」に「そう思う」「ある程度そう思う」者が48％）が明らかになっているとともに、約9割の事務職員が「幅広い業務を経験して管理業務につく」キャリアパスを望ましいと考えていること（「とても望ましい」「望ましい」と考える者が86.7％）が明らかにされている。また、林透（2013）でも、経験談としてではあるが、法人化後に始まった文部科学省行政実務研修[163]に参加して採用元の大学に戻った事務職員について、「中央での省庁経験を経ることで、大学行政に対する視野の広がりと行動力が涵養され、学外活動への(ママ)積極的に関与する力量や習性を身に付けているように感じられる。」との実感が述べられている。

　国立大学事務局の係長になる前の若手職員有志が自主的に立ち上げた国立

大学一般職員会議（通称「コクダイパン会議」）などの活動[164]からは、国立大学の「キーパーソン」となるべく、自らで必要な資質を考え、培い、行動していこうとする若手職員の意志が感じられる。このような高いモチベーションを持つ若手職員に、文部科学省の実施する行政実務研修等への派遣、他大学など他機関との人事交流、学内における性格の異なる複数の部署への配属など、管理職として必要な能力が身に付けられるような幅広い仕事上の経験を積ませることが、現在の国立大学事務局の人事担当部署に求められることであろう。

　一方、前述の出向人事研究の成果からは、文部省勤務経験者にも固有の経歴資源があることが示唆される。繰り返しになるが、例えば稲継（2000）や金井（2003a：pp.192-196）は、中央とのパイプ役（情報が早い）、組織活性化、ノウハウを持つ人材獲得、大胆な改革遂行、地方政治への防波堤役（毅然とした態度）などを指摘している。しがらみのない外部からの登用者に改革実行が期待されるということは、Villadsen（2013）も、デンマークの市町村の行政職のトップが、内部登用された場合よりも、外部（他の市町村等）登用された場合の方が部の数を減らすという組織改編を行いやすいことを明らかにしている。これらのことから、引き続き一定数の本省勤務経験者が国立大学事務局幹部職員として必要とされることも推測される。

　Lazear（1998=1998）は、チームワークは以下の二つの条件が成立する場合に、価値のある知識移転を行うことができると述べる。

1. チームのメンバーが異質な情報を保有していれば、チームを構成することにより、メンバーの間に新しい知識の流れが発生する。
2. ある1人が保有する異質な情報は、チームの中の他のメンバーにとり価値がある。

　文部省勤務経験者とブロック登用者、学内登用者というそれぞれの経歴資源を有する者が国立大学事務局においてチームとして働くことにより、価値ある知識移転が行われ、成果につながるための協働を意識化していく必要性

が示唆される。

　もちろん仕組みとしては、公募などにより幹部職員に外部の人材を置くこともできるようになっているが、八代（2011b）が指摘するように、「長期雇用、新規学卒採用が規範である地域（引用者注：ここでは「日本」のこと）では、中途採用で人材を取ろうとしても、そもそも良い人材が外部労働市場にはいない」ことから、当面、主流となることは難しいと思われる。

　大学事務職員の能力向上が求められる状況が依然続いていることは、2015（平成27）年から中央教育審議会の大学教育部会等で職員の役割と育成などが主要議題の一つとして議論され（篠田 2016：pp.248-249）、大学設置基準の改正により2016（平成28）年4月に職員の能力・資質を向上させるための研修（SD）の機会を設けることが義務付けられた（第42条の3）ことや（寺﨑・立教学院職員研究会編 2016）、2017（平成29）年4月に事務組織は「事務を処理するため」ではなく「事務を遂行するため」の組織であるとされた（第41条）ことなどにも現われている。2017（平成29）年4月の改正理由は、事務職員・事務組織が単に指示された事務を処理するのではなく、「国際的な連絡調整や高大接続改革、大規模な産学官連携の推進、学問分野を超えた教育研究の展開、戦略的な大学運営など、一定の裁量と困難性を伴う業務を担い、大学における様々な取組の意思決定等に積極的に参画することが期待される」[165] ためとされている。

　このような状況の中、法人化後は、各国立大学の学長や事務局人事を担当する理事・事務局長、人事担当部署が、自大学の事務局幹部職員の人材育成に一貫して取り組み、人材配置をどう行えば職員のインセンティブの観点からも適材適所の観点からも組織力が向上するのかを考えなければならなくなったと言えるだろう。法人化後は人材育成方針などを策定する国立大学も増えている（国立大学マネジメント研究会若手編集委員会 2010）が、前述の大学設置基準の改正を経て、職員の人材マネジメントへの関心が改めて高まっており（上杉 2017、芝田・平井 2017 ほか）、人材育成方針の内実が問われることになろう。

第四項　法人化後の文部科学省の人材確保と組織力向上

　本研究が明らかにした国立大学法人化後の国立大学事務局幹部職員の人事慣行や構成の変化からは、今後、中長期的には、文部科学省の人事慣行に大幅な見直しが迫られることが示唆される。

　一つは、法人化後の国立大学の部課長職において、文部省勤務経験者の割合が微減している一方で、学内登用者が増加していることである。法人化前は、採用大学での勤務を中心にしている者は昇進してもほぼ課長級の事務長止まりで、本省転任者が最低でもほぼ保証された課長職と同等だったが、法人化後は採用大学での勤務を中心にしていても、部長まで昇進する事例が多数見られるようになり、場合によっては逆転する可能性も生じてきた。このことは、本省転任へのモチベーションを下げる方向に働くであろう。

　もう一つは、本省転任者数の減少である。表2-2で整理したように、1990年代の後半は毎年100人前後の本省転任者がいたが、法人化後の第一期中期目標期間中には毎年40人前後、第二期中期目標期間中は毎年20人前後という減少傾向が見られる。これは、本省の定員の減少が影響しているとも、本省転任希望者の減少が影響しているとも考えられる。また、第四章第五節第二項で明らかになったように、2015（平成27）年において、課長補佐相当職以上の職員については変化はないものの、係長相当職の職員のうち国立大学を初職とする者の割合が減り、本省採用者の割合が大きく増えている。

　これまで係員、係長、課長補佐といった職位で中核を占めてきた国立大学事務局採用者が減少し、文部科学省はII種（一般職）の本省直接採用を行っているが、それらの者は本省転任者と違って学卒後の者を直接採用するため、能力を適切に評価できるかどうかという点でリスクがより高い。第二章で、本省転任試験が始まった頃の転任者が事務局長適齢期に達するまでに35年ほどかかっていることが明らかになったことからも分かるように、採用方法等を変更した場合の影響が現れるまでには、長い時間がかかる。文部科学省が組織力低下を招きたくなければ、人材確保・育成方策については中長期的な影響を勘案して具体的な方策を採るべきであろう。

　この点で注目したいのは、2013（平成25）年度から始まった文部科学省

の係長級ポストへ国立大学法人等の職員を受け入れるという人事交流である。本省転任者数の減少に伴う係長級ポストの補充を目的として開始され、国立大学法人から推薦のあった者を2～3年本省で係長として勤務させ、その後は出身大学に戻り国立大学事務職員としてのキャリアに戻ることが原則とされている。2015（平成27）年度は、大臣官房、生涯学習政策局、初等中等教育局、科学技術・学術政策局、研究振興局、スポーツ庁、文化庁などで40近いポストが提示されている[166]。この人事交流は、国立大学事務局幹部職員人事における文部科学省の影響力の低下と本省における国立大学事務局採用者の減少に伴い生まれてきた、文部科学省と国立大学が対等な関係に立った新たな人事交流の在り方とも見ることができる。このような形で本省の仕事を経験させることは、国立大学事務職員が幅広い仕事上の経験を積む一つの機会として捉えることもできるし、文部科学省の人材確保方策と捉えることもできる。

第五項　慣行の生成と衰退

　本研究では、組織的な本省転任や課長登用という慣行が始まった昭和30年代から現在までの50年を超える期間を対象としてきた。その期間を通時的に慣行の生成と衰退という観点から見ると、やや単純化しすぎるきらいはあるが、**表終-2** のように示すことができる。

　このように整理すると、本省転任という国立大学事務職員にとってのファスト・トラックが国立大学の組織拡大に伴って始められたことがより明確になる。その後、国立大学と文部省の双方の組織力の向上に資するWin-Winの仕組みとして認知されたことにより安定し、慣行として確立してきた。その慣行に揺らぎが見え始めたのは、国立大学職員にとっての昇進のインセンティブ効果が薄れたことなどによる本省転任試験の選抜性の低下が始まった1990年代である。国立大学法人化により従来の慣行はさらに揺らいでおり、学内登用者の増加など、新しい慣行を生み出すことにつながる国立大学法人という制度を土台にした取組が、今まさに各国立大学で行われていると見るべきであろう。

表 終-2 慣行の生成と衰退

国立大学	文部省	主要な出来事
慣行の未確立期		1947（昭和24）年　国家公務員法制定
国立大学の組織拡大に伴う幹部職員育成・確保方策の慣行成立期	文部省における優秀なノンキャリア公務員確保のための慣行揺籃期	1958（昭和33）年　国立大学事務局の部制（部の設置）開始 1959（昭和34）年　試験による本省転任の開始 1964（昭和39）年　課長登用開始
国立大学の組織拡大に伴う幹部職員育成・確保方策の慣行確立期	文部省における優秀なノンキャリア公務員確保のための慣行成立・確立期	1973（昭和48）年　文部本省におけるノンキャリア公務員の直接採用中止
慣行の動揺期	慣行の動揺期	1995（平成7）年　文部本省におけるノンキャリア公務員の直接採用再開
制度変更に伴う新しい慣行の揺籃期		2004（平成16）年　国立大学法人化

第二節　本研究の限界と今後の課題

　本研究の大きな限界は、第三章第三節で国立大学事務局幹部職員の職務遂行能力とその開発の在り方について論ずる際の根拠としたインタビューの対象を、本省勤務経験のある事務局長に限定したことである。同節の冒頭でも述べたように、事務局長経験者を対象としたのは、ファスト・トラックである本省転任の仕組みがどのように能力開発に資するのかを検証することを第一の目的としたこと、本省転任者の中でも部課長までしか昇進しない者に比べて国立大学事務局幹部職員としての能力が高いと評価された者である蓋然性が高いことなどの理由によるが、課長登用者や学内登用者との能力の比較については、それぞれの者の中で能力が高いと評価された者にもインタビューを行って補足することができれば、より正確な内容が明らかにできたであろうと考える。それができなかったのは、ひとえに時間と情報の不足によるものであり、今後の研究課題として取り組みたい。

今後の研究の発展に向けた課題としては、次の3点が挙げられる。

1点目は、公立大学や私立大学との比較である。公務労働としての国立大学事務職員に着目することを出発点とした本研究の成果をベースに、公立大学や私立大学との比較を行えば、公務労働の特徴を明らかにすることができるのではないか。また、羽田の「採用・昇進・キャリアステージなど、大学職員そのものに関する領域の実証的・理論的研究がまだ不十分である」という指摘（羽田 2010）や、「職員のキャリア研究は、大きく立ち遅れて」おり、「キャリア形成に関する実証研究が期待される」という期待（羽田 2013）は、国立大学に関するものに限らない。国立大学との比較のために公立大学や私立大学の事務職員の昇進構造や能力開発について明らかにすることは、大学職員論としての成果も期待できよう。

2点目は、自治体との比較である。自治体の場合、市町村－都道府県－国の縦系列の人事交流は多く、また、国の公務員は複数の自治体を経験し得るが、都道府県の公務員が他の都道府県を経験したり、市町村の公務員が他市町村を経験することはそれほど多くない。これを国立大学事務局との比較で考えた場合、大学間を異動することが前提である本省転任者や課長登用者のような者がおらず、学内登用者のみによる人事が行われているということになろう。そのような場合の人材育成や人事異動がどのように行われるのかを国立大学の場合と比較することにより、公務労働における人材育成や人事異動のパターンと能力開発に関する知見を一層深めることが期待できる。

3点目は、文部省と他省庁のノンキャリア公務員の昇進構造の比較である。本研究は結果として国立大学事務職員のキャリア形成と文部省の人材確保という二つの焦点を持ち、楕円的にならざるを得なかったが、本来の関心は国立大学事務職員にあったため、文部省のノンキャリア公務員の昇進構造についてはその一端を示すにとどまっている。また、警察に関しては一瀬（2012、2014）が既に明らかにしているが、そのほかの省庁について職歴分析からノンキャリア公務員の昇進構造を明らかにした研究は管見の限り存在しない。文部省のノンキャリア公務員の昇進構造の全体像と他省庁のノンキャリア公務員の昇進構造を明らかにすることによって、その能力開発やインセンティ

ブの在り方も議論できれば、比較研究としての発展もあり得る。その際、省庁ごとに独立行政法人等の職員も視野に入れることが肝要となろう。

　以上のような研究を発展させることは、現在の筆者の手には余るが、これらは公務労働研究を今後進展させる上での課題であるとも言え、今後の研究課題として見据えていきたい。

注

161　稲継（1996）の「積み上げ型の褒賞システム」が「キャリア・コンサーン」と同義と捉えられることは、第三章第一節第二項で前述のとおり。
162　稲継（1996：pp.76-77）は、これをノンキャリア公務員にも配慮した部内均衡型の人事・給与システムと呼び、その根拠として、ノンキャリアの定年時のポストをキャリアの初任ポストが上回るようなことはない、キャリアでも入省時はピラミッド構造をとる組織の最末端の職位でスタートする、ノンキャリアでも頑張り次第ではキャリアが到達できない高次のポストまでのぼりつめることができる、ということを挙げている。
163　この制度については、第四章第三節第一項において説明した。
164　年に1回、全国の国立大学等の若手職員が集まって国立大学職員の将来像や諸課題を議論することで、資質向上・ネットワークづくりを図っている。文教ニュース平成27年11月2日号「第9回『コクダイパン会議』一橋大に約120名が集結」や、同会議のホームページ（http://kokudaipan.info/about.html　最終アクセス日：2016年3月14日）を参照。
165　平成29年3月31日付文部科学省高等教育局長通知「大学設置基準等の一部を改正する省令の公布について」による。
166　官庁通信社「文教速報」第8084号（平成26年12月5日）

【参考文献一覧】

1. 英文論文、図書

Aoki, Masahiko.（2001=2003）*Towards a Comparative Institutional Analysis*, Massachusetts Institute of Technology（瀧澤弘和・谷口和弘訳　『比較制度分析に向けて』NTT 出版）

Arrow, J. Kenneth.（1974=2017）*The Limits of Organaization*, The Fels Center of Government（村上泰亮訳　『組織の限界』筑摩書房）

Bach, Stephen. and Kessler, Ian.（2012）*The Modernisation of the Public Services and Employee Relations: Targeted Change*, Palgrave McMillan

Beattie, Rona S. and Osborne Stephen P.（Eds）.（2008）*Human Resource Management in the Public Sector*, Routledge

Becker, Gary S.（1975=1976）*Human Capital: A Theoretical and Empirical Analysis, with Special Reference to Education*, the National Bureau of Economic Research Inc.（佐野陽子訳『人的資本　―教育を中心とした理論的・経験的分析―』東洋経済新報社）

Berman. Evan M., Bowman. James S., West. Jonathan P. and Van Wart. Montgomery R.（2013）*Human Resource Management in Public Service: Paradoxes, Processes, and Problems*, Fourth Edition, SAGE

Black, S. and Devereux, P.（2011）Recent Developments in Intergenerational Mobility, in Ahenfelter and Card（Eds）. *Handbook of Labor Economics* 4B. North Holland.

Downs, Anthony.（1967=1975）*Inside Bureaucracy*, The Rand Corporation（渡辺保男訳『官僚制の解剖』サイマル出版会）

Farnham, David. and Horton, Sylvia.（Eds）.（2000）*Human Resources Flexibilities in the Public Services: International Perspectives*, Palgrave McMillan

Ferguson, John-Paul. and Hasan, Sharique.（2013）Specialization and Career Dynamics: Evidence from the Indian Administrative Service, *Administrative Science Quarterly*, Vol.58 No.2

Gibbons, Robert. and Murphy, Kevin. J.（1992）Optimal Incentive Contracts in the Presence of Career Concerns: Theory and Evidence, *Journal of Political Economy*, Vol.100, No.3

Grant R. M.（2003）Strategic Planning in a turbulent environment: Evidence from the oil majors. *Strategic Management Journal*, Vol.24 No.6

Hill, Linda. A.（1992）*Becoming a Manager: Mastery of a New Identity*, Harvard Business School Press.

Heckman, J. J. and Krueger, A. B.（2003）*Inequality in America. What Role for Human Capital Policies?* MIT Press.

King, Dan L.（2013）Studying Higher Education Administrators' Orientation to Public Service, *Public Administration Review*, Vol.73, Iss.3

Lazear, Edward P. (1998=1998) *Personnel Economics for Managers*, John Wiley & Sons（樋口美雄・清家篤訳『人事と組織の経済学』日本経済新聞出版社）

Lazear, Edward P. and Rosen, Sherwin. (1981) Tournaments as Optimum Labor Contracts, *Journal of Political Economy*, Vol.89, No.5

McKenna, Eugene. and Beech, Nic. (1995=2000) *The Essence of Human Resource Management*, Prentice Hall（伊藤健市・田中和雄監訳『ヒューマン・リソース・マネジメント ―経営戦略・企業文化・組織構造からのアプローチ―』税務経理協会）

Mathis, Robert L. and Jackson, John H. (2007=2008) *Human Resource Management: Essential Perspectives*, 4th edition, South-Western, a part of Cengage Learning（西川清之・江口尚文・西村香織訳『人的資源管理論のエッセンス』中央経済社）

May, Tim. (2001=2005) *Social Research: Issues, Methods and Process*, 3rd edition, Open University Press（中野正大監訳『社会調査の考え方 ―論点と方法―』世界思想社）

Monks, Kathy et al. (2013) Understanding how HR systems work: the role of HR philosophy and HR processes, *Human Resource Management Journal*, Vol.23, No.4

Noordegraaf, Mirko, Van der Steen, Martijn. and Van Twist, Mark. (2013) Fragmented or Connective Professionalism? Strategies for Professionalizing the Work of Strategists and Other (Organizational) Professionals, *Public Administration*, Vol.92, No.1

OECD (2005=2005) Performance-related Pay Politics for Government Employees（平井文三監訳『世界の公務員の成果主義給与』 明石書店）

Palmer, Daniel J. (2013) College Administrators as Public Servants, *Public Administration Review*, Vol.73, Iss.3

Pfeffer, Jeffrey. (1998=2010) *The Human Equation: Building Profits by Putting People First*, Harvard Business Press（守島基博監修・佐藤洋一訳『人材を活かす企業』翔泳社）

Raadschelders, Jos C.N., Toonen, Theo A.J., and Van der Meer, Frits M. (Eds). (2007) *The Civil Service in the 21st Century: Comparative Perspectives*, Palgrave Macmillan

Riccucci, Norma M. and Naff, Katherine C. (2008) *Personnel Management in Government: Politics and Process*. Sixth Edition, CRC Press

Rosenbaum, James E. (1984) *Career Mobility in a Corporate Hierarchy*, Academic Press Inc.

Rosenbaum, James E. (1986) Institutional Career Structures and the Social Construction of Ability, in John G. Richardson (Eds.). *Handbook of Theory and Research for the Sociology of Education*, Greenwood Press

Self, Peter. (1977=1981) *Administrative Theories and Politics*, Allen & Unwin（片岡寛光監訳『行政官の役割 ―比較行政学的アプローチ―』成文堂）

Silberman, Bernard S. (1993=1999) *Cages of Reason: The Rise of the Rational State in France, Japan, the United States, and Great Britain*, University of Chicago Press（武藤博己・新川達郎・小池治・西尾隆・辻隆夫訳『比較官僚制成立史 ―フランス、日本、アメリカ、イギリスにおける政治と官僚制―』三嶺書房）

Simon, Herbert A. (1997=2009) *Administrative Behavior: A Study of Decision-Making Processes in Administrative Organizations*, Fourth Edition, The Free Press（二村敏子・桑田耕太郎・

高尾義明・西脇暢子・高柳美香訳『新版　経営行動　―経営組織における意思決定過程の研究―』ダイヤモンド社）
Sistare, Hannah S., Siplett, Myra H. and Buss, Terry F. (2009) *Innovations in Human Resource Management*, M.E. Sharpe
Skinner, Kenneth A. (1983) Aborted Careers in a Public Corporation, in David W. Plath (Eds.). *Work and Lifecourse in Japan*, State University on New York Press
Thurow, Lester C. (1975=1984) *Generating Inequality*, Basic Books（小池和男・脇坂明訳『不平等を生み出すもの』同文館出版）
Turner, Ralph H. (1960) Models of Social Ascent through Education: Sponsored and Contest Mobility, *American Sociological Review*, Vol.25, No.6
Villadsen, Anders R. (2012) New Executive from Inside or Outside? The Effect of Executive Replacement on Organizational Change, *Public Administration Review*, Vol.72, Iss.5

2.　和文論文、図書

青木栄一（2003）「文部省から地方政府への出向人事」『東京大学大学院教育学研究科教育行政学研究室紀要』第 22 号
青木昌彦（1989）『日本企業の組織と情報』東洋経済新報社
青木昌彦（2008）『比較制度分析序説　―経済システムの進化と多元性―』講談社学術文庫
青木昌彦・奥野正寛編（1996）『経済システムの比較制度分析』東京大学出版会
青山佳世・淺野昭人・川村夏子・菊池紀永・新野豊・橋本名津雄・平居聡士・藤原将人・山本貴之・吉国路（2013）「大学職員の専門性と求められる能力・資質の研究」『大学職員論叢』第 1 号
赤林英夫（2012）「人的資本理論」『日本労働研究雑誌』No.621
秋月謙吾（2000）「人事交流と地方政府（一）～（二）」『法學論叢』第 147 巻第 5 号～第 6 号
浅井清（1970）『新版　国家公務員法精義』学陽書房
天野郁夫（2008）『国立大学・法人化の行方　自立と格差のはざまで』東信堂
安藤史江（2008）『コア・テキスト人的資源管理』新世社
石田光男（2003）『仕事の社会科学　―労働研究のフロンティア―』ミネルヴァ書房
石田光男・樋口純平（2009）『人事制度の日米比較　―成果主義とアメリカの現実―』ミネルヴァ書房
出雲明子（2011）「都市自治体の権限委譲と専門性について」日本都市センター編『都市自治体行政の「専門性」　―総合行政の担い手に求められるもの―』
出雲明子（2014）『公務員制度改革と政治主導』東海大学出版部
磯田文雄（2005）「理事の一年　文部科学省出身理事の立場から」『IDE 現代の高等教育』No.475
一瀬敏弘（2012）「警察組織における技能形成　―警察官僚と地方採用警察官の人事データに基づく実証分析―」『日本労務学会誌』Vol.13 No.2

一瀬敏弘（2013）「警察官僚の昇進構造 ―警察庁のキャリアデータに基づく実証分析―」『日本労働研究雑誌』No.637

一瀬敏弘（2014）「地方採用警察官の昇進構造 ―人事データと警察官僚の聞きとり調査による実証分析―」日本公共政策学会『公共政策研究』第14号

伊藤彰浩（2010）「高等教育研究としてのSD論 ―特集の趣旨をめぐって―」『高等教育研究』第13集

伊藤健市（2008）『資源ベースのヒューマン・リソース・マネジメント』中央経済社

伊藤健市・田中和雄・中川誠士（2002）『アメリカ企業のヒューマン・リソース・マネジメント』税務経理協会

伊藤正次（2011）「都市自治体の行政組織と専門性 ―瀬戸内市と市川市の事例から―」日本都市センター編『都市自治体行政の「専門性」 ―総合行政の担い手に求められるもの―』

伊藤正次（2012）「日本の金融検査行政と『開かれた専門性』 ―その態様と可能性―」内山融・伊藤武・岡山裕編『専門性の政治学 ―デモクラシーとの相克と和解―』ミネルヴァ書房

稲垣浩（2004）「国・府県間人事交流の制度形成」『東京都立大学法学会雑誌』第44巻第2号

稲垣浩（2015）『戦後地方自治と組織編成 ―「不確実」な制度と地方の「自己制約」―』吉田書店

稲継裕昭（1996）『日本の官僚人事システム』東洋経済出版社

稲継裕昭（2000）『人事・給与と地方自治』東洋経済新報社

稲継裕昭（2006）『自治体の人事システム改革 ―ひとは「自学」で育つ』ぎょうせい

猪木武徳（1999）「人事交流から見た地方政府の独立性」『大阪大学経済学』第48巻第3・4号

井下理（2015）「FDとSDの統合による組織的職能開発 ―教員の立場から見た学習・学生支援の態勢強化―」『大学職員論叢』第3号

猪股歳之・木原京（1998）「公共部門における人材形成 ―大学事務職員の昇進を事例として―」『東北大学教育学部研究年報』第46集

井原徹（2015）「これまでの大学職員論を超えて」『IDE現代の高等教育』No.569

今井賢一・小宮隆太郎編（1989）『日本の企業』東京大学出版会

今田晶子（2015）「教員・職員の区分を越えた『大学人』の能力開発 ―教員・職員関係の3モデルと『新たな業務』への対応を手がかりに―」『大学職員論叢』第3号

今田幸子・平田周一（1995）『ホワイトカラーの昇進構造』日本労働研究機構

上杉道世（2013）「国立大学と私立大学の組織・人事制度 〜東大と慶應の経験から〜」『大学マネジメント』Vol.9 No.2

上杉道世（2015）「近未来の大学職員像」『IDE現代の高等教育』No.569

上杉道世（2017）「これからの大学職員の人事マネジメント」『IDE現代の高等教育』No.591

内山融・伊藤武・岡山裕編（2012）『専門性の政治学 ―デモクラシーとの相克と和解―』

ミネルヴァ書房
驛賢太郎（2013a）「官僚制の専門性とキャリアパス ―大蔵省を事例として―」『神戸法學雑誌』63巻2号
驛賢太郎（2013b）「大蔵省銀行局の人事、専門性、政策 ―自由化志向の機関哲学の形成と継承―」『神戸法學雑誌』63巻3号
驛賢太郎（2014）「財務省ならびに金融庁幹部のキャリアパス」『神戸法學雑誌』63巻4号
大崎仁（2011）『国立大学法人の形成』東信堂
大島英穂（2014）「教職協働による大学運営 ―職員の役割を中心に―」『立命館高等教育研究』第14集
太田聰一・橘木俊詔（2012）『労働経済学入門〔新版〕』有斐閣
太田肇（2008）『日本的人事管理論』中央経済社
大場淳（2006）「大学職員（SD）に関する研究の展開」『広島大学 高等教育研究開発センター 大学論集』第36集
大場淳（2013）「大学職員の位置」広田照幸・吉田文・小林傳司・上山隆大・濱中淳子編『組織としての大学—役割や機能をどうみるか』岩波書店
大場淳（2014）「大学職員研究の動向 ―大学職員論を中心として―」『広島大学高等教育研究開発センター大学論集』第46集
小塩隆士（2002）『教育の経済分析』日本評論社
甲斐朋香（2001）「官僚制の人事システムと政策転換に関する一考察」『九大法学』第81号
貝谷栄義（1995）『私に墓はいらない』私家版
片岡正昭（1994）「知事職をめぐる中央官僚と地方官僚」片岡寛光編『現代行政国家と政策過程』早稲田大学出版部
加藤毅（2010）「スタッフ・ディベロップメント論のイノベーション」『高等教育研究』第13集
金井壽宏（2013）「キャリア発達課題がちりばめられたリーダーシップの旅 ―キャリア論とリーダーシップ論のクロスロード」金井壽宏・鈴木竜太編『日本のキャリア研究 ―組織人のキャリア・ダイナミクス―』白桃書房
金井利之（2003a）「自治の資源とその管理」森田朗他編『分権と自治のデザイン』有斐閣
金井利之（2003b）「公立小中学校教員給与の決定方式Ⅰ〜Ⅳ」『自治総研』第298-301号
金井利之（2006）「戦後日本の公務員制度における職階制」『公共政策研究』第6号
金井利之（2008）「自治体の自治運営能力」『ジュリスト』No.1358
上林陽治（2012）『非正規公務員』日本評論社
喜多見富太郎（2010）『地方自治護送船団 自治体経営規律の構造と改革』慈学社
木寺元（2012）『地方分権改革の政治学』有斐閣
草原克豪（2008）『日本の大学制度 ―歴史と展望―』弘文堂

久米郁男編（2009）『専門知と政治』早稲田大学出版部
雲尾周（1991）「教育長の属性による都道府県・政令指定都市教育委員会の類型」京都大学教育行政学研究室『教育行財政論叢』第 2 号
雲尾周（1995）「都道府県・政令指定都市教育長の属性に見る中央―地方関係」白石裕編著『地方政府における教育政策形成・実施過程の総合的研究』多賀出版
小池和男（1981）『日本の熟練』有斐閣選書
小池和男（1989）「知的熟練と長期の競争」今井賢一・小宮隆太郎編『日本の企業』東京大学出版会
小池和男（1993）「知的熟練再論　―野村正實氏の批判に対して―」『日本労働研究雑誌』No.402
小池和男（1994）『日本の雇用システム　―その普遍性と強み―』東洋経済新報社
小池和男（1997）『日本企業の人材形成　―不確実性に対処するためのノウハウ―』中央公論社
小池和男（2005）『仕事の経済学　第 3 版』東洋経済新報社
小池和男編（1991）『大卒ホワイトカラーの人材開発』東洋経済新報社
小池和男・猪木武徳編（2002）『ホワイトカラーの人材形成　―日米英独の比較―』東洋経済新報社
小池和男・渡辺行郎（1979）『学歴社会の虚像』東洋経済新報社
河野勝（2002）『制度』東京大学出版会
合田秀樹（2015）「有為で多様な人材の育成・確保」『年報行政研究』第 50 号
国立学校特別会計研究会（1994）『国立学校特別会計三十年のあゆみ』第一法規出版株式会社
国立大学協会 50 周年記念行事準備委員会編（2000）『国立大学協会五十年史』国立大学協会
国立大学等の独立行政法人化に関する調査検討会議（2002）『新しい「国立大学法人」像について』
国立大学マネジメント研究会若手編集委員会（2010）「『事務系職員の人材育成・人事制度に関する調査』結果分析」『大学マネジメント』Vol.6 No.7
小林直人（2015）「四国地区大学教職員能力開発ネットワーク（SPOD）の実践と課題」『大学職員論叢』第 3 号
佐々木毅（2006）『知識基盤社会と大学の挑戦』東京大学出版会
佐竹五六（1998）『体験的官僚論　―55 年体制を内側からみつめて―』有斐閣
佐藤博樹・佐野嘉秀・原ひろみ（2003）「雇用区分の多元化と人事管理の課題　―雇用区分間の均衡処遇―」『日本労働研究雑誌』No.518
佐藤博樹・藤村博之・八代充史（2011）『新しい人事労務管理　第 4 版』有斐閣アルマ
塩野宏（2002）「行政法学における法人論の変遷」『日本學士院紀要』第 56 巻第 2 号
塩野宏（2006）「国立大学法人について」『日本學士院紀要』第 60 巻第 2 号
塩野宏（2013）『行政法Ⅱ　第五版補訂版　―行政救済法―』有斐閣

私学高等教育研究所（2010）『財務、職員調査から見た私大経営改革』私学高等教育研究叢書

篠田道夫（2016）『大学戦略経営の核心』東信堂

芝田政之・平井陽子（2017）「東京工業大学事務職員のマネジメント」『IDE 現代の高等教育』No.591

島一則（2012）「国立大学財政・財務の動向と課題 ―法人化後の検証―」『高等教育研究』第 15 集

島貫智行（2010a）「雇用の境界から見た内部労働市場の分化」『組織科学』Vol.44 No.2

島貫智行（2010b）「企業間異動と情報 ―出向・転籍者の満足度の規定要因―」『組織科学』Vol.44 No.2

鄭賢珠（2005）「近代日本の文部省人事構造 ―明治中後期における『教育畠』の形成―」『史林』第 88 巻第 3 号

城山英明・鈴木寛・細野助博編（1999）『中央省庁の政策形成過程 ―日本官僚制の解剖―』中央大学出版部

城山英明・細野助博編（2002）『続・中央省庁の政策形成過程 ―その持続と変容―』中央大学出版部

新藤宗幸（2002）『技術官僚』岩波書店

神一行（1988）「天下り人事の実態と課題」『都市問題』第 79 巻第 3 号

関智弘（2014）「組織人としてのケースワーカー ―ストリートレベルの官僚制の再検討―」『年報行政研究』第 49 号

曽我謙吾（2000）「環境変動と行政組織の変化 ―通産省を事例として―」行政管理研究センター『季刊行政管理研究』No.89

曽我謙吾（2008）「官僚制人事の実証分析 ―政権党による介入と官僚制の防御―」『季刊行政管理研究』No.122

曽我謙吾（2016）『現代日本の官僚制』東京大学出版会

大学行政管理学会「大学人事」研究グループ編（2004）『大学人事研究 ―大学職員人事制度の分析と事例―』学校経理研究会

大学行政管理学会「大学人事」研究グループ編（2009）『大学人事研究Ⅱ ―変貌する大学人事 教員評価の実状と経営人材の育成―』学校経理研究会

大工原孝（2004）「求められる大学職員像の模索 ―本学の現況と人事諸制度改善点―」大学行政管理学会「大学人事」研究グループ編『大学人事研究 ―大学職員人事制度の分析と事例―』学校経理研究会

田尾雅夫（1994）「第一線職員の行動様式 ―ストリート・レベルの官僚制」西尾勝・村松岐夫編『講座 行政学 第 5 巻 業務の執行』有斐閣

瀧澤謙（2017）「国家公務員管理職のマネジメント能力向上に向けた取組」行政管理研究センター『季刊行政管理研究』No.159

武石典史（2017）「官僚の選抜・配分構造 ―二つの席次への着目―」『教育社会学研究』第 100 集

竹内洋（1995）『日本のメリトクラシー：構造と心性』東京大学出版会
竹内洋（2005）『立身出世主義　増補版』世界思想社
舘昭（2008）「大学職員論」『IDE 現代の高等教育』No.499
橘木俊詔（1997）『昇進のしくみ』東洋経済新報社
橘木俊詔・連合総合生活開発研究所編（1995）『「昇進」の経済学　―なにが「出世」を決めるのか』東洋経済新報社
建林正彦・曽我謙吾・待鳥聡史（2008）『比較政治制度論』有斐閣アルマ
田辺国昭（1988）「生活保護政策の構造（2）　―公的扶助行政における組織次元の分析―」『國家學会雑誌』第 101 巻第 3・4 号
田邊國昭（1993）「行政組織における人事異動　――つのリサーチ・プログラム―」『法学』第 57 巻
谷口智彦（2013）「仕事による経験学習とキャリア開発」金井壽宏・鈴木竜太編『日本のキャリア研究　―組織人のキャリア・ダイナミクス―』白桃書房
辻清明（1969）『新版　日本官僚制の研究』東京大学出版会
辻清明（1991）『公務員制の研究』東京大学出版会
寺﨑昌男（2010）「大学職員の能力開発（SD）への試論　―プログラム化・カリキュラム編成の前提のために―」『高等教育研究』第 13 集
寺﨑昌男・立教学院職員研究会編（2016）『21 世紀の大学：職員の希望とリテラシー』東信堂
東京大学（1997）『東京大学　現状と課題 2』東京大学出版会
東京大学（2001）『東京大学　現状と課題 3』東京大学出版会
東京大学大学院教育学研究科大学経営・政策研究センター（2010）『大学事務組織の現状と将来　―全国大学事務職員調査―』
中井浩一（2008）『大学「法人化」以後』中央公論新社
永井道雄（1969）『大学の可能性―実験大学公社案』中央公論社
中島幸子（1984）「国家公務員の昇進管理について」日本人事行政研究所『季刊人事行政』No.28
中嶋哲夫・梅崎修・井川静恵・柿澤寿信・松繁寿和（2013）『人事の統計分析　―人事マイクロデータを用いた人材マネジメントの検証―』ミネルヴァ書房
中島英博（2011）「大学における職員の管理運営能力獲得プロセスと業務を通じた育成」『高等教育研究』第 14 集
中道實編（2007）『日本官僚制の連続と変化』ナカニシヤ出版
中道實・小谷良子（2009）「自治体職員の昇進経歴パターンの変容　―大都市近郊の A 市調査に基づく考察―」『彦根論叢』第 377 号
中村圭介（2004）『変わるのはいま　―地方公務員改革は自らの手で―』ぎょうせい
中村圭介・前浦穂高（2004）『行政サービスの決定と自治体労使関係』明石書店
夏目達也（2015）「ネットワークによる FD・SD の促進　―『FD・SD コンソーシアム名古屋』から『FD・SD 教育改善支援拠点』への展開―」『大学職員論叢』第 3 号
西出良一（2009）「国立大学事務職のキャリアパス」『佛教大学教育学部学会紀要』第

8号

日本公務員制度史研究会（1989）『官吏・公務員制度の変遷』第一法規出版株式会社

日本都市センター編（2011）『都市自治体行政の「専門性」 ―総合行政の担い手に求められるもの―』

日本労働研究機構（1992）『大企業の本社人事部』

野中尚人（2005）「高級行政官僚の人事システムについての日仏比較と執政中枢論への展望」『日本比較政治学会年報』第 7 号

野村正實（1993）『熟練と分業 ―日本企業とテイラー主義―』御茶の水書房

野村正實（2001）『知的熟練論批判』ミネルヴァ書房

秦敬治（2013）「大学職員論とは何か『大学職員の専門性と人事異動に関する考察』」『大学職員論叢』第 1 号

羽田貴史（2009）「国立大学事務職員論から『大学人』論へ」『大学教育学会誌』第 31 巻第 1 号

羽田貴史（2010）「高等教育研究と大学職員論の課題」『高等教育研究』第 13 集

羽田貴史（2013）「大学職員論の課題」『大学職員論叢』第 1 号

畠山弘文（1989）『官僚制支配の日常構造 ―善意による支配とは何か―』三一書房

花田光世（1987）「人事制度における競争原理の実態 ―昇進・昇格のシステムからみた日本企業の人事戦略―」『組織科学』21 巻 2 号

塙和也（2013）『自民党と公務員制度改革』白水社

早川征一郎（1997）『国家公務員の昇進・キャリア形成』日本評論社

林透（2008）「国立大学法人職員のキャリア・パスと能力開発に関する一考察」『大学行政管理学会誌』第 11 号

林透（2013）「大学職員におけるロールモデルと専門性に関する一考察 〜国立大学を中心にして〜」『大学職員論叢』第 1 号

林奈生子（2013）『自治体職員の「専門性」概念』公人の友社

林嶺那（2014）「人事異動における構造とその論理 ―東京都における管理職人事（1993〜2004 年）を題材に―」『年報行政研究』第 49 号

原田久（2005）『NPM 時代の組織と人事』信山社

原田久（2011）『広範囲応答型の官僚制 ―パブリック・コメント手続きの研究―』信山社

樋口瞳（2014）「『異動官職』について思うこと」『大学マネジメント』Vol.10 No.1

久本憲夫（1999）「技能の特質と継承」『日本労働研究雑誌』No.468

平野光俊（2006）『日本型人事管理 ―進化型の発生プロセスと機能性』中央経済社

平野光俊（2010）「三層化する労働市場 ―雇用区分の多様化と均衡処遇―」『組織科学』Vol.44 No.2

廣瀬克哉（1989）『官僚と軍人 ―文民統制の限界―』岩波書店

広本政幸（1996）「厚生行政と建設行政の中央地方関係（1）〜（3）」『大阪市立大学法学雑誌』第 43 巻第 1 号〜第 3 号

福島一政（2010）「大学のユニバーサル化と SD ―大学職員の視点から―」『高等教育研究』第 13 集

福留（宮村）留理子（2004）「大学職員の役割と能力形成 ―私立大学職員調査を手がかりとして―」『高等教育研究』第 7 集

藤田由紀子（2008）『公務員制度と専門性 ―技術系行政官の日英比較―』専修大学出版局

藤田由紀子（2014）「英国公務員制度改革における『専門職化』の意義」行政管理研究センター『季刊行政管理研究』No.146

藤田由紀子（2015）「政策的助言・政策形成の専門性はどこまで定式化できるか？ ―英国公務員制度改革におけるポリシー・プロフェッションの創設―」『年報行政研究』第 50 号

藤野真挙（2009）「聖域化する文部省 ―『文部官僚』の自己意識とその社会化―」『次世代人文社会研究』第 5 号

文教予算事務研究会編（2002）『国立学校特別会計 予算執務ハンドブック 平成 14 年度』第一法規出版株式会社

本間政雄（2009）「国立大学法人化 ―第 1 期の光と影―」『名古屋高等教育研究』第 9 号

本間政雄（2014）「国立大学の『異動官職』を考える」『大学マネジメント』Vol.10 No.1

前浦穂高（2008）「大卒ホワイトカラーの昇進構造」『立教経済学研究』第 62 巻第 2 号

前川喜平（2002）「文部省の政策形成過程」城山英明・細野助博編著『続・中等省庁の政策形成過程』中央大学出版部

前田健太郎（2014）『市民を雇わない国家 ―日本が公務員の少ない国へと至った道―』東京大学出版会

前田貴洋（2016）「自治体における人事異動の実証分析 ―岡山県幹部職員を事例として―」『法学会雑誌』第 56 巻第 2 号

牧原出（2003）『内閣政治と「大蔵省支配」―政治主導の条件―』中央公論新社

松尾睦（2013）『成長する管理職』東洋経済新報社

マックス・ウェーバー（阿閉吉男・脇圭平訳）（1987）『官僚制』恒星社厚生閣

マックス・ウェーバー（濱嶋朗訳）（2012）『権力と支配』講談社学術文庫

松繁寿和・梅崎修・中嶋哲夫（2005）『人事の経済分析 ―人事制度改革と人材マネジメント―』ミネルヴァ書房

松谷昇蔵（2017）「官僚任用制度展開期における文部省 ―文部官僚と専門性―」『史學雑誌』第 126 編第 1 号

松本雄一（2003）『組織と技能 ―技能伝承の組織論』白桃書房

真渕勝（2010）『官僚』東京大学出版会

武藤博己・申龍徹編著（2013）『東アジアの公務員制度』法政大学出版局

村上祐介（2011）『教育行政の政治学』木鐸社

村澤昌崇（2009）「日本の大学組織 ―構造・機能と変容に関する定量分析―」『高等教育研究』第 12 集

村松岐夫（1981）『戦後日本の官僚制』東洋経済新報社

村松岐夫（1988）『地方自治』東京大学出版会

村松岐夫編著（2008）『公務員制度改革 ―米・英・独・仏の動向を踏まえて―』学陽書房

元山年弘（2013）「管理職への移行におけるトランジション・マネジメント」金井壽宏・鈴木竜太編『日本のキャリア研究 ―組織人のキャリア・ダイナミクス―』白桃書房

森島朋三（2015）「どう職員を育成するか ―立命館の職員養成の実践を通じて―」『IDE 現代の高等教育』No.569

両角亜希子（2015）「日本の大学職員 ―調査データから」『IDE 現代の高等教育』No.569

文部省大臣官房人事課監修（1998）『文部省歴代職員録 ―平成 9 年 12 月現在―』文教協会

八代充史（1992）「大手企業における本社人事部の組織と機能」『日本労働研究機構研究紀要』No.4

八代充史（2002）『管理職層の人的資源管理』有斐閣

八代充史（2009）『人的資源管理論』中央経済社

八代充史（2011a）「地方分権化と自治体職員の専門性」日本都市センター編『都市自治体行政の「専門性」 ―総合行政の担い手に求められるもの―』

八代充史（2011b）「管理職への選抜・育成から見た日本的雇用制度」『日本労働研究雑誌』No.606

八代尚宏（1980）『現代日本の病理解明 ―教育・差別・福祉・医療の経済学』東洋経済新報社

八代尚宏（1992）「日本の官僚システムと行政改革」『JCER PAPER』No18

山倉健嗣（1993）『組織間関係 ―企業間ネットワークの変革に向けて―』有斐閣

山本茂（2014）「幅広いスキルのタイプと形成」『組織科学』Vol.47 No.3

山本眞一（1998）「大学の管理運営と事務職員 ―管理運営論への新たな視点―」『高等教育研究』第 1 集

山本眞一（2001）「高等教育政策と大学運営 ―大学経営人材養成の観点から―」筑波大学大学研究センター

山本眞一（2002）「大学の組織・経営とそれを支える人材」『高等教育研究』第 5 集

山本眞一（2009）「変容する大学とこれからの職員」『高等教育研究』第 12 集

山本眞一（2013）「大学職員論のこれまでとこれから」『大学職員論叢』第 1 号

山本眞一編（2013）『教職協働時代の大学経営人材養成方策に関する研究』広島大学高等教育研究開発センター

山本眞一・村上義紀・野田邦弘（2005）『新時代の大学経営人材 ―アドミニストレーター養成を考える―』ジアース教育新社

吉武博通（2014）「人事管理を確立して強い職員組織をつくる」リクルート『カレッジマ

ネジメント』第 187 号
吉武博通(2015)「企業との比較における大学職員」『IDE 現代の高等教育』No.569
吉田香奈(2008)「国立大学の法人化と教養教育の予算・人的資源の変化」『大学財務経営研究』第 5 号

あとがき

　本書は、2016年3月に東京大学大学院法学政治学研究科に提出した博士論文（同年9月8日に博士（法学）授与）を基に、公刊に必要な加筆修正をしてまとめたものである。

　博士論文の構想、研究、執筆から、学位取得、本書の完成に至るまで、実に多くの方々にお世話になった。すべての方に心より御礼を申し上げる。紙幅の制約もあり、ここでは特にお世話になった方々のお名前を挙げて、改めて感謝の気持ちをお伝えしたい。

　筆者が社会人学生として、家庭では母親の役割も果たしながら、まがりなりにも博士論文をまとめることができたのは、指導教員の金井利之先生によるご指導の賜物である。博士論文の分析枠組み、分析方法、構成などの多くを先生のご指導に負っているだけでなく、仕事と家庭を優先して学業がおろそかになりがちな筆者に、週に一冊学術書を読んで感想を先生に提出するという個別の課題を出してくださったり、とにかく少しでも博士論文の草稿を書き進めるよう促してくださり、提出するとすぐに丁寧なコメントを返してくださったりしたことは、筆者の研究を大いに後押ししてくれた。ご指導いただく中で、金井先生のように、幅広い事象の構造を把握し、多様な分析視角に精通した上でその本質を見抜くことが、研究者としての重要な資質だと理解した。自分もそうありたいと思うが、今のところ大変心許ない状況であり、いつまでも金井先生の背中を追わせていただくことになりそうである。

　大学院法学政治学研究科在学中は、行政学専攻の森田朗先生、田邊國昭先生、城山英明先生にもご指導をいただいた。社会人学生ゆえの時間の制約もあり直接ご指導いただける機会が少なかったことは否めないが、博士課程入学以来参加させていただいている東京大学行政学研究会において森田先生、田邊先生、城山先生、金井先生が研究報告に対してなさるコメントは、筆者に常に刺激を与えてくださった。その場では理解できなかった理論や先行研究、用語、議論の運びなどを書き止め、研究会終了後に復習するのが習わし

となり、先生方の研究関心の幅の広さと深さからだけでなく、現実の行政・社会に対する鋭い洞察力からも、常に学ばせていただいている。

　特に田邊先生には博士論文審査の主査をお務めいただき、稚拙な論文の意図を汲んで丁寧なご助言をいただいたことに、心より御礼申し上げたい。審査の労をお取りくださった太田匡彦先生、藤田友敬先生、松原健太郎先生にいただいたコメントとともに、本書の出版に当たって出来得る限り反映するように努めたが、筆者の力不足により十分にお応えできていないものもある。今後の糧にできればと思っている。

　大学院法学政治学研究科という環境に身を置けたことは、大変幸せなことだったと思う。15年以上国家公務員として働いた後に、改めて政治学の最新の理論や研究成果に触れられる演習を受けたことにより、行政や政治への理解がさらに深まったように感じている。行政学関係の演習だけでなく、加藤淳子先生の政治学方法論の演習や谷口将紀先生の政治とメディアの演習では、研究対象として行政や政治をどう見ていくのかという視座からの有意義な学びを与えていただき、今も心に残っている。また、同時期に大学院で行政学を学ぶ先輩・同輩・後輩にも恵まれた。前田健太郎、深谷健、白取耕一郎、荒見玲子、太田響子、辛素喜、村上裕一、清水麻友美、箕輪允智、金貝、森川想、羅芝賢、林嶺那、松浦綾子、笹川亜紀子、長谷川信栄、伊藤香苗の各氏には、様々な機会を通じて議論したり、情報交換したりすることで、多くのことを学ばせていただいた。社会人学生のため、院生としての役割分担を担うこともできず、共有できる時間も少ないのに、また、かなり年嵩でジェネレーション・ギャップもあったと思うのに、院生仲間として受け入れてくれ、筆者が困って相談すると些細なことでも快く助けてくれた。中でも、同門の箕輪氏、清水氏、林氏、長谷川氏とは、金井先生から共同でご指導いただくことも多く、お互いの研究関心や研究内容について議論を深め、刺激をいただいた。また、深谷氏には本書の刊行に当たり、有意義な助言をいただいた。この切磋琢磨する仲間の存在がなかったら、博士課程は修了できなかったと心から思う。

　東京大学行政学研究会と行政共同研究会に参加の機会を与えていただいて

いることにも感謝したい。博士論文の執筆も終盤に差し掛かった時に、高名な先生も参加される東京大学行政学研究会と若手の行政学研究者が中心となっている行政共同研究会で報告の機会をいただき、様々な視点からのご意見を頂戴したことで、曖昧になっていた部分をクリアに整理することができた。東京大学行政学研究会でコメントしてくださった伊藤正次先生、原田久先生、藤田由紀子先生や、筆者の博士課程入学に当たりご助言くださった西村美香先生をはじめ、ご参加の先生方や大学院生の皆さんに改めて御礼申し上げたい。また、東京大学行政学研究会はもちろん、行政共同研究会でも様々な研究報告をお聞きして議論に参加することが研究者としての研鑽を積む機会となっており、松井望先生をはじめ行政共同研究会の運営の労を引き継いでくださっている歴代幹事の皆様にも感謝の気持ちをお伝えしたい。

塩野宏先生は、筆者にとって特別の存在である。法学部3年生のときに行政法のゼミに参加してご指導いただいた。筆者がゼミで報告した判例に関する塩野先生からの質問に答えた際、「貴方の思い付きではなく、法的に論理的に考えたらどうなるのかと聞いているのだ。」と厳しく叱責されたことは、その後の筆者の職業人生の礎となっている。ユーモアに溢れたお人柄もあって、私だけでなく多くのゼミ生から慕われ、ご退官後はほぼ毎年同窓会が開かれている。博士論文の執筆が滞り、時間の使い方を変えなければならないと思いつつも行動に移せなかった時期に、この同窓会で塩野先生に博士課程で学んでいることや論文のテーマなどを初めてお伝えした。「ぜひ読みたいから早く書いてね。」とおっしゃってくださったことが、博士論文執筆に向かう筆者の原動力となったことは間違いない。

教育行政学や高等教育研究を専門とする研究者にも、この間大変お世話になった。博士課程に入学する前、初めて学会というものに入会するために推薦人となってくださった小川正人先生と山本眞一先生は、その後も何かにつけて気にかけてくださっている。教育行政学を専門としながら、行政学にも現実の行政にも旺盛な探究心を持つ荻原克男氏、青木栄一氏、村上祐介氏と知り合えたことも、筆者にとって幸運であった。常に研究上の新たな刺激をいただくとともに、筆者の研究への励ましをいただいている。特に青木氏に

は、東北大学大学院教育学研究科教育政策科学講座セミナーで博士論文の内容について報告する機会をいただくとともに、島一則氏とともに博士論文への詳細なコメントもいただいた。そのすべてを反映できているわけではなく、今後の研究の種として温めているものもあるが、本書が少しでも読みやすいものになっているとしたら、青木氏のおかげである。

本書は、インタビューに答えてくださった文部科学省や国立大学協会の職員の方々、歴代任用班主査や事務局長経験者の方々のご協力なくしては成り立たなかった。お名前を出すことはできないが、心からの感謝をお伝えしたい。人事を担当する者としての覚悟や苦悩、事務局長としての心構えなど、本書に書いていないことも含めて、お聞きしたお話はいずれも、働く一人の人間としても有益なものであった。

筆者が文部省に採用された1992（平成4）年頃には、同僚の多くは国立大学から転任してきた方々で、シニアの係長は国立大学の課長に転出していった。採用直後から国立大学を担当する部署に配属されたため、カウンターパートとなる国立大学の課長に文部省勤務経験者が多いことに驚いたけれども、時間の経過とともにそれも当たり前のことと受け止めていった。国立大学法人化が政策課題に上がった頃、法人化の原則からすればこれまでの事務局人事の在り方が大きく変容を迫られることになると一抹の不安を覚えた。当時、本当にそうなっても大丈夫なのかと周囲に問うてみたものの、事務局人事が変容することを避けるために法人化の流れを止めることはできないと言われたことを、今でも良く覚えている。振り返ってみれば、そんな筆者の個人的な経験が本書の出発点かもしれない。

そのようなことも含め、本書には直接・間接に筆者の文部（科学）省勤務経験が反映されていることと思う。改めて、お世話になった先輩・同輩・後輩の皆様にも御礼申し上げたい。筆者のわがままをお許しくださっている諸先輩方には、感謝してもしきれない恩義を感じている。

働きながら博士課程で学ぶことを温かく見守ってくださった東京外国語大学、東京学芸大学、国立教育政策研究所の上司・同僚にも御礼申し上げたい。現在の職場である国立教育政策研究所教育政策・評価研究部では、部のメン

バーがそれぞれ毎年一回研究報告をすることを伝統としており、その場でも本書の草稿を基に報告した。教育政策・評価研究部の屋敷和佳、橋本昭彦、本多正人、植田みどり、妹尾渉、宮﨑悟の各氏には、その際に様々な専門分野の視点からコメントを頂戴したことだけでなく、常日頃筆者を支援してくださっていることにも感謝申し上げたい。三宅美佳氏には校正など本書作成の最終段階でお手伝いいただいた。また、高等教育研究部の朴澤泰男氏には、一昨年高著を公刊された御経験を踏まえ、公刊に向けての手続きに関して丁寧な助言をいただいた。教育図書館の鈴木由美子氏にも、資料収集や文献検索に当たって的確にサポートしていただいた。年々厳しくなる研究環境の中でも、国立教育政策研究所の研究者と職員が研究環境の整備・維持に努力してくださっていることをありがたく思う。

　本書が無事、刊行にこぎ着けることができたのは、東信堂の下田勝司社長のご尽力のおかげである。不慣れな筆者に懇切丁寧にご助言くださり、出版まで導いてくださったことに深く感謝申し上げたい。また、下田社長をご紹介くださった竺沙知章先生とのご縁もありがたく思う。

　このほかに感謝すべき方を挙げれば際限がなく、すべての方のお名前を挙げられないことをお許しいただきたい。

　最後に、私事で恐縮ではあるが、本書の刊行に至るまで大いに迷惑をかけてきた家族にも感謝を伝えたい。頑固な娘であり、マイペースな妻であり、気が回らない母である筆者を寛容に受け止めてくれていることに、また、特に母・和枝には、家事・育児を全面的にサポートして筆者の生活の基盤を支えてくれていることに、心から感謝している。振り返れば、筆者が研究の道を志す最初のきっかけを作ってくれたとも言える亡き娘・真理に本書を捧げ、今後も初心を忘れずに研鑽を積むことを心に誓い、筆を置くこととしたい。

2018年1月

渡辺恵子

【巻末参考資料①】歴代任用班主査への質問項目

1. 任用班主査時代のお仕事の内容
   (1) 上級（Ⅰ種）職の人事、中級（Ⅱ種）職の人事、初級（Ⅲ種）職の人事に、どのように携わっておられましたか。
   (2) 国立大学の事務局長、部課長人事に関する当時の大学と本省のやり取りや具体的な手続きを教えてください。
   (3) 当時、国立大学課長登用試験はどのように行われていましたか。
   (4) 当時、本省転任試験はどのように行われていましたか。大学と本省のやりとりや具体的な手続きを教えてください。

2. 文部省にお勤めになられた経緯について
   (1) どのような経緯で文部省での勤務を始められたのでしょうか。
   (2) 国家公務員採用試験はいつ、どの試験に合格なさっておられますか。

3. 国立大学幹部職員人事について
   　　国立大学幹部職員として勤務されたご経験を踏まえて、国立大学幹部職員の人事を主に文部省が調整して行っていたことについて、どのような良い点があったとお考えですか。逆に悪い点とお感じになっていたことがありましたらお教えください。

注：実際に対面でのインタビュー対象者9名に渡した質問項目は、任用班主査としての在任期間や採用された大学名等を付記するなどしてインタビュー対象者ごとに作成したが、いずれの内容も上記と同じである。
　　なお、電話によるインタビューを行った元任用班主査1名については、これらの項目ではなく、主に本省転任試験導入の経緯について質問し、回答を得た。

【巻末参考資料②】国立大学事務局長経験者への質問項目

1. 本省転任試験を受けた時のことについて
   (1) 本省転任試験の受験者は、学内でどのように選ばれたか。
   (2) 本省転任試験の内容はどのようなものだったか。
   (3) 本省転任試験が将来の幹部職員への昇進につながるものだとの認識の有無。

2. 国立大学における課長としての勤務経験について
   (1) 課長として求められる役割や能力はどのようなものだったか。
   (2) その能力はいつ、どこで、誰の下で、どのような経験から身に付けたと考えるか。
   (3) 本省勤務経験者、課長登用者、学内登用者で、役割や能力の違いを感じることがあったか。あったとしたらどのようなものだったか。
   (4) 国立大学が法人化した前後で課長に求められる役割や能力に変化があったか。あったとしたら、どのような変化か。

3. 国立大学における部長としての勤務経験について
   (1) 部長として求められる役割や能力はどのようなものだったか。
   (2) その能力はいつ、どこで、誰の下で、どのような経験から身に付けたと考えるか。
   (3) 本省勤務経験者、課長登用者、学内登用者で、役割や能力の違いを感じることがあったか。あったとしたらどのようなものだったか。
   (4) 国立大学が法人化した前後で部長に求められる役割や能力に変化があったか。あったとしたら、どのような変化か。

4. 国立大学における事務局長としての勤務経験について
   (1) 事務局長として求められる役割や能力はどのようなものか。
   (2) その能力はいつ、どこで、誰の下で、どのような経験から身に付けたと考えるか。
   (3) 国立大学が法人化した前後で事務局長に求められる能力に変化があったか。あったとしたら、どのような変化か。
   (4) 事務局長として部課長を見た場合、本省勤務経験者、課長登用者、学内登用者で役割や能力、あるいは得意分野の違いを感じるか。感じるとしたら、どのようなものか。

5. これまでの勤務経験全般を振り返って
   (1) 現在のご自身の仕事の基盤となっている考え方や行動様式は、どのような経験から獲得されたものと考えるか。成功体験や挫折、上司の薫陶など、エピソードがあればお教えいただきたい。
   (2) 本省の勤務経験によって身に付けたと言える職務遂行能力はあるか。あるとすればどのようなものか。

注：国立大学での部長経験がない者4名に対しては、「3. 国立大学における部長としての勤務経験について」の項目は省いてインタビューを行った。

索引

☆本文中、重要な箇所は太字とした。

【ア行】

天下り批判 ………………………………… **300**
一般的能力 ………… 144, **145**, 170, **225**, 226, 235
異動官職 …………………… **300**, 301, 321, 322
異動の力学 …………………… 48, **54**, 55, 135, **291**
NPM ………… i, **5**, 6, 7, 9, 22, 164, **242**, 243, 321
遅い昇進 ………… ii, 36, **39**, **49**, 51-54, 128, **303**

【カ行】

外部労働市場 ……………………… **36**, 37, 47, 307
係長相当職 ……… **203**, 204, 207, 208, 211, 212, 215, 216, 218, 219, 221, 222, 230, 231, 238, 281, 284-286, 294, 308
学長 … 23, 24, 30, 59, 73, 76, 79, 137, 169, 182-184, 188, 190, 191, 199, 225, 237, 243, 245-248, 254, 255, 257, **259**, **260**, 263, **278-280**, 287, **289**, 290, 293, 294, 296, 297, 300, 302, 307
学内登用 …………………… **196-201**, 224, 226, 238, 259, 264, 272, 277, **278**, 280, **287-290**, 292-294, 302-306, 308-311, 331
学部事務（部局事務）……………… **24**, 26, 139
課長 … 17, 21, **26**, 27, 32, 35, 41, 42, 46, 49, 50, 56-59, 61-66, 70-99, 101-109, 111-117, 119-122, 124-134, 137-141, 147, 151, 159, 170, 171, 175, **178-191**, 193-206, 208-210, 212-222, 224, 226, 227, 229-234, 237, 238, 245, 246, 251, 252, 254-256, 259, 260, 262-265, 272-284, 286-292, 294, 296, 297, 299-304, 308-311, 328, 330, 331
課長相当職 ……… 59, 129, 137, 138, **203**, 204, 206, 208-210, 212, 214, 216, 217, 219, 220, 222, 230-232, **263**, **272-277**, 281-283, 286
課長登用 ……… 57, 58, **71-75**, 82, 83, **87-89**, 94, 96, 97, 101, 104, 105, 112, 120, 121, 124, 125, **127-134**, 137, 139-141, **196-201**, 224, 226, 227, **233**, 255, **256**, 259, **264**, 272, 277, **278**, 287-292, 296, 297, 301-304, 309-311, 330, 331
課長補佐相当職 ……………… **203**, 204, 206, 208, 210, 212, 215, 216, 218, 219, 221, 222, 230-232, 281, 283, 284, 286, 294, 308
慣行 ……… iii, 16-18, **20**, 21, 35, 50, 57, 58, 59, 80-82, 85, 87, 134, 186, 208, 212, 216, 217, 222, 241, 242, 246, 255, 256, 263, 287, 288, 294, 296, 305, **308-310**
幹部職員人事 ……………… i, 3, 6, 7, **75**, 76, 79, 80, 135, 137, 241, 245, 247, **255-257**, 260, 288, 289, 292, 295, 309, 330
管理職 ……… i, ii, 1, 14, 15, **21**, 36, 43, **45-48**, 53, 135, 136, 139, 147, **149-152**, **154**, 159-161, 168, 170, 177, 178, 180, 187, 201, 202, **222-225**, 229, 230, 234, 236, 245, 279, 291, 293, 294, 299, 301, 302, 305, 306, 319, 321-323, 332
官僚制 … 10, 11, 57, 58, **155-157**, 161, 228, 229, 234, 313, 314, 317, 319, 320-323
聞き取り調査 ………………………………… **19**
企業特殊的能力 …… 36, **144-146**, **225**, 226, 235
企業労働者の昇進構造 ……… 35, **36**, 47, 49, 54
キャリア … i, ii, iii, 4, 6-12, 14, 16, 17, 19, 20, 22, 36, 39-44, 46, 49-52, **54-59**, 65, 66, 70, 74, 75, 77, 80, 81, 86-90, 111, 112, 117, 120, 124, 128-134, 136-138, 140, 141, 143, 147, 150, 158, 162-164, 166, 172, 187, 196, 197, 199, 200, 202, 203, 208, 209, 212, 216, 217, 219, 222, 223, 227, 231-234, 238, 239, 247, 251, 252, 254, 259, 263-265, 280, 286, 294,

　　　　299, 300, 302, 303, 305, 309-312, 316, 317,
　　　　320, 321, 323
キャリア官僚…………i, 6-9, 11, 12, 14, 22, 49-51,
　　　　54, 57, 136, 158, 162, 163, 166, 208, 209,
　　　　212, 216, 217, 219, 232, 239, 251, 252, 254,
　　　　265, 300, 303
キャリア・コンサーン……46, 49, 129, 130, 133,
　　　　227, 312
キャリアツリー……………40, 42, 51, 54, 86, 87
キャリアパス………ii, iii, 4, 17, 56, 57, 65, 66, 70,
　　　　75, 86, 112, 117, 120, 124, 130, 143, 147,
　　　　172, 202, 203, 219, 223, 233, 234, 238, 259,
　　　　280, 305, 317, 320
キャリア・パターン…… 57, 59, 80, 81, 87, 89, 90,
　　　　129-131, 140, 196, 197, 200, 263, 264, 294,
　　　　302, 303
業界専用技能 ……………………………146, 226
業界特殊的能力……………………………226, 234
競争移動………………………………39-41, 136
位止め…………………………………129, 133
経営幹部……ii, 21, 43, 147, 148, 150, 154, 155,
　　　　223, 299
経験学習………………………150, 151, 237, 320
経歴資源…………………………249, 290, 306
工事事務所 ………………………………………85
公務員制度改革…………i, 3-7, 9, 11, 14, 21, 158,
　　　　159, 164, 315, 321-323
公務員制度改革大綱………………3, 4, 21, 158
公務職員……5, 9-12, 14, 17, 35, 136, 158, 161,
　　　　162, 167, 227, 300
公務労働……5, 9, 10, 12-14, 37, 49, 144, 158,
　　　　300, 311, 312
コクダイパン会議……………………306, 312
国立学校幹部名鑑（文部科学省国立大学法
　　　　人等幹部名鑑）………………………85, 246
国立公文書館 ……………16, 17, 35, 59, 85, 138
国立大学……i, ii, iii, 1, 9, 11, 12, 14-18, 20-24,
　　　　26-33, 35, 37, 38, 45, 55, 56-63, 65-67,
　　　　70-137, 139, 140, 143, 167, 178-182,

　　　　184-190, 192-196, 199, 200, 202-227,
　　　　229-234, 237, 238, 241-248, 254-297,
　　　　299-312, 315-322, 324, 328, 330-332
国立大学協会………21, 32, 255-257, 259, 261,
　　　　287, 295, 296, 318, 328
国立大学事務局……ii, 12, 15-17, 20, 21, 24, 26,
　　　　35, 45, 56, 58, 59, 65, 71, 80, 82-87, 92, 94,
　　　　96, 100, 102, 107, 110, 112, 115, 118, 123,
　　　　124, 129, 130, 132-137, 140, 143, 180, 181,
　　　　200, 202, 205, 209, 212, 213, 216, 217, 219,
　　　　220, 222, 223, 225, 229-234, 241, 243, 248,
　　　　254, 255, 262, 263, 265-267, 272, 278-280,
　　　　286-289, 291-295, 297, 300-302, 304-306,
　　　　308-311, 331
国立大学事務局幹部職員……12, 15-17, 20, 21,
　　　　35, 45, 56, 59, 80, 84, 85, 87, 112, 129, 130,
　　　　132-136, 143, 180, 181, 200, 202, 222, 223,
　　　　225, 229, 232, 233, 241, 243, 248, 254, 255,
　　　　262, 263, 265, 278-280, 287, 288, 291-295,
　　　　300-302, 306, 308-310
（国立大学）事務職員……i, ii, iii, 11, 12, 14, 16,
　　　　17, 20, 23, 24, 27-30, 38, 55, 56, 59, 81,
　　　　128-131, 134, 136, 140, 143, 167, 168, 179,
　　　　180, 190, 200-202, 222-225, 230, 233, 237,
　　　　246, 248, 254, 255, 260, 261, 263, 279, 280,
　　　　287, 289-291, 294, 299, 300, 302-305, 307,
　　　　309, 311, 316, 319, 320, 321, 323
国立大学特殊的能力……………………225, 226
国立大学の組織………23, 28, 30, 96, 223, 234,
　　　　244, 309, 310
国立大学法人………i, ii, vii, ix, xii, xiii, 9, 11, 12,
　　　　14, 16, 17, 18, 22, 23, 26, 27, 31, 32, 33, 57,
　　　　58, 59, 79, 80, 85, 88, 89, 121, 129, 186,
　　　　203, 241, 242, 243, 244, 245, 246, 248, 255,
　　　　256, 259, 260, 261, 262, 263, 264, 272, 279,
　　　　281, 287, 289, 292, 295, 296, 301, 308, 309,
　　　　310, 317, 318, 321, 322, 328
国立大学法人等職員採用試験………26, 27, 32,
　　　　255, 287

個人の専門性……143, 155, **157**, **158**, 161, **167**

【サ行】

仕事上の経験……15-17, 77, 143, 150, **151**, 154, **179**, 180, 197, 201, **202**, **229**, 232, 234, 236, 237, 293, **294**, **299**, **302**, 306, 309

実務知識（執務知識）………155, **156**, 160, 161, 228, 234

事務局長……16, 17, 21, 24, **26**, 35, 57, 66, 71, 74-79, 81, 82, 84-86, 90-92, 94, 96-102, 104-107, 109-115, 117-125, 127-133, 135, 140, 141, 143, 168, 171, 175, **179-181**, **188-196**, 201, 202, 224-230, 232, 237, 247, 260, 262, 263, 265-267, 278, 279, 288, 289, 291, 293, 296, 297, 303, 305, 307, 308, 310, 328, 330, 331

事務局長相当職………………**263**, 265- 267, 297

出向人事研究・16, **248**, 252-254, **289**, 304-306

出向人事の力学………………**250**, **291**, 304

将棋の駒型（昇進）モデル……**39**, **43**, **49**, 52, 53

昇進スピード競争……………**39**, **41-43**, 51, 52

職種専用技能………………………**146**, 226

職務遂行能力……16, 17, 21, **143**, **144**, 146, 149, 154, 155, 158, **159**, **161-163**, 165, **180-197**, **200-202**, **224**, 225, 227, 228, 234, 236, 238, **278-280**, 293, 299, **302**, 305, 310, 331

職務遂行能力の開発……**154**, 155, 184, 186-189, 193, 194-196, 236

職歴分析………………………ii, 50-52, 86, **128**, 311

初職………………17, 35, **85-98**, 100-127, 131, 132, **202-221**, 230, 238, **262-278**, 280-285, 294, 297, 308

人的資源管理……5, 12-15, 22, 56, 59, 136, **157**, 158, 166, 234, 300, 314, 315, 323

人的資源管理論……**12-15**, 22, 56, 59, 136, **157**, 166, 234, **300**, 314, 323

人的資本理論…………………………**144**, 235, 315

垂直的行政統制モデル……………**248**, **249**

水平的政治競争モデル……………………**249**

杉江清………………………………………**83**

スタッフ・ディブロップメント（SD）……56, 136, **176-179**, 237, **307**, 316, 317, 320, 322

制度……i, iii, 3-11, 14, **16-21**, 33, 35, 37, 39, 42, 43, 49, 50, 52-54, 57-59, 65, 80, 82, 85, 87, 154, 158, 159, 163, 164, 195, 199, 212, 222, 223, 225, 230, 232, 233, 241-244, 246, 248, 250, 252-255, 257, 261-263, 286-288, 294-296, 300, 305, 309, 310, 312, 313, 315-323, 332

全体均衡………………………**48**, **53-55**, **135**, 141

専門性…4, 10, 56, 143, 147, **155-164**, 166, 167, **169-179**, 199, 227, 228, 234, 236, 237, 293, 315-317, 321-323

専門性の変化………………………**162**, 163

専門知識……155, **156**, 158, 161, 163, 225, 227, 228, 234, 235

戦略的置き換え（仮説）……**250**, 252, **289**, 290, 294

組織の専門性……………143, 155, **157**, **167**

組織のパフォーマンス……………………**304**

【タ行】

第一線職員論……………………………**11**

大学行政管理学会……**168**, 171, 176, 236, 237, 319, 321

大学公社案……………………**242**, 320

大学職員の専門職化………………**173**

大学職員論……35, **55**, 56, 58, 59, 143, **167-171**, 174, 175, 177-180, 200, **229**, 237, 311, 315-318, 320, 321, 323

大学の自治……………………**242**, 244

短期転任………………………………**65**, 70

地方公務員………49, **52-55**, 163-165, 248, 320

中期目標………22, 186, **241**, 243, 244, 257, **262**, 286, 289, 294, 296, 308

積み上げ型の褒賞システム………**49**, 52, 53, 54, 303,

索引 335

定員削減 …………………………… 28, 30, 182
丁寧な観察 ……………………………………… 18
転任組 ……………………………… 87-89, 264, 265
動機付け ……… 14, 36, 40, 41, 46, 54, 128-130,
　　　133, 135, 140, 153, 233, 234, 303
トーナメント移動（競争）…… 39-43, 46, 52, 136
独自採用 ……………………………… 27, 28, 33
独立行政法人 ………… 8-11, 22, 32, 85, 194, 237,
　　　242, 255, 263, 295, 296, 312, 318

【ナ行】

内部労働市場 …………………… 36, 37, 54, 319
任用班主査 ……16, 17, 35, 59-61, 63-67, 69, 70,
　　　72-79, 82, 83, 85, 87, 94, 101, 129, 134,
　　　135, 137-139, 202, 208, 231, 260, 289, 296,
　　　328, 330
ノンキャリア公務員 ……… 7-12, 14, 50-52, 54, 55,
　　　70, 80, 112, 128, 136, 137, 208, 219, 231, 232,
　　　239, 252, 254, 286, 299, 300, 303, 310-312

【ハ行】

幅広いスキル …………………………… 148, 323
半構造化インタビュー …………… 137, 181, 238
庇護移動 ………………………… 39-41, 43, 136
一皮むけた経験研究 ……………………… 150, 151
Human Resource Management ……… 12-14, 22,
　　　158, 313, 314, 315
ファスト・トラック ……… ii, 16, 43, 44, 45, 51, 54,
　　　127, 128, 143, 147, 180, 181, 202, 222-224,
　　　295, 299, 300, 303, 304, 309, 310
不確実性をこなす技量 …………… 147, 148, 223
部長 ……… 17, 21, 26, 27, 35, 42, 51, 58, 66, 71,
　　　73-77, 81, 84-86, 89-91, 93-106, 108-129,
　　　132, 133, 139, 140, 151, 178, 181, 182, 186,
　　　191, 194-196, 201, 203-205, 208, 209, 213,
　　　217, 219, 220, 222, 227, 230, 237, 238, 246,

　　　304, 312
　　　249, 254, 262, 263, 268-272, 277, 279, 281,
　　　286, 288, 289, 292, 303, 304, 308, 331, 332
部長相当職 ………… 203, 204, 263, 268-272, 281
部分均衡 …………………… 48, 53-55, 135, 141
ブロック登用 ………… 256, 264, 272, 277, 278,
　　　287-292, 303, 306
法人化 … i, ii, iii, 8, 12, 14, 16-18, 22-24, 26-28,
　　　32, 55, 57-59, 72, 79, 80, 85, 88, 89, 121, 128,
　　　129, 133-136, 167, 202, 223, 234, 237, 238,
　　　241-248, 254-265, 272, 277, 278-281,
　　　286-289, 291-297, 299-305, 307-310, 315,
　　　318, 319, 320, 322, 324, 328, 331
本省直接採用 ……… 52, 60, 61, 67, 70, 83, 120,
　　　127, 131, 132, 138, 141, 202, 208, 212, 216,
　　　219, 264, 294, 308
本省転任（者）…… 60-67, 70, 72, 73, 75, 82-84,
　　　86, 88, 96, 104, 111, 112, 117, 119, 120,
　　　124, 125, 127, 128, 130-132, 134, 137, 138,
　　　140, 141, 180, 181, 184, 189, 200, 202, 208,
　　　209, 212, 216, 219, 222-224, 226, 230-234,
　　　255, 256, 259, 264, 265, 286, 289, 294, 297,
　　　299, 302, 303, 304, 308-311, 330, 331
本省転任試験 …… 60-63, 64, 65, 70, 72, 73, 75,
　　　82, 83, 84, 86, 88, 96, 104, 111, 117, 119,
　　　120, 128, 130, 131, 137, 138, 208, 212,
　　　216, 219, 222, 230, 231, 233, 286, 308,
　　　309, 330, 331
本部事務局 …… 24, 26, 32, 76, 84, 85, 137-139,
　　　238

【マ行】

申合せ ……………………… 21, 256-259, 296
文部科学省 ……17, 21, 27, 29-33, 35, 38, 57-59,
　　　66, 69, 70, 75, 85, 111, 137, 138, 169, 183,
　　　203, 219-221, 242, 244-248, 254-263,
　　　281-285, 287-289, 292, 294-297, 301, 302,
　　　305, 306, 308, 309, 312, 315, 328
文部科学省関係機関職員行政実務研修 …… 255
文部省 ……… 15-17, 21, 23, 28-32, 35, 52, 56, 57,

59-61, 63, 65-67, 69-73, 75-80, 82, 83, 85-92, 94-99, 101-138, 140, 143, 180-184, 187, 196-200, 202, 203, 205-227, 230-234, 237-239, 248, 251-254, 262-278, 280-285, 288-294, 296, 297, 300-302, 306, 308-311, 315, 319, 322, 323, 328, 330, 332

文部省幹部職員名鑑（文部科学省国立大学法人等幹部職員名鑑）……16, 17, **203**, 238, **262, 281**

文部省勤務の有無…………**86-89**, 263-265, 277

文部省の組織…………15, 23, **30**, 83, 232, 234

【ラ行】

理事………26, 168, 179, 190, 194, 244-247, 257, **259**, 260, 263, 287, 296, 297, 303, 307, 315

立身出世の物語………………………**47**, 131

連絡課………………………………64, 70

著者紹介

渡辺恵子（わたなべ　けいこ）
　　国立教育政策研究所　教育政策・評価研究部長

- 1969 年　東京都生まれ
- 1992 年　東京大学法学部卒業
　　　　　文部省入省。大臣官房人事課、初等中等教育局、高等教育局等において勤務。2003 年以降、国立情報学研究所、国立教育政策研究所、東京外国語大学、東京学芸大学での勤務を経て
- 2013 年より現職　　2016 年より国立教育政策研究所幼児教育研究センター長を併任
- 2016 年　東京大学大学院法学政治学研究科博士課程修了　博士（法学）

主要論文等

「義務教育費国庫負担制度の『総額裁量制』への移行についての考察」（『国立教育政策研究所紀要』第 134 集、2005 年）

「イギリス教育財政制度の政策形成過程に関する一考察」（『日本教育行政学会年報』No.32、2006 年）

「国際比較から見た教育行財政制度　－新たな事実認識の解明」（日本教育行政学会研究推進委員会編『地方政治と教育行財政改革〜転換期の変容をどう見るか〜』福村出版、2012 年）

国立大学職員の人事システム―管理職への昇進と能力開発―

2018 年 2 月 25 日　初　版第 1 刷発行　　　　　　　　　　　〔検印省略〕

＊定価はカバーに表示してあります。

著者 Ⓒ 渡辺恵子　発行者 下田勝司

東京都文京区向丘 1-20-6　郵便振替 00110-6-37828
〒113-0023　TEL 03-3818-5521（代）　FAX 03-3818-5514

印刷・製本／中央精版印刷株式会社

発行所　株式会社　東信堂

Published by TOSHINDO PUBLISHING CO., LTD.
1-20-6, Mukougaoka, Bunkyo-ku, Tokyo, 113-0023 Japan
E-Mail: tk203444@fsinet.or.jp　http://www.toshindo-pub.com/

ISBN978-4-7989-1480-0　C3036　Ⓒ WATANABE Keiko

― 東信堂 ―

転換期を読み解く―潮木守一時評・書評集	潮木守一	二六〇〇円
大学再生への具体像―大学とは何か【第二版】	潮木守一	二四〇〇円
フンボルト理念の終焉?―現代大学の新次元	潮木守一	二五〇〇円
「大学の死」、そして復活	潮木守一	二八〇〇円
大学教育の思想―学士課程教育のデザイン	絹川正吉	二八〇〇円
大学教育の在り方を問う	絹川正吉	二三〇〇円
北大 教養教育のすべて―エクセレンスの共有を目指して	山田宣夫	四二〇〇円
国立大学職員の人事システム―管理職への昇進と能力開発	小笠原正明 安藤 厚 編著 細川敏幸	二六〇〇円
国立大学法人の形成	渡辺恵子	四二〇〇円
転換期日本の大学改革―アメリカと日本	大崎 仁	三六〇〇円
大学の管理運営改革―日本の行方と諸外国の動向	天野郁夫	二六〇〇円
大学は社会の希望か―自立と格差のはざまで―大学改革の実態からその先を読む	江原武一	三六〇〇円
大学経営とマネジメント	江原武一	二〇〇〇円
大学戦略経営の核心	新藤豊久	二五〇〇円
戦略経営Ⅲ 大学事例集	篠田道夫	三六〇〇円
大学戦略経営論	篠田道夫	三六〇〇円
中長期計画の実質化によるマネジメント改革	篠田道夫	三四〇〇円
米国高等教育の拡大する個人寄付	福井文威	五六〇〇円
大学の財政と経営	丸山文裕	三六〇〇円
私立大学マネジメント	(社)私立大学連盟編	三二〇〇円
私立大学の経営と拡大・再編―一九八〇年代後半以降の動態	両角亜希子	四二〇〇円
学長奮闘記―学長変われば大学変えられる	岩田年浩	二〇〇〇円
大学の発想転換―体験的イノベーション論二五年	坂本和一	二六〇〇円
30年後を展望する中規模大学	市川太一	二五〇〇円
大学のマネジメント・学習支援・連携	中留武昭	三二〇〇円
大学のカリキュラムマネジメント	中留武昭	五四〇〇円
戦後日本産業界の大学教育要求―経済団体の教育言説と現代の教養論	飯吉弘子	三〇〇〇円
イギリス大学経営人材の養成	高野篤子	二七〇〇円
アメリカ大学管理運営職の養成	高野篤子	三二〇〇円
[新版]大学事務職員のための高等教育システム論―より良い大学経営専門職となるために	山本眞一	一八〇〇円

〒113-0023 東京都文京区向丘1-20-6　TEL 03-3818-5521　FAX 03-3818-5514　振替 00110-6-37828
Email tk203444@fsinet.or.jp　URL:http://www.toshindo-pub.com/

※定価：表示価格（本体）＋税

東信堂

ネオリベラル期教育の思想と構造——書き換えられた教育の原理	福田誠治	六二〇〇円
アメリカ公立学校の社会史——コモンスクールからNCLB法まで	W・J・リース著 小川佳万・浅沼茂監訳	四六〇〇円
アメリカ間違いがまかり通っている時代——公立学校の企業型改革への批判と解決法	D・ラヴィッチ著 末藤美津子訳	三八〇〇円
教育による社会的正義の実現——〈アメリカの挑戦〉(1945-1980)	D・ラヴィッチ著 末藤美津子訳	五六〇〇円
学校改革抗争の100年——20世紀アメリカ教育史	D・ラヴィッチ著 末藤・宮本・佐藤訳	六四〇〇円
現代学力テスト批判——実態調査・思想・認識論からのアプローチ	北野 秋男 下司 晶 小笠原喜康 編著	二七〇〇円
ポストドクター——若手研究者養成の現状と課題	北野秋男編	三六〇〇円
日本のティーチング・アシスタント制度——大学教育の改善と人的資源の活用	北野秋男編著	二八〇〇円
[増補版]現代アメリカの教育アセスメント行政の展開——マサチューセッツ州(MCASテスト)を中心に	北野秋男編	四八〇〇円
アメリカ公民教育におけるサービス・ラーニング	唐木清志	四六〇〇円
アメリカにおける学力形成論の展開——スタンダードに基づくカリキュラムの設計	石井英真	四六〇〇円
ハーバード・プロジェクト・ゼロの芸術認知理論とその実践——内なる知性とクリエイティビティを育むハワード・ガードナーの教育戦略	池内慈朗	六五〇〇円
現代アメリカにおける学校認証評価の現代的展開	浜田博文	二八〇〇円
アメリカにおける多文化的歴史カリキュラム	桐谷正信	三六〇〇円
現代教育制度改革への提言 上・下	日本教育制度学会編	各二八〇〇円
日本の教育をどうデザインするか	村田翼夫・上田学編著	二八〇〇円
現代日本の教育課題——二一世紀の方向性を探る	上田 学編著	二八〇〇円
バイリンガルテキスト現代日本の教育	村田翼夫・岩槻知也編著	三八〇〇円
人格形成概念の誕生——近代アメリカの教育概念史	山口満編著	三六〇〇円
社会性概念の構築——アメリカ進歩主義教育概念史	田中智志	三八〇〇円
グローバルな学びへ——協同と刷新の教育	田中智志	二〇〇〇円
学びを支える活動へ——存在論の深みから	田中智志編著	二〇〇〇円
社会形成力育成カリキュラムの研究	西村公孝	六五〇〇円
社会科は「不確実性」で活性化する——未来を開くコミュニケーション型授業の提案	吉永 潤	二四〇〇円

〒113-0023 東京都文京区向丘1-20-6　TEL 03-3818-5521　FAX03-3818-5514　振替 00110-6-37828
Email tk203444@fsinet.or.jp　URL:http://www.toshindo-pub.com/

※定価：表示価格（本体）＋税

― 東信堂 ―

アクティブラーニングと教授学習パラダイムの転換	溝上慎一	二四〇〇円
大学のアクティブラーニング―3年間の全国大学調査から	河合塾編著	三二〇〇円
「学び」の質を保証するアクティブラーニング	河合塾編著	二〇〇〇円
「深い学び」につながるアクティブラーニング―全国大学の学科調査報告とカリキュラム設計の課題	河合塾編著	二八〇〇円
アクティブラーニングでなぜ学生が成長するのか―経済系・工学系の全国大学調査からみえてきたこと	河合塾編著	二八〇〇円
附属新潟中式「3つの重点」を生かした確かな学びを促す授業―教員独自の眼鏡を育むことが「主体的・対話的で深い学び」の鍵となる！	新潟大学教育学部附属新潟中学校 編著	二〇〇〇円
ICEモデルで拓く主体的な学び―成長を促すフレームワークの実践	栁磨昭孝	二〇〇〇円
社会に通用する持続可能なアクティブラーニング―ICEモデルが大学と社会をつなぐ	土持ゲーリー法一	二五〇〇円
ポートフォリオが日本の大学を変える―ティーチング/ラーニング/アカデミック・ポートフォリオの活用	土持ゲーリー法一	二五〇〇円
ティーチング・ポートフォリオ―授業改善の秘訣	土持ゲーリー法一	二〇〇〇円
ラーニング・ポートフォリオ―学習改善の秘訣	土持ゲーリー法一	二五〇〇円
「主体的学び」につなげる評価と学習方法―カナダで実践されるICEモデル	S・ヤング&R・ウィルソン著 土持ゲーリー法一監訳	一〇〇〇円
主体的学び 別冊 高大接続改革	主体的学び研究所編	一八〇〇円
主体的学び 創刊号	主体的学び研究所編	一八〇〇円
主体的学び 2号	主体的学び研究所編	一六〇〇円
主体的学び 3号	主体的学び研究所編	一六〇〇円
主体的学び 4号	主体的学び研究所編	二〇〇〇円
主体的学び 5号	主体的学び研究所編	一八〇〇円
大学自らの総合力―理念とFDそしてSD	寺﨑昌男	二〇〇〇円
大学自らの総合力Ⅱ―大学再生への構想力	寺﨑昌男	二四〇〇円
21世紀の大学：職員の希望とリテラシー	寺﨑昌男 立教学院職員研究会 編著	二五〇〇円

〒113-0023 東京都文京区向丘1-20-6　TEL 03-3818-5521　FAX03-3818-5514　振替 00110-6-37828
Email tk203444@fsinet.or.jp　URL:http://www.toshindo-pub.com/

※定価：表示価格（本体）＋税

東信堂

放送大学に学んで――未来を拓く学びの軌跡	放送大学中国・四国ブロック学習センター編	二〇〇〇円
ソーシャルキャピタルと生涯学習	J・フィールド　矢野裕俊監訳	二五〇〇円
成人教育の社会学――パワー・アート・ライフコース	高橋満編著	三二〇〇円
NPOの公共性と生涯学習のガバナンス	高橋満	二八〇〇円
コミュニティワークの教育的実践	高橋満	二八〇〇円
学級規模と指導方法の社会学――実態と教育効果	山崎博敏	三二〇〇円
高等専修学校における適応と進路――後期中等教育のセーフティネット	伊藤秀樹	四六〇〇円
「夢追い」型進路形成の功罪――高校改革の社会学	荒川葉	二八〇〇円
進路形成に対する「在り方生き方指導」の功罪――高校進路指導の社会学	望月由起	三六〇〇円
教育から職業へのトランジション――若者の就労と進路職業選択の社会学	山内乾史編著	二六〇〇円
教育と不平等の社会理論――再生産論をこえて	小内透	三三〇〇円
マナーと作法の社会学	加野芳正編著	二四〇〇円
マナーと作法の人間学	矢野智司編著	二〇〇〇円
〈シリーズ 日本の教育を問いなおす〉拡大する社会格差に挑む教育	西村和雄・大森不二雄　倉元直樹・木村拓也編	二四〇〇円
混迷する評価の時代――教育評価を根底から問う	西村和雄・木村拓也編	二四〇〇円
教育における評価とモラル	西戸瀬信雄編	二四〇〇円
《大転換期と教育社会構造：地域社会変革の学習社会論的考察》		
第1巻 教育社会史	小林甫	七八〇〇円
第2巻 現代的教養I――生活者生涯学習の地域的展開――技術者生涯学習の生成と展望	小林甫	六八〇〇円
第3巻 現代的教養II	小林甫	六八〇〇円
第3巻 学習力変革――地域自治と社会構築	小林甫	近刊
第4巻 社会共生力――東アジアと成人学習	小林甫	近刊

〒113-0023 東京都文京区向丘1-20-6　TEL 03-3818-5521　FAX 03-3818-5514　振替 00110-6-37828
Email tk203444@fsinet.or.jp　URL:http://www.toshindo-pub.com/

※定価：表示価格（本体）＋税

東信堂

多様性と向きあうカナダの学校——移民社会が目指す教育	児玉奈々	二八〇〇円
カナダの女性政策と大学	犬塚典子	三九〇〇円
多様社会カナダの「国語」教育（カナダの教育3）	関口礼子・浪田克之介編著	三六〇〇円
21世紀にはばたくカナダの教育（カナダの教育2）	小林順子他編著	二八〇〇円
ケベック州の教育（カナダの教育1）	小林順子	二〇〇〇円
トランスナショナル高等教育の国際比較——留学概念の転換	杉本均編著	三六〇〇円
チュートリアルの伝播と変容——イギリスからオーストラリアの大学へ	竹腰千絵	二八〇〇円
[新版]オーストラリア・ニュージーランドの教育——グローバル社会を生き抜く力の育成に向けて	青木麻衣子・佐藤博志編著	二〇〇〇円
戦後オーストラリアの高等教育改革研究	杉本和弘	五八〇〇円
オーストラリアのグローバル教育の理論と実践——開発教育研究の継承と新たな展開	木村裕	三六〇〇円
オーストラリアの教員養成とグローバリズム	本柳とみ子	三六〇〇円
多様性と公平性の保証に向けて——オーストラリア学校経営改革の研究——自律的学校経営とアカウンタビリティ	佐藤博志	三八〇〇円
オーストラリアの言語教育政策——多文化主義における「多様性と」「統一性」の揺らぎと共存	青木麻衣子	三八〇〇円
英国の教育	日英教育学会編	三四〇〇円
イギリスの大学——対位線の転移による質的転換	秦由美子	五八〇〇円
統一ドイツ教育の多様性と質保証——日本への示唆	坂野慎二	二八〇〇円
ドイツ統一・EU統合とグローバリズム——教育の視点からみたその軌跡と課題	木戸裕	六〇〇〇円
教育における国家原理と市場原理——チリ現代教育史に関する研究	斉藤泰雄	三八〇〇円
中央アジアの教育とグローバリズム	川野辺敏編著	三三〇〇円
インドの無認可学校研究——公教育を支える「影の制度」	小原優貴	三三〇〇円
タイの人権教育政策の理論と実践——人権と伝統的多様な文化との関係	馬場智子	二八〇〇円
バングラデシュ農村の初等教育制度受容	日下部達哉	三六〇〇円
マレーシア青年期女性の進路形成	鴨川明子	四七〇〇円
東アジアにおける留学生移動のパラダイム転換——大学国際化と「英語プログラム」の日韓比較	嶋内佐絵	三六〇〇円

〒113-0023 東京都文京区向丘1-20-6
TEL 03-3818-5521　FAX 03-3818-5514　振替 00110-6-37828
Email tk203444@fsinet.or.jp　URL:http://www.toshindo-pub.com/

※定価：表示価格（本体）＋税

東信堂

責任という原理——科学技術文明のための倫理学の試み〈新装版〉	H・ヨナス著／加藤尚武監訳	四八〇〇円
主観性の復権——心身問題から『責任という原理』へ	H・ヨナス／宇佐美公生・滝口清栄訳	二〇〇〇円
ハンス・ヨナス「回想記」	H・ヨナス／盛永・木下・馬渕・山本訳	四八〇〇円
生命の神聖性説批判	H・クーゼ著／飯田・石川・小野谷・片桐・水野訳	四六〇〇円
生命科学とバイオセキュリティ——デュアルユース・ジレンマとその対応	四ノ宮成祥・河原直人編著	二四〇〇円
医学の歴史	石渡隆司監訳	四六〇〇円
安楽死法：ベネルクス3国の比較と資料	盛永審一郎監修	二七〇〇円
死の質——エンド・オブ・ライフケア世界ランキング	丸祐一・小野谷加奈恵・飯田亘之訳	二二〇〇円
バイオエシックスの展望	坂井昭宏・松浦悦子編著	三二〇〇円
生命の問い——生命倫理学と死生学の間で	松坂井昭宏	二〇〇〇円
生命の淵——バイオシックスの歴史・哲学・課題	大林雅之	二〇〇〇円
今問い直す脳死と臓器移植〔第2版〕	澤田愛子	二〇〇〇円
キリスト教から見た生命と死の医療倫理	浜口吉隆	二三八一円
動物実験の生命倫理——個体倫理から分子倫理へ	大上泰弘	四〇〇〇円
医療・看護倫理の要点	水野俊誠	二〇〇〇円
テクノシステム時代の人間の責任と良心	山本・盛永訳	三五〇〇円
原子力と倫理——原子力時代の自己理解	小Th・レンク／笠・野平編訳	一八〇〇円
科学の公的責任——科学者と私たちに問われていること	小Th・リット／笠原・野平編訳	一八〇〇円
歴史と責任——科学者は歴史にどう責任をとるか	小Th・リット／笠原・野平訳	一八〇〇円
（ジョルダーノ・ブルーノ著作集）より		
カンデライオ	加藤守通訳	三二〇〇円
原因・原理・一者について	加藤守通訳	三二〇〇円
傲れる野獣の追放	加藤守通訳	四八〇〇円
英雄的狂気	加藤守通訳	三六〇〇円
ロバのカバラ——ジョルダーノ・ブルーノにおける文学と哲学	N・オルディネ／加藤守通監訳	三六〇〇円

〒113-0023　東京都文京区向丘1-20-6
TEL 03-3818-5521　FAX 03-3818-5514
Email tk203444@fsinet.or.jp　URL:http://www.toshindo-pub.com/
振替 00110-6-37828

※定価：表示価格（本体）＋税

東信堂

オックスフォード キリスト教美術・建築事典	P&L・マレー著 中森義宗監訳	三〇〇〇〇円
イタリア・ルネサンス事典	J・R・ヘイル編 中森義宗監訳	七八〇〇円
美術史の辞典	P・デューロ他 中森義宗・清水忠訳	三六〇〇円
涙と眼の文化史——中世ヨーロッパの	徳井淑子訳	三五〇〇円
青を着る人びと——標章と恋愛思想	伊藤亜紀	三六〇〇円
社会表象としての服飾——近代フランスにおける異性装の研究	新實五穂	三六〇〇円
書に憶い 時代を讀む	河田悌一	一八〇〇円
日本人画工 牧野義雄——平治ロンドン日記	ますこ ひろしげ	五四〇〇円
美を究め美に遊ぶ——芸術と社会のあわい	江藤光紀・荻野厚志編著	二八〇〇円
バロックの魅力	田中佳編	二六〇〇円
新版 ジャクソン・ポロック	小穴晶子編	二六〇〇円
西洋児童美術教育の思想	藤枝晃雄	二六〇〇円
——ドローイングは豊かな感性と創造性を育むか？	要真理子監訳 前田茂監訳	三六〇〇円
ロジャー・フライの批評理論——知性と感受性の間で	要 真理子	四二〇〇円
レオノール・フィニ——境界を侵犯する新しい一種	尾形希和子	二八〇〇円

〈世界美術双書〉

バルビゾン派	井出洋一郎	二二〇〇円
キリスト教シンボル図典	中森義宗	二〇〇〇円
パルテノンとギリシア陶器	関 隆志	二二〇〇円
中国の版画——唐代から清代まで	小林宏光	二二〇〇円
象徴主義——モダニズムへの警鐘	中村隆夫	二二〇〇円
中国の仏教美術——後漢代から元代まで	久野美樹	二三〇〇円
セザンヌとその時代	浅野春男	二三〇〇円
日本の南画	武田光一	二二〇〇円
画家とふるさと	小林 忠	二三〇〇円
ドイツの国民記念碑——一八一三—一九一三年	大原まゆみ	二三〇〇円
日本・アジア美術探索	永井信一	二三〇〇円
インド・チョーラ朝の美術	袋井由布子	二三〇〇円
古代ギリシアのブロンズ彫刻	羽田康一	二三〇〇円

〒113-0023 東京都文京区向丘1-20-6　TEL 03-3818-5521　FAX 03-3818-5514　振替 00110-6-37828
Email tk203444@fsinet.or.jp　URL:http://www.toshindo-pub.com/

※定価：表示価格（本体）＋税